真正無懼的
身心防彈術

美國特勤局專家帶你提升心理素質，
面對各種挑戰

Becoming Bulletproof

Protect Yourself, Read People,
Influence Situations, and Live Fearlessly

Evy Poumpouras
伊芙・波普拉斯——著
甘鎮隴——譯

謹將此作獻給我父親，

伊奧尼斯．波普拉斯（一九四五年七月十一日—二〇一九年九月一日）

感謝您教導我準備迎接戰鬥，而不是害怕。

推薦序

無懼才不是「英雄限定」！

蔡宗翰

什麼是「無懼」？

是面對危險毫無擔憂？還是深入敵營毫髮無傷？

或是泰山崩於前面不改色，談笑之間檣櫓灰飛煙滅？

這樣的境界，恐怕只有電影中的英雄主角才做得到吧？他們天賦異稟、魅力無窮，具冒險精神跟絕佳運氣，但平凡如你我，難道只能邊嗑爆米花，邊拍手叫好？

本書就是在破除我們對「無懼」的想像跟誤解，並狠狠撕下被大眾草率貼上的「英雄」標籤。作者伊芙．波普拉斯告訴我們：無懼才不是「英雄限定」。

真正的無懼跟你想的不一樣，它不是字面上不害怕的意思，也並非仰賴個人天生特質。相反的，它是有方法的，就像技能一樣，可以透過學習、練習、累積、內化。

這也讓我想到我的職業——消防人員。「英勇無懼」是我們消防人員在民眾的眼中的形象。但剝開表象後，面對每一次災害救援行動，我們內心都戒慎恐懼；行動看似英勇，但那只是紮實訓練、審慎判斷後看起來的樣子。

本書作者伊芙．波普拉斯曾在美國特勤局服務，保護過四任美國總統，在各種突發危機與壓力事件中應對，並因九一一恐怖攻擊事件英勇救人的表現，獲頒美國最高榮譽的英勇勳章。她從豐富經歷中萃取出寶貴經驗，融合科學及心理學研究，在這本書中告訴我們，怎樣做到真正無懼、身心防彈，進一步在面對職涯與人生的各種困境時，能更有韌性。

你可能會質疑，我的工作環境又不像特勤、消防或軍警那樣危險，我能從這本書學到什麼呢？

其實，每個人都會面臨到來自工作、生活與他人帶給我們的各種衝突及壓力，而你又是怎麼思考的呢？

舉例來說，你是否也是這樣認為：

面對危機時，戰鬥才是勇敢，逃跑是膽小，而僵住是無能？

恐懼時，首先得告訴自己要有自信心？

生活中應該盡量減少壓力源，才能不被擊垮？

面對他人給你帶來的負面壓力，要以具體積極的行動回應？

時常教導孩子禮貌應對，盡量別跟他人起衝突？

在談話中占有更多份量，才能掌控對方？

若希望對方說實話，就要求對方看著你的眼睛？
所謂成功，就是能獲得他人尊重嗎？
去找到並追隨人生導師，便能更快成功嗎？
避免「孤獨」，因為它是戕害身心的毒瘤？……
以上這些看似理所當然的思維，都被作者條理分明、邏輯嚴密地推翻。
她告訴我們，別被恐懼控制，別盲從群體，學會使用你內在的力量、韌性及熱忱，去做有價值的事、去幫助需要幫助的人。
誠摯推薦本書，願你能從中體會無懼的真諦，並達到身心防彈的境界。
你會相信，無懼不是英雄限定，也只有你能成為自己的英雄。

（本文作者為消防員、TED x Taipei講者、《打火哥的30堂烈焰求生課》作者）

序章

消除恐懼的良藥

一切皆流，無物常駐。

——古希臘哲學家，赫拉克利特

二〇〇一年九月十一日

那陣聲響聽起來，就像一輛垃圾車憑空從天而降。緊接著無數金屬、玻璃和水泥碎片的震動聲在周圍迴響，把原本靜謐的九月清晨天空打出一個大洞。然而，就連我和我在美國特勤局（簡稱特勤局）紐約辦事處的同事們，都搞不清楚究竟發生了什麼事。

世貿中心的七號大樓一共有四十七層樓，而特勤局的紐約辦事處正位於九樓和十樓。我今天特地提早上班，為了跟在美國海關及邊境保衛局的聯絡人藍尼見面，我希望

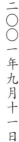

他能協助我逮捕某個法國罪犯，我為了調查一起詐騙案正在追捕他。

第一架飛機撞上大樓時，說真的，我正忙著說服藍尼把我的嫌犯列入監視名單，我甚至沒因為這陣巨響而抬頭。「喂，藍尼！專心點。」他開始因為模糊轟隆的聲響而東張西望時，我說：「這件事很重要。」

接著，驚呼聲此起彼落。我們周圍所有人，在這一天提早進辦公室的每個人，不是慢慢站起來，就是嚇得跳起身。我們倆注意到每個人都往窗前移動，便也站起來，跟著其他人來到窗前，這場談話也自然停頓。

大家一同望向世貿雙子星大樓時，火勢已經大得難以想像。烈火沿大洞往上倒灌，完全包圍了整座高塔頂端。我無法理解伴隨眼前這場毀滅的聲響，我的大腦立刻試著尋找一個較為可能的解釋。也許是電線走火，我心想。

這時大樓的廣播系統傳來既鎮定又威嚴的嗓音：「本大樓現在開始疏散。請大家前往最近的緊急出口或樓梯間。」

廣播沒說明原因，沒提到鄰近世貿大樓的火災，也沒提到我們聽見的巨響。

大家一同前往樓梯間，在往下走的路上，一陣詭異的寂靜懸在每個人的心頭上。沒人講話，沒人焦躁發問，只聽見數百人沿梯而下，來到擁擠的一樓大廳。眾人在大廳的落地窗前一一停步，眼前景象宛如以真實色彩呈現的災難電影，反而讓人覺得好不真實。汽車大小的燃燒金屬片從天墜落，撞擊地面的瞬間如炸彈般引爆；毒煙和烈火從高塔的大洞裡噴湧而出。世貿大樓的碎片持續墜落，我們沒辦法從所在大樓的正門疏散，警衛們只好引導大家前往緊急出口。

在這一刻，我必定隨身攜帶的佩槍和徽章，完全派不上用場。此時，我還不知道其實是有人劫持了一架飛機，撞上了世貿北塔的九十三到九十九樓之間。我也壓根不知道還會有第二架飛機即將衝撞另一棟大樓，也不知道這一天還會發生什麼事。我只知道，既然我身為國家的特勤人員，就該盡我所能地幫助他人。

大批人群湧向緊急出口時，我立刻開始尋找其他特勤人員。我發現一小群同事在樓梯間討論事情，便快步上前，問道：「我們該怎麼辦？」

「我們去拿急救包。」其中一名探員說。我們在辦事處存放了急救包，逃出大樓的受傷民眾一定用得著。

沒多做猶豫，我們一行人立刻跑了十層樓回去拿東西。急救包裡有氧氣瓶、繃帶，以及各式各樣的醫療物資，基本上就像裝在包包裡的救護車，但重量高達十二公斤。

我奮力扛起急救包，看著其他人，深知要把這麼重的物資拿到傷患面前會是一大挑戰。我們一共有六人，特勤局的紐約辦事處是全美最大分部，擁有兩百多名探員，但我不知道其他人現在散落何方。我們下樓回到大廳，沉重的急救包使得我們肩膀下垂、掌心疼痛。

因為沒辦法從正門出去，所以我們走側門，頭頂著持續灑下的燃燒金屬，盡快奔向北塔的主要入口。

我就是在這時候聽見那陣不尋常的聲響，那是我在此地從未聽過的噪音，尤其不該這麼靠近高樓林立的紐約市中心。在扭曲金屬與粉碎玻璃組成的毀滅之聲中，我許久之後才明白，這是一架波音767噴射客機的呼嘯聲，為了將撞擊力道逼到極限，而把引擎推到最高速。幾秒後，聯合航空175號班機撞向世貿南塔。

地獄變得更為灼熱。

二號大樓的七十七樓到八十五樓之間遭到猛烈撞擊，原本就讓人難以理解的景象，瞬間化為末日場景。烈火、高溫和大塊金屬從幾百公尺的高處墜下，這時，我感覺到一隻強壯的手揪住我的手腕，把我猛力往後一拉。是我的同事麥克。我甚至沒看到那架飛機，但他看見了。

我們這時全置身於空地，毫無掩護，但立刻知道我們需要掩體，於是拔腿狂奔，退回原本所在的七號大樓。

放眼望去，一片混亂。有人奔跑，有人走路，有人只是站在原地，震驚地動彈不得。

我在飛奔途中，看到一名男子，僵在原地，瞪著上方的毀滅場景，這時，某個大型物體砸在他身上！

就這樣，他的人當場沒了，消失無蹤，連影子也不剩。

我這時候還沒意識到有兩架飛機衝撞了兩座高塔，也沒能意會過來這種事怎麼可能會發生，又意味著什麼——我只知道我們必須趕去救人。

我們終於回到世貿七號大樓時，麥克把我重重壓在磚牆上，撞得我呼吸困難，我才發現，原來他試著用身體幫我擋下從天而降的烈火、燃料、玻璃和金屬。等著瘋狂的大爆炸放慢速度的這段時間，感覺漫長如永恆。

在前路被阻斷的情況下，我和麥克繞過碎片，走過障礙重重的路，試著找到其他倖存的同事，以及進入北塔和南塔的其他可能路線。我們終於在路上遇到一群人，大約十五名特勤人員和一位主管。

「聽著！我要去裡頭幫忙，」主管說話時，他身後的兩棟大樓已陷入火海。「眼前發生的事，我們這輩子從沒見過。聽著，你們不需要去救人。如果不去，也不會有人批評你們。總之，想走的人可以走，想去的人就跟我來！」

我們陷入一片沉默。我望向雙子星大樓，大批民眾從裡頭逃出來，有些人吶喊，有些人哭泣，有些人震驚得面無表情，然後我跟幾個同事一起走上前。

與此同時，附近某人開始尖叫，然後我聽見猛然的吸氣聲。「我的天啊——」某人說：「他們在跳樓！」

我抬頭，但一開始看不懂眼前所見：一名穿著白襯衫的男子墜入空中，脖子上的領帶往後飄，看起來是紫色，也許是藍色。男子臉上有鬍鬚，面無表情地撞上雙子星大樓周圍一棟較小的建築屋頂，隨即不見蹤影。

接著，更多人跟著跳樓，恐怕數以百計。這幅畫面讓人感到莫名，天空下的不是雨，竟然是人。然後我懂了：這些人選擇用自己的方式結束生命。他們寧可跳樓，也不想活活燒死。

我回頭看著站在一旁的同事凱文，他的胳臂上有道傷，血沿著傷口滴下。「凱文，我們必須想想辦法，」我說：「我們必須救人。」

「我們哪有辦法阻止那種場面？」凱文回答時，嗓音低沉，眼睛盯著陷入火海的兩棟大樓。

我記得當時聽他這麼說的時候，我很生氣。我們竟然只能站在這裡，任憑這麼恐怖的事在我們眼前發生。但事實是，他說的對，我們無能為力，只能目睹這些人跳樓身亡。

這是我這輩子感到最無助的一刻。

「好吧，」我們的主管說：「我們走。」

我沒回頭看誰選擇前進、誰選擇留下。這不重要。唯一重要的，是在能力所及的範圍內幫助每一個人。

我的雙手早已布滿傷痕，因為急救包的尼龍把手太細，讓掌心起了水泡。碎片持續墜落，我們沒辦法進入大樓，因此在二號大樓底部的西城公路上建立了一座臨時檢傷站。救護車紛紛在路邊停靠。

「去，快往河邊走。」我們指向一旁的哈德遜河，引導能行走的倖存者前往河邊。我們引導需要立刻就醫的人們上救護車，在能力範圍內幫他們處理傷口。但還有許多人被困在建築物裡，我們根本不知道那些人在哪，也碰不到他們，這雖然讓人感到氣惱又無助，但我們還是試著努力幫助幫得了的人。

一名來向我們求助的女子表示呼吸困難。我試著用氧氣瓶給她空氣，但沒能成功，因為我已經太久沒操作了。我跪在氧氣瓶旁邊，集中精神，責罵自己笨手笨腳。我忙著接上管線，沒注意到周遭一切變得無比安靜——

我抬起頭時，才意識到每個人都不見了。

然後，高空傳來一陣詭異哀號，聽起來很明顯是鋼鐵彎曲的聲響。聲音的變化一開始聽來緩慢，只是金屬回音在空中環繞，接著是一種象徵著全數毀滅的急速摩擦和恐怖呻吟聲。某種可怕的事情即將發生。

我這時不算害怕，主要是不知道自己該怕什麼。我這時候根本不知道大樓即將倒塌。根據這陣駭人的撕裂聲來判斷，我猜想，屋頂或某種龐大碎片即將沿其中一棟雙子星大樓的側邊滑落。無論物體砸落的原因是什麼，我只知道，我必須盡快找掩護！

我的腦袋進入自動導航模式，每一秒都像慢動作，拉長得宛如永恆。這棟一百一十層樓高的建築聳立在旁，應該不可能有任何掩體能幫我擋下即將砸落的大塊鋼鐵，而高樓體積如此龐大，這表示我可能來不及逃離受災範圍。

為了求生，我做了唯一能做的事：我注意到最近的一棟建築底部有一堵水泥牆，便朝那裡奔去，還順手抓起一瓶用來幫傷患清理眼睛和嘴巴的水；我如果被活埋，也會需要水。

我匆忙跑過一家餐廳的露臺，裡頭已四下無人，我稍微停步，抓住露臺的一張金屬桌。我們在特勤局的爆裂物訓練中學過，高速墜下的玻璃能像子彈一樣輕易奪去人命。

憑藉著腎上腺素激增獲得的蠻力，我把無比沉重的金屬桌拖到建築物一旁，希望這張桌子能為我擋下掉落的碎片，在我被活埋時，讓我有呼吸的空間。

我把桌子推到牆邊，然後爬到桌下，屈膝抱胸，盡量縮小自己的體積。

鋼鐵彎曲的震耳呻吟達到巔峰時，大樓分崩離析，無數窗戶同時粉碎，建築的結構終於瓦解。

然後高塔傾倒而下。

席捲我的這道巨響和破壞力宛如天崩地裂，我畢生未曾經歷過，像火山爆發時身處在火山的中心地帶，高密度的熱氣和毒塵充斥空中，我幾乎無法呼吸。水泥、鋼鐵和碎玻璃襲擊我周身，地面隨著物體墜落發出如雷巨響，每一秒都比上一秒更刺耳。

我很快就明白，這次的經歷超出我的想像。白天頓時變成了黑夜，我身下的大地發出無比低沉的咆哮，我以為地面即將裂開、將我一口吞下。如今回想起來，我當時做出的某個舉動似乎毫無意義：我開始拚命搖晃桌子，徒勞地希望這麼做就能避免碎塊累積在上頭、將我活埋。這是我唯一想到該做的事，也是我唯一能奮戰下去的求生方式。我雖然還是不知道現在發生什麼狀況，但隨著破壞持續加劇，我很快但也很慢地意識到：我要死了。

我記得，我當時並不害怕，只是傷心，因為我即將孤獨死去；而且塵埃落定時，我將粉身碎骨，屍骨無存，沒有完好的屍身能送回我父母身邊。

我雖然已經做好死亡的準備，但從沒為今天這種死法做好準備。

結局來了，我的人生結局。日常生活中占據了我大把注意力的煩惱和心事，全都退去了，我心中只剩下這個想法：我做得夠好了嗎？我幫得夠多了嗎？我活得夠精采了嗎？我想起其他同事和我們試著挽救的每個人。我希望他們都平安無事，然而，如果他們也將面對此生的最後一刻，我希望他們能死得毫無痛苦。等候死神來帶我走的時候，我希望自己是個夠好的人，希望我的家人知道我有多愛他們。希望我透過了某種方式，對某處的某人產生了影響。

然後我開始大聲祈禱。

「我們在天上的父，願人都尊祢的名為聖……」

我是用希臘語禱告，因為我從小在希臘正教會長大。周圍的世界四分五裂時，我始終睜著眼睛，想目睹死神來臨的那一刻。我知道無法選擇自己是生是死，但我能選擇如何面對死亡。就算我再也聽不見自己的聲音，就算我的臉和嘴都塞滿塵土，我還是睜開眼睛祈禱。

說也奇怪，高塔在我頭頂上倒塌時，我感到一種奇異的平靜感受，流過全身。我已經沒辦法說話，所以在心中默默祈禱，任憑高樓倒塌的衝擊力道把我壓在建築物的水泥牆上。濃煙、金屬、水泥和砂礫飛進我的喉嚨、耳朵和眼睛裡，令我灼痛難耐。

不知何時，這波衝擊平息了，破壞停止。聽見這無比震耳的寂靜時，我才意識到這一切都結束了。現在，周圍只有一團黑，黑得就像我肺臟裡滿是塵土的空氣。

只有疼痛讓我知道自己還活著。我覺得嘴和咽喉就像著了火，眼睛和鼻孔無比灼痛。我不知道自己身上其實沾滿了有毒的化學物質、建築材料……天曉得還有什麼！

我把一手舉在面前，卻伸手不見五指。我終究還是慘遭活埋了嗎？

我小心翼翼地觸碰周圍，但沒摸到東西，沒有熔化的金屬或扭曲的鋼梁把我包圍在金屬墓穴裡。我伸出雙臂，開始從桌底下爬出來，摸到左手邊是牢固的建築物磚牆後，我才站起身。

沒有一點人聲，我只聽見駭人的寂靜。

我的天啊，我心想，每個人一定都死了。

我雖然被塵埃灼痛雙眼，還是強迫自己睜大眼睛，把注意力集中於一團看似遙遠的光芒。

我朝光芒走去。如果我還活著，光芒就是好東西；如果我已經死了，那光芒應該也是好東西。那團光就像柔和的燭光，我朝它走去，直到終於聽見一個嗓音。我立刻認出這個聲音，是我的同事兼好友蓋布瑞，他正在呼喚我！

這一刻，在我以為世界毀滅之際，我聽見了熟悉的嗓音，恐怕無法透過文字來表達我有多麼安心。

我試著喊出聲，但嘴裡和喉嚨裡塞滿粉筆般的粉塵，發不出聲音。我吐出一部分粉塵，再試一次。「蓋布瑞，是你嗎？蓋布瑞，我看不見——」

「待在原地，別動！」他喊道：「我去找妳！」

我停止移動，在原地等他來找我。

他帶著我穿過廢墟時，我的眼前慢慢變得清晰。我隱約看到兩名消防隊員前往另一個方向，他們倆看起來就像剛從戰場走來，其中一人扶著另一人，後者握在手裡的斧頭拖過地面，臉上全是血。整個世界看起來就像世界末日災難電影的場景，讓人根本無從理解起。

我們繼續在近乎黑暗的廢墟中蹣跚前行，期待遇到更多生還者，結果真的「撞上」另外兩名特勤人員。

「吉妮？」麥克開口：「老天啊，真的是妳，吉妮！」（我的暱稱吉妮，是我名字伊芙妮雅的簡稱）

我聽見他的語氣也同樣安心，我完全明白他的感受。

「是我。」

我們一起走進附近一棟建築的大廳，裡頭大約有十幾人，他們幸運地逃離了第一座高塔倒塌時所造成最嚴重的震波。

我站在原地，雙眼緊閉，試著判斷方位，灼熱感卻變得更加劇烈。現在回想起來，我當時以為自己很勇敢，敢睜大眼睛面對死亡，但事後看來，讓自己暴露於那些熱氣和塵埃，還真是不智之舉。

不久後，我感覺有人用濕布擦我的眼睛。這個突來的接觸令我退縮，但我漸漸放鬆，因為灼熱感持續消退。「這樣有沒有好一點？」一名操著濃厚西班牙口音的男子問我。我睜開眼睛，看到大樓管理員正幫忙清掉我臉上的塵土。我點頭謝謝他。

我掃視大廳，視線落在一名大約七歲的小男孩身上，他回視我。他和他母親朝我走來，他手裡拿著一瓶思樂寶果汁。「妳的嘴，」女子開口，她兒子把瓶子遞給我。「用這個漱口。」

我接過瓶子，大灌一口，然後吐掉。我想再漱一次，但不想再浪費這個小男孩的飲料，因為他自己可能也需要。

我還是沒完全弄懂這一切究竟是怎麼回事，還有接下來可能還會發生什麼。

我們唯一能確認的，就是事情還沒結束。

再過幾秒鐘或幾分鐘，第二棟大樓可能就會倒塌，我們得盡快撤離。

我們拿出特勤局徽章，向大家表示我們是執法人員，並以有力但冷靜的態度，說服他們必須現在就遠離災區。「離開這裡，前往河邊。」我們告訴他們：「你們得離開這個區域！」

我們盡可能催促人們遠離此地。沒多久，北塔果然開始崩塌，大夥開始奔跑。塵雲從倒塌中心點向外擴散、包圍我們時，我們繼續移動，逃離重災區。我們抓住身邊的人們，把他們拉到安全地帶，或扛著受傷而跑不動的人。

突然，我看到一名開著卡車的男子在路中央停下車，跳下卡車，凝視一度矗立著雙子星大樓的廢墟山。

我立刻跑向他。「嘿，先生，你得離開這裡！」我告訴他：「這裡不安全。」

「我的表妹……她在那裡工作。」男子操著濃厚的波蘭口音，依然瞪眼仰望，僵硬又無助。我明白他的感受，我在那兩棟高塔裡也有朋友和同事。

「聽著，」我說：「你現在幫不了她，你自己也得趕快逃命。」

他開始痛哭失聲，摟著我，我們倆就這樣站在原地，在西城公路的路中央擁抱，人們從兩邊的人行道蜂擁疾馳。

消防車鳴著警笛，正飛快駛離災難現場，消防隊員用擴音器喊道：「有條瓦斯管線斷了！」呼籲大家趕緊逃命。

眼前的幅景象宛如人間煉獄。其他探員不斷呼喊我的名字，要我快逃，但我沒辦法丟下抱著我痛哭的卡車司機。最後，我扶他回到卡車上，目送他駕車離去，才又回到同事身旁，協助其他倖存者。

接下來的兩個星期，我參與了搜救行動。

我在世貿七號大樓的廢墟裡尋找機密情報，有些隸屬特勤局，有些則是跟中央情報局（簡稱中情局）有關，因為中情局的辦公室原本也在同一棟大樓裡。在搜索區域尋獲的人類肢體殘塊與遺骸，則交給鑑識中心，以便悲痛的家屬確認死者身分。

又過了三天，我的朋友蘇菲雅打電話給我，聽來心煩意亂。「他們找不到喬安娜，」她說：「我們該怎麼辦？」

我認識喬安娜很多年，她是從小跟我一起在希臘社交圈子長大的朋友，心地善良，個性樂觀，總是歡笑不斷。事發時，她在康托菲茨傑拉德公司工作，該公司位於一號大樓的一〇一到一〇五樓，就在第一架飛機撞擊處的上方幾層。在我們那天早上聽見的第一波玻璃和金屬破碎聲中，喬安娜的生命大概已經跟著許多人一起結束。

後來，喬安娜的妹妹艾菲打電話給我。我心中充滿了罪惡感，因為我還活著，而喬安娜大概已經死了。我跟她說，我需要喬安娜的DNA，像是梳子上的頭髮，還有家屬的口腔細胞樣本。

我們在電話上沉默許久。「了解。」艾菲說。

七個月後，搜索團隊找到喬安娜的一小塊右臂，這表示她的家人終於能讓她安息。在九一一事件的餘波中，喬安娜的告別式是最讓我難受的場合之一。我的「倖存者內疚感」實在過於強烈，所以我在告別式舉行到一半時就走出教堂。她的親友在教堂裡悼念她的時候，我坐在這間希臘教堂的門階上，整個人蜷縮成一團，心痛如絞。

過了大約一年後，有一天，我的主管把我叫進辦公室，說特勤局要頒發英勇勳章給我和另外幾名探員。這是局裡最高的榮譽獎章，表彰我們不顧個人安危，在九一一當天留在現場救人。

主管告訴我頒獎典禮將在哪天舉行，還問我，知道傑瑞．帕爾探員嗎？美國總統雷根遇刺中槍時，他設法保住總統一命，得到同樣的獎章（按：一九八一年雷根遇刺案，事發當時，特勤組負責探員傑瑞．帕爾拚命將總統推入轎車，槍手射出的最後一顆子彈，幸運地僅擊中雷根的肺部，距離心臟只有二．五公分。調查指出，如果當時帕爾稍有遲疑，沒將雷根推入車中，總統很可能會頭部中彈）。

傑瑞．帕爾探員的英勇事蹟無人不曉。但主管說話時，我感覺自己胃在翻絞。

「很抱歉，長官，」我說：「我到時候會在海外探親，能不能請別人代我領獎？」

他不太情願地同意了，我轉頭離開了他的辦公室。

那天晚上，我回到家，訂了在頒獎那天飛往希臘的班機。

我並不是不了解英勇獎章的意義與罕見的程度，尤其局裡少有人獲頒此殊榮，但死了這麼多人，我實在沒辦法忍受自己因為活著而拿到獎章。

我只是做了該做的事，只是伸出援手，就跟每個警察、消防員、醫護人員和救難人員做的一樣。

一般民眾也設法幫助他人，例如幫我清掉眼裡塵埃的那名大樓管理員；把手裡的思樂寶果汁給我、讓我漱口的那個小男孩；那名卡車司機，他原本可能會為了救親人而衝進倒塌的著火建築。他們沒受過任何專業訓練，也願意照顧傷患，幫助害怕的人。

他們選擇幫忙，不是因為想獲得獎章或表揚。他們伸出援手，是因為這是當時的他們唯一能做的。因為，他們毋須旁人告知，就已經知道在世界看似要結束時，願意幫助他人就是消除恐懼的良藥。

而這就是走向身心防彈的第一步。

前言

想撂倒我？沒那麼容易！

心懷恐懼者的眼中，草木皆兵。

——古希臘劇作家，索福克勒斯

勇敢需要刻意練習

求生欲是人類最基本的欲望之一，但在最需要沉著應對、小心計畫與邏輯思考的生死關頭時，研究指出大多數的人都會驚慌失措。

我知道恐懼的原理。我受過菁英教官的指點，看得見恐懼像不速之客一樣大搖大擺地闖進家門。我也認識它名叫「驚慌」的瘋狂表弟，這傢伙會在一眨眼間拆了你家。你如果任憑其中一者占地為王，局勢就會急轉直下。

我還知道另一項事實：恐懼跟你面對的局勢之間呈「相對」關係。不管你面臨的是恐怖攻擊，或是試著鼓起勇氣面對日常爭執，還是重要的商業會議，你能否征服恐懼，生存下去，甚至取得豐碩成果，只取決於一樣東西：心態。求生的關鍵在於掌控你自己和你的恐懼反應，在攔阻驚慌的同時能思考並做出行動。

能夠駕馭自己對恐懼做出的身心反應，就是最重要的生存技能。在碰到其他駭人的狀況時，這項能力也將成為你最強大的盟友。想控制住恐懼，你就必須刻意地做出勇敢行為。這是由你做出的選擇，也是每個人都能做出的選擇。

今日世界大不同

在二〇〇一年九月十一日之前，這個世界是個不一樣的地方。雙子星大樓倒下前，沒人擔心會有恐怖分子劫持飛機去撞大樓。二〇〇一年之前，大多數警局甚至沒有反恐小組，而只專注於犯罪事件。這一切在九一一事件後完全改變。全世界驚恐地看著紐約市陷入濃煙火海時，新一代的威脅帶著全新的恐懼迅速殺來。一般人從沒聽過的詞彙成了常見的話題，像是「蓋達組織」「自殺炸彈客」和「異教徒」。

快轉至今日，我們發現眼前出現新的恐懼。大規模槍擊事件、校園槍擊案，還有無所不在的網路惡意攻擊，進入了我們的社群媒體與日常生活的周遭。這個世界讓人覺得恐懼無所不在，彷彿隨時能讓我們驚慌失措，動彈不得。我們害怕在摩天大樓裡工作，害怕上學，害怕參加音樂會等大型活動，害怕上電影院……恐懼如影隨形，跟著我們回家、上學、去任何地方。有些人想把自己和家人關在室內，不看網路，試圖用一堵牆把危機四伏的世界阻擋在外，但這並不務實，也不是正常生活該有的態度。相反的，隨著我們的恐懼進化了，我們應對恐懼的方式也該跟著進化。

應付恐懼的最佳方式，就是做好準備。不是避開我們害怕的事物，而是勇於面對，為我們自身的安全負責，並賦予自己能應付任何情況的工具和知識。重點在於自信、個人力量，以及自給自足。

本書要教你成為自己的英雄，讓你不僅能認清恐懼，還能懂得如何控制它、降低它，甚至駕馭它。本書的重點是協助你做出對人生有力的選擇，而不是無力地讓恐懼掌控你的一切。

每個人的恐懼都是量身訂做的，意思是有些恐懼是由我們的家人和文化傳承而來，有些是毫無來由闖進我們的心裡，有些則是生命的創傷或經驗所造成。如果你想面對衝突和危機而免於崩潰，那你首先必須了解你自己和你的恐懼，然後判斷怎樣才能有效管理。這本書會教導你怎麼做，讓你為我們都不想碰到的情境甚至是生死關頭做好準備，並獲得自信，來應付可能面對的任何逆境。

透過這本書，我將與你分享我對恐懼的經驗。我接受過這世界上最嚴格的訓練，偵訊過恐怖分子和罪犯，保護過最重要的大人物，恐懼曾以各種型態在我面前現形。我對每一種恐懼都無比熟悉，無論是對死亡的恐懼、對危險的恐懼、對他人目光的恐懼、害怕失敗的恐懼，還有放膽追逐夢想的恐懼。無論時代，也無論程度，我們每個人對此都再熟悉不過。

然而，有件事是我沒辦法教你的，那就是如何變得「無懼」。恕我直言，無懼這兩個字真是狗屁，人不可能毫無恐懼地過日子，也不需要做到無懼才能過著身心健康又成功的生活。恐懼是很自然的反應，而且有時還很有用，能保住我們一命。你開車不超速，正是因為你害怕出車禍，不然就是害怕吃罰單；你等車輛通過後才穿越馬路，是因為你害怕被車撞；你在考試前讀書，是因為你害怕考不及格；你乖乖繳稅（希望你有這麼做），是因為你害怕國稅局找上門。這些都是害怕的好理由。我跟這世界上最勇敢（不誇張，他們真的很勇敢）的一些人合作過，而他們當中沒有任何一人毫無畏懼。我也不例外。

從保護自己，到洞悉人心、影響他人

本書分成三個部分，第一部是「自我防彈」，深入討論讓你能保護自己、家人和財產的各種方式。我曾被分派到總統護衛部門（簡稱護衛部），學習如何保護這世界上權力最大的領導者。但所謂的保護一個人，並不只是隨時隨地以肉身擋下子彈，更是為人生中的許多「如果」做好準備。

我會在第一部裡分享一些個人故事，像是小時候的我其實天天活在恐懼裡，我如何克服這種童年障礙、成為美國特勤局的特務。更重要的是，我會提供一些「非常規」的建議，讓你懂得用哪些務實的方式保護自己，像是電影院裡哪些座位最安全、如何向你的孩子說明槍械暴力，以及為了因應槍擊案件而進行的教室封鎖演習。保護你自己和你身旁的人，關鍵其實就是做好準備。我們也將討論在旅行或出門時能運用的策略和技巧，並協助你打造你個人專屬的防彈模式。

第一部的結尾是看似最為困難，但在克服恐懼中最重要的課題：如何挨揍。無論是學院的戰鬥訓練、我家附近柔術學校的軟墊上，還是應付某個外國使節團的霸凌者而差點鬧出國際事件，這些教訓都在公私兩方面協助我度過無數挑戰。我學會了在必要的時刻和地點如何挨揍、如何反擊。我得澄清，我並不倡導任何形式的暴力，我希望你在讀完本書後會變得更明智又自信，不會因為有人惹你就進入戰鬥模式。你應該盡一切代價避開肢體衝突，但當你真的需要戰鬥時，我希望屆時你已擁有所需的鬥志和勇氣。

我在第二部分享「洞悉人心」這門技藝兼科學的祕密。我受過美國國防部的測謊機判讀和偵訊訓練，將揭露如何判斷談話對象的心理和生理反應，包括對方的腳往哪擺、字句背後真正的含意，你將學習如何透過語言和非語言線索來判斷對方有沒有說謊。

我們也將探討，你在覺得受騙上當時，如何避免情緒激動。畢竟人人都會說謊，而且通常背後都有一套充分的理由。在第二部結束時，你不用測謊機也能看出一個人有沒有說謊，你唯一要做的只是仔細聆聽。

第三部，也是最後一部，則是探討影響力，我將傳授你「影響他人」的技術。我們將討論經常被忽視的一些影響力，像是我們的語調、姿態，還有日常談話中使用的文字。你將和我一起坐在偵訊室裡，看我如何運用巧妙但極為有效的技巧來鼓勵人們開誠布公。這些說服技巧也可運用在偵訊室外頭，例如生意夥伴、公司同事、老朋友，甚至家人身上。想達成目的，有時候你唯一要做的，就是把人們稍微往正確方向推一把。請注意！影響力可不是單行道，我們也很容易受到別人的影響，就算我們沒意識到也一樣。不管你是在談生意、對伴侶的不忠睜一眼閉一眼，還是總是答應摯友提出的無理請求，我將指出他們在影響你的時候，經常出現的「警訊」和白色謊言。

在第三部的結尾，我將和你分享，我在保護這世界上最令人難忘的一些人的時候，有過的最令人難忘的經驗，我也將說明為什麼這些人真是不折不扣的領袖人物。我將跟各位分享他們的優點如何影響了我，而且能如何激發你。從已故總統老布希如何發自內心地感激他人，到美國前總統歐巴馬在面對僵局時如何保持冷靜，你將明白在任何局勢下都能展現「總統風範」是何等境界。

成為保護者

有件事可能會讓你驚訝：現代的防彈衣並非以鋼鐵之類的材料一體成形，而是用一種稱作「克維拉」的纖維層層交織而成，卻強韌得能攔下子彈的高速穿透力，或是小刀的劈砍。防彈衣有各式各樣的厚度，就看穿戴者可能遇上哪種程度的威脅來選擇。警察、保鑣和特務，通常是在制服或外套底下，穿戴較具彈性的軟式防彈衣；至於軍人和霹靂小組之類的執法人員，則通常在制服外面穿上體積較厚、由克維拉和金屬板或陶瓷板組成的防彈衣——這種背心體積較大，而且較為沉重，但在面對更致命的攻擊時能多一層防禦，像是炸彈碎片或是高威力步槍的子彈。

我從特勤局訓練學院畢業的那天，以特務身分收到了生平第一件防彈衣，它和我的佩槍與徽章，成了我每天穿戴的一部分。不管我是站在保護目標的旅館房門前，還是準備攻進通緝犯的公寓，我一定會穿著防彈衣。穿著它，讓我感到自信，我知道它能救我的命，也帶給我其他好處，它的存在更讓我記得自己並非刀槍不入——沒錯，用尼龍搭扣裹住上半身的防彈衣，會讓我想起自己並非完全免於危險，我的雙臂、雙腿甚至頭部依然脆弱地裸露在外，就連這件背心本身也未必能攔下每一種子彈。如果對我開槍的人持有高威力步槍，或使用穿甲彈，我的背心就救不了我。但它能幫我擋下在執勤時碰過的許多狀況，所以我穿上它。我並非所向無敵，但想撂倒我可沒那麼容易。

我在本書裡分成三部分傳授的課題、工具和技巧，是為了讓你能夠保護自己，就像防彈衣裡的層層克維拉纖維。當你把本書每一章、每一層分享的知識組合在一起，就能打造出你自己的護甲，一套由諸多策略形成的基礎，讓你成為一個更堅強、更強韌的人，來面對這個世界。

然而，本書不只教你可以使用什麼，也教你認清自己沒辦法使用什麼。正如防彈衣也有弱點，我希望你別忘了自己對外界的威脅並非固若金湯，但你毋須擔憂。如果你能記住哪些事物可能會傷害你，反而更能做足準備，保護好自己，而且通常能避開威脅。你擁有與生俱來的優勢和才能，只是還不懂得如何運用，而這其實也能成為你在面對世界時的心理、情緒和肉身護甲。

時至今日，我依然珍惜特勤局配發的防彈衣讓我學到的教訓。從實際層面來看，保護我的，是防彈衣裡彼此合作的層層纖維，但在寓意上不只如此，更大的意義是「我是個保護者」。想保護他人，我就必須裝備各式各樣的工具，好讓自己保持安全、堅強，而且心智敏銳。我想協助你打造需要的心態，來面對你會碰到的恐懼和挑戰，並學習如何成為保護者，不僅保護你自己，也保護你深愛的人。

第一部

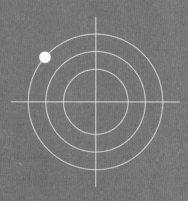

自我防彈

第一章 我們怕什麼？

勇氣就是知道別害怕哪些事物。

——古希臘哲學家，柏拉圖

第一步，別慌！

冷水灌入的同時，我用力吸進最後一口氣，接著整個人完全浸於水底。我記得整個座艙翻轉，我感到胃袋下沉，綳緊被安全帶綁在座椅上的身子，然後側向沉進水裡。我的腎上腺素激增，身體也準備做出驚慌反應。就在這時候，一切安靜下來。

我鬆開雙手，試著讓心平靜片刻。驚慌失措只會讓我更難思考，浪費寶貴的時間。

我的眼前一片黑，根本看不見逃往安全地帶的路線。如果我想熬過這一關，就必須靠摸索的方式逃出去。我的手往下探，尋找左側的安全帶扣環……還是在我右邊？我現在已經完全上下顛倒？一定是，因為我已經搞不清方向，也找不到參照點。

別慌。找到扣環，一拉就能解開，然後游出水面。

我在黑暗中摸索時，不斷重複這幾個字。媽的，扣環究竟在哪？我的手指終於抓住U形的扣環扳手，用力一拉，解開扣環。五公分厚的繫帶慢慢鬆開時，我成功脫身，鑽出艙門。我知道自己必須先遠離座艙範圍，才能游向水面。我感覺肺臟灼熱、心臟狂跳。只要再游幾秒，我就能重獲自由。最後，我用力踢水，強迫身體往上浮。我衝出水面，大口吸氣，感覺好像一輩子沒呼吸過。

「幹得好，波普拉斯，妳沒溺死！」特勤局教官喊道：「快離開水池。下一位！」

今天的訓練內容：在奧運規模的訓練池裡模擬直升機墜毀。每個新手都先用布條蒙住眼睛，然後用安全帶固定在模擬用的直升機座艙椅子上。之後，座艙上下翻轉，被浸在水底下的探員必須解開安全帶，游過水下迷宮，浮出水面。這項訓練的用意，是教導我們如何在這種情況下求生。

但這其實不只是「如果……怎麼辦」的模擬練習。之所以成為訓練的一部分，是因為一九七三年五月二十六日那天，有個特勤人員死於真實的直升機墜毀。

那天晚上，為了執行保護尼克森總統的任務，二十五歲的特務克里弗．迪亞崔，連同另外六名探員和三名美國陸軍成員，從佛羅里達比斯坎灣飛往巴哈馬大岩礁群島；即將降落前，他們搭乘的塞考斯基VH3A型直升機在大西洋墜毀。直升機一開始浮在水上，但很快便翻覆，座艙因此迅速進水。其他乘客很快地爬到翻覆的直升機頂部，唯有迪亞崔探員沒能及時逃出。

他的遺體被尋獲時，依然被安全帶綁在座椅上。驗屍官表示，迪亞崔探員的死因是溺水引發窒息身亡。我們的教官也說明，那名探員雙手的大拇指都骨折了，這表示直升機在衝進水裡時，迪亞崔探員還活著，而且意識清醒，但終究因為無法掙脫安全帶而溺死。

那名探員處於高壓狀況下，思考方式回到對安全帶最基本的認識，也就是汽車裡的按鈕解鎖設計。但在直升機裡，安全帶的解鎖方式完全不同，那名探員很可能因為驚慌失措而不記得該怎麼解開。

雖然理性告訴我，我大概不會死於模擬的直升機墜毀，但我還是無法避開本能地感到驚慌。我的大腦不在乎這只是訓練，而如此一來，我對「溺水」的恐懼就跟真正的意外一樣真實。這場訓練無關乎力氣有多大、動作有多快。我在想辦法像魔術師胡迪尼那樣逃出生天、別溺死在水底下的時候，這項模擬正在教我如何控制情緒。

「恐懼」是我們在面對威脅時，所產生的健康又自然的反應。但另一方面，「驚慌」會讓我們失去對身心機能的控制。我們在慌亂時沒辦法思考、推理、處理過多訊息、制定計畫。在某些極端狀況下，驚慌恐怕會比你害怕的東西更快害死你。你如果感受過恐慌發作，像是心跳急促、過度換氣、渾身顫抖、覺得自己快死了之類的經歷，那你大概就能明白，那名探員被倒吊在漆黑的水底下有何感受，就算他只需扳動一下安全帶扣環、游一小段距離就能逃過一劫。他當時大概有一分鐘的時間評估情勢，制定逃生計畫，但驚慌的情緒失控，讓這一切變得不可能。

再以車禍現場為例。大多數的人車禍時，都會把兩隻手從方向盤上移開。在這種時候，邏輯會告訴我們，必須把雙手放在方向盤的十點和兩點鐘方向，但我們因為驚慌失措，而把手從能讓我們保命的東西上移開。人們把手從方向盤上拿開之後，移去哪？答案是臉上。在我們最需要「方向盤」和「視野」的時候，卻因為驚慌而放棄。

本書並非要你永遠別感到恐懼，而是理解恐懼，並學習如何駕馭。我想幫助你掌控恐懼，讓你在必須冷靜思考的時候，恐懼不會轉變成驚慌失措。恐懼也可能成為人生的阻力，阻止我們追尋重要的目標，像是直率又真誠地說話，或是成為我們注定該成為的那種人。當覺得遭遇威脅或缺乏保護時，恐懼就可能困住我們，切斷自己和這個世界之間的互動。

如果你覺得這種感受很熟悉，我會幫助你改變你跟恐懼之間的關係。我會教你如何了解恐懼、相信本能，並做出能讓你感到安全又堅強的決定。

熬過恐懼

我們生下來就內建兩種出於求生的恐懼，科學家研究發現這是與生俱來的，第一種是對「掉落」的恐懼，第二種是對「震耳巨響」的恐懼。我們大多曾夢見自己從高處墜落而驚醒。我們從出生的那一刻開始，就有這種對墜落的恐懼。新生兒出生不久後就必須被裹進毛毯，這是因為他們還沒辦法區分自身和周遭世界的不同，所以身體會如墜落般持續抽搐，但隨著「深度知覺」（depth perception）這項能力的發展，這種恐懼也會漸漸消失。

除了驚嚇反射之外，研究也發現，幼兒會拒絕爬過強化玻璃製成的高臺，就算他們的母親在高臺另一頭呼喚。他們會在邊緣停下並哭泣，而不會冒險爬過玻璃板所造成的「視覺懸崖」，對墜落的強烈恐懼甚至壓過了母子之間的強大情感。

人類也與生俱來地把震耳巨響跟「危險」做聯想。聽見刺耳聲響時，聽覺的驚嚇反射就會啟動，身體也會立刻做出反應。這就是為什麼我們會被汽車排氣管的聲響嚇到，為什麼孩子會被煙火秀嚇哭，為什麼我們聽見類似槍聲的聲響時會立刻趴在地上。

除了對「墜落」和「巨響」這兩種恐懼之外，其他所有恐懼都是後天習得。我們會從父母身上承襲這些恐懼，或是在長大時得知這些恐懼。如果你母親怕狗，你長大後很可能也會怕狗。習得的恐懼有各式各樣的來源，像是家人、朋友、文化、電視新聞，還有我們親眼目睹或體驗過的傷害。在外界的教導下，我們害怕失敗、害怕嘗試。人的一生能學到的恐懼多不勝數。

而每個世代也似乎伴隨著某種社會性恐懼成長。一九五〇年代，美國民眾害怕紅色恐慌和共產主義。一九六〇年代，因為古巴飛彈危機，還有甘迺迪總統、馬丁・路德・

金恩，以及總統候選人羅伯特·甘迺迪的行刺案件，民眾也跟著擔心自身安危。一九七〇年代的恐懼是石油危機、尼克森總統的罷免案造成的政治動盪，還有在美國大幅上揚的犯罪率。一九八〇年代，民眾害怕的是針對美國的外在威脅，尤其是伊朗和蘇聯。一九九〇年代最著名的是「千禧蟲危機」，大家擔心所有生活和科技將在日曆跳到兩千年的瞬間停止運作。二〇〇〇年代初期，則迎來了前所未見的全球性威脅：恐怖主義。

今日，美國社會的恐懼是大規模槍擊事件。皮尤研究中心在二〇一八年發現，超過五成的青少年擔心自己的學校會發生槍擊案，其中兩成五對此「非常憂心」，就算從統計學的角度來看，學生成為校園槍擊案受害者的機率可說是微乎其微——大約有超過五千萬名的美國青少年，每年只有一百八十天要上公立學校，死於校園槍擊的機率大約是六億一千四百萬分之一。相較之下，一年內被雷劈到的機率是一百二十萬分之一！然而，強調數學方面的低或然率，通常還是無法消滅學生或家長的擔憂，正如人們依然擔心死於鯊魚襲擊（機率是三百七十萬分之一），或死於空難（機率是五百四十萬分之一）。

任何恐懼都能讓人精神耗弱，尤其是機率極低的那類恐懼，這能嚴重破壞我們享受人生的能力，把人嚇得不敢搭機或在海裡游泳。這些人可能願意避開搭機的風險而開長途車去海邊，只要沒人逼他們走進水深及膝之處。他們可能會選擇這些看似「較為安全」的選項，就算事實是，因車禍而傷亡的機率遠高過鯊魚襲擊或墜機。事實上，你每一年死於車禍的機率都高達一百零二分之一。

那麼，為什麼人們不更害怕「車禍」這類機率更高的危險？為什麼只擔心發生率極低的威脅？我們的恐懼跟幾個因素有關，其中之一是媒體報導這類事件時引發的官能衝擊。當極為罕見之事真的發生時，就成了值得報導的新聞。你更容易見到（也因此更容易記得）社群媒體上的文章，或夜間新聞報導一起離奇悲劇的受害者經歷，像是有個衝浪客在加州海岸遭到大白鯊襲擊，但你不太容易記得兩輛汽車相撞、駕駛人送醫的車禍，這種事稀鬆平常到根本上不了新聞。我們一旦接觸到離奇的故事，就會覺得那些不太可能發生的威脅更為真實，而在這種恐懼的壓制下，我們就沒辦法理性評估這類事件發生的機率。

除此之外，我們天生就是想避開能造成瞬間死亡的威脅，像是滿嘴尖牙的大魚、一千伏特的閃電，或是從高空摔落。我的用意不是嚇得你不敢開車，而是要你回想一下你最害怕的事物，評估自己為何害怕，而且我要你理性地檢視，而不是承受這種少見的驚悚故事所造成的莫名不安。

恐懼的真面目

我在十六歲那年，跟著家人從長島市搬去紐約皇后區一個比較好的鄰里。雖然紐約這一區並不是沒有犯罪活動，但已經遠好過長島市。因為家裡經濟拮据，我爸媽在週末結束了白天的工作後，會去清理辦公大樓，我和我弟席奧多羅斯也會去幫忙。某個星期天晚上，我們提早收工後，我和母親先開車回家，父親和弟弟則為了給辦公大樓鎖門而多待一陣子。

我和母親拐進家門口的車道時，我注意到客廳的百葉窗被拉起，而且燈開著。

「燈為什麼是開著的？」我問母親：「而且百葉窗還掀開來了？」

母親一臉納悶。「我也不知道，平時百葉窗是放下的。」

我們沒意識到哪裡有問題，直到母親打開正門的鎖、我們走進屋裡，就在這時，我看到一名男子從我們家裡竄出，衝向後門。

母親立刻僵住，渾身動彈不得，就像雙腳被澆了水泥。但我沒半分猶豫，衝進屋裡。

「不！」母親尖叫：「別跑！」但她不是對入侵者喊話，而是對我。

但我已經跑向那名男子，跟著他衝出後門，看到他翻過鄰居的圍籬、消失在黑夜裡，無影無蹤。

「也許還有其他同黨在屋裡！」我朝母親喊道，開始檢查家裡每個房間。

「不！」母親哀求：「住手，我拜託妳住手！」

她是替我感到害怕，但也不知道為什麼，我就是把母親的呼喊當成耳邊風。我的氣惱提升為怒火，先去檢查地下室，然後上樓查看。無論如何，我要保護母親，保護我們這個家。雖然我這時候只是個青少女，但如果還有誰躲在這棟屋子裡，願上帝祝福他。

我雖然不知道我究竟打算怎麼做，但我絕不放過小偷，我要看著警察來把他們抓去坐牢。

你讀到這裡，也許心想：哇靠，妳真的很有種！，不然就是：妳該聽妳媽的話，妳這笨蛋，小心害死自己。

不管你對我展現出來的勇氣（或愚蠢）做何感想，我跟你分享這個故事，其實是出於完全不同的理由。

先回到故事開頭：我們在家門前停車，立刻知道有事情不對勁，心中的恐懼和不安開始攀升。我們走進屋裡的時候，看到家中有個男子飛奔。我們心中的恐懼攀升得更快，而且這才意識到家裡遭了小偷。接下來發生了什麼？母親做了什麼？我做了什麼？母親僵在原地。我追向那名男子。勇敢？算了吧。

我和母親面對同一個威脅，卻產生完全不同的反應。這些反應稱作「戰鬥、逃跑或僵住」（Fight／Flight／Freeze），簡稱「F3反應」。母親進入了僵住模式，我則是進入了戰鬥模式。被我追逐的那名入侵者，可說是處於逃跑模式。

研究指出，我們的「戰／逃／僵」反應會本能地啟動，並做為讓我們評估危險的方式。如果我們認為能壓制眼前的威脅，就會進入戰鬥模式；如果我們認為能逃離眼前的威脅，就會進入逃跑模式；如果我們覺得打不贏也逃不掉……就會愣在原地。

不同的人對同一個情況產生的反應可能都不一樣，例如我和母親這個案例，但無論你對恐懼產生什麼反應，最重要的是「知道」並「了解」這種恐懼，才能予以控制。

戰鬥、逃跑或僵住

F3是你的身體為了保護你而武裝自己的方式。這是你的生理反應，為了讓你處理且應對眼前的局勢。它就是你，只是一個處於更緊張狀態的你，更警醒也更警覺的你。你的心跳加速，是為了把更多血液灌進全身，以便你對某人出拳（戰鬥）或逃離對方（逃跑）。

如果你跟我一樣，在面對威脅時很自然地進入戰鬥模式，無論這麼做安不安全，這種本能就是為了幫助我們能立刻對抗正在威脅自己的人事物。如果有人對你動手，你就還手；如果有人對你吼，你就吼回去。在這種反應中，你採取激烈手段來保護自己。你做出決定：要對眼前的威脅（無論是什麼）採取防禦姿態。

至於逃跑反應，則是你覺得眼前的威脅超出自己能應付的範圍。天生傾向逃跑的人，在碰到危險時就會跑離威脅，而非跑向威脅。如果有人威脅要攻擊你，你會拔腿就跑（這通常是好主意）。同樣的，如果有人對你惡言相向，你就會盡其所能地避開這種衝突，或離開這個局面。逃跑反應的目的是保護你，讓你盡快離開充滿火藥味的危險情境。

僵住反應之所以發生，是眼前的威脅讓你不知所措，害得你做不出反應。這種過度刺激使得你動彈不得。你有沒有見過一些人愣住不動，神情就像被車頭燈照到的鹿？

他們大概處於僵住反應。這種反應發生時，你覺得自己的身體背叛了你，讓你沒辦法思考、計畫或行動。你唯一能做的，就是僵在原地，希望威脅盡快過去。

交感神經和副交感神經這兩套系統在身體裡彼此抗衡。它們都屬於自主神經系統，意思就是「不受你控制」。我們害怕時，啟動的就是交感神經系統，也就是所謂的壓力反應。在這一刻，我們的身體試著成為超人，辦法則是讓體內灌滿「去甲基腎上腺素」和「腎上腺素」。就是因為這批大量的化學物質，讓我們掌心冒汗，心跳加速，肌肉緊繃，瞳孔放大，呼吸加快……這些都是我們在面對威脅時會有的生理反應。你的視線變得如雷射般集中，滿身汗水讓對手更難抓住你，你的肌肉灌滿血流和氧氣，準備隨時對危險做出反應。

相較之下，副交感神經系統幫助我們冷靜、放鬆而且恢復正常。我們進食後、需要睡覺的時候，就是這套系統在運作。基本上，這套系統的功能跟交感神經相反，是為了讓身體處於「體內平衡」（homeostasis）狀態。

找出你的恐懼反應

讀到這裡你可能已經發現自己的F3模式，也就是你在面對危險或衝突時，習慣選擇某種特定反應。我對家中入侵者做出的反應，正符合我的個性。我的第一反應向來是挺身戰鬥。就算在現在，每當我感覺遭受威脅時，我當下的反應就是反擊。

我母親一開始的Ｆ３反應是逃跑，但我跑去追小偷的時候，她沒辦法丟下我，所以改成僵住。她當時不知所措、困惑得不知如何是好。她的Ｆ３反應因為察覺到危險，沒辦法允許她跟著我進入屋裡，並清楚意識到我做出非常愚蠢的事，這意味著她唯一的選擇只有僵住。但平常時候，我母親面對衝突時的自然反應通常是逃跑。

有個認知很重要：沒有哪個Ｆ３反應才是面對威脅時的「正確」反應。所謂的正確反應並不存在。我們的Ｆ３反應只是與生俱來的傾向，在某些狀況對我們有利，在某些狀況卻會害了我們。我知道自己在面對威脅時通常選擇戰鬥模式，這表示我必須更小心點，因為很多時候，戰鬥可能是很危險或愚蠢的選擇。在遭遇威脅時，有時候逃跑才是上策。如果我能回到過去、建議十六歲的自己家裡遭小偷時該如何應對，我會叫她趕緊離開那棟屋子、協助母親找個安全的地方報警。

同樣的，我母親的Ｆ３反應也不是在任何情境下都是最明智的選擇。她會為了避免衝突而費盡心思，就算想反擊也可能做不到。

我想表達的是，別用同一種模式應付不同局勢，而是先了解你習慣做出什麼反應。我們在學習如何控制自己的恐懼反應之前，必須先認清自己的習性。

了解自己的Ｆ３反應，能讓我學會控制自己，提前辨識自己打算怎麼做，並評估這個反應的戰術成本和好處。所以，花點時間來分辨自己屬於哪一類。如果你沒辦法一下子就找出答案，可以列出你遇到威脅的三個過往經驗。你當時做了什麼？你的反應有沒有因為面對不同局面而跟著改變？還是你的習性基本上都一致？你找出了自己天生的

Ｆ３反應後，可以在激烈局面發生前，先預測自己最可能怎麼做，並想出不同辦法來控制。

例如，如果你的Ｆ３反應傾向逃跑，那麼你下次覺得需要逃跑時，花點時間來判斷這是不是面對局勢的最佳辦法。也許逃跑確實很有用，但或許留在原地評估現況，或是做出反擊，其實是個更安全也更務實的選項。你更了解自己和你的Ｆ３反應之後，就能列出其他選項來從中選擇。依據你在「制定計畫」和「制定策略」這兩方面的能力，你就能給自己更多選擇，而不是在潛意識中做出對某個威脅的反應（第三章到第八章的內容也能給你一些很好的建議）。你對自己Ｆ３反應的控制力越大，就越能應付困難的局勢，並在這個世界上平安順利地生活，而這就是打造防彈人生的基礎。

第二章 駕馭恐懼

困境能揭露一個人的本性。

——古希臘哲學家，愛比克泰德

恐懼帶來更多的可能性

我們越了解自己常會有哪種恐懼反應，在生活和決策上就越能取得掌控度和自主權。你不需要讓恐懼限制自己，而且重點不一定是克服恐懼，有時候是學習如何善用並駕馭恐懼，來達成想要的人生目標，成為最堅強的你。

我從小閱讀亞歷山大大帝的故事，他是馬其頓王國的國王，那裡也是我母親的家鄉。我還讀過其他希臘英雄的故事，包括在海上待了十年的奧德修斯、打過特洛伊戰爭的戰士阿基里斯，還有斯巴達的李奧尼達王，他率領了三百壯士力抗波斯大軍。我把這些故事當成空氣一樣吸進體內。我越是了解這些偉大英雄，就越把自己看得跟他們一樣。他們是我族人的傳奇，他們的勇氣和英勇事蹟活在我心中，我由此觀點看待這個世界，連同我在這世上的地位。小孩子很容易受到故事激勵、把自己當成英雄。我們會做白日夢，夢想以後希望擁有的美德，如勇氣、力量、公正和正直，並開始依此來塑造自己的人生。

這種對未來的想像稱作「可能的自我」，而這項理論是由心理學家黑澤爾．馬庫斯和寶拉．紐瑞斯創建。該理論描述個體如何套用過去的經驗來形塑自我認同，以及如何投射於未來。人會透過兩種方式來展示自己的可能自我：希望和恐懼。

希望是著重於我們想成為什麼樣的人，這種自我稱作「希望自我」（hoped-for self），也就是你想像自己會成為的人，例如：我希望當個醫師；我希望成為美國總統；我希望成為特勤局探員。

相反的，恐懼則著重於我們想避免成為什麼，而這種自我稱作「恐懼自我」（feared self）。在這種認知裡，我們決定自己不想變成什麼樣的人，例如：我害怕變成流浪漢；我害怕變得像我父親；我害怕變得軟弱。

這兩個自我的組合，引導我們成為自己終究會成為的那種人，也就是我們「想成為」和「不想成為」的人。

然而，有時候由於因緣際會，像是我們有做出或沒做出的抉擇，結果我們過著一種跟原本夢想的生活不太一樣的人生。對我來說，我的孩提時代並沒有反映自己希望擁有的戰士心態。事實上，我小時候的生活完美地對比出「我希望成為什麼樣的人」和「我正在變成什麼樣的人」之間的差異，我的成長過程充滿了警戒，處處低調，總是被恐懼感籠罩。

在恐懼中長大

一九八〇和九〇年代的紐約市跟你現在看到的光鮮模樣完全不一樣。

二〇一八年，紐約市發生了兩百八十九起凶殺案，但回到一九九〇那年，我十三歲的時候，紐約市有高達兩千兩百四十五起凶殺案！紐約因為快克古柯鹼和幫派戰爭而成了街頭戰場。在布魯克林任何一個八公里範圍內，警察每六十三小時就會記錄一起命案的發生。新聞上充滿這類畫面：倒在血泊中的屍體；孩童受到駕車槍擊案的波及送命；無辜民眾因為開車轉錯彎，誤闖不該進入的地區，而被拖出車外殺害。

我爸媽都是來自希臘的新移民，對這片新土地上的危險並不陌生。我叔叔多次遭到搶劫。我父親來到美國後，在某間咖啡店找到第一份工作，就曾被搶匪用槍指著頭；他後來開計程車時也曾遇襲。我母親曾被鄰居毆打。我們停放的汽車遭到入侵，裡頭的東西被偷。我們的住處也遭到洗劫，母親存下的現金，還有我擁有的少數幾件首飾，全數失竊。

為了保護我和弟弟，我爸媽把自己的恐懼傳承給了我們。他們逼我們時時刻刻待在家裡。我們不能出門，除非去上學。我們不能在外面玩，很少去朋友家，也從不參加「不給糖就搗蛋」這種萬聖節活動。我們不搭地鐵，因為爸媽說地鐵就像到處都是塗鴉的西部荒野，什麼壞事都會發生。

恐懼無所不在。我從小就把爸媽和外婆的每句告誡當成氧氣一樣吸進體內。

提高警覺。

多加小心。

快進屋裡。

別出聲。

別亂看。

機靈點。

注意安全。

在家人的教導下，我們從爬滿蟑螂的低收入住處走去公車站的時候，會時刻注意身後。我們下午放學、走下公車後，會快步返回公寓。壞事總是隨時都在發生。他們教我害怕陌生人，害怕鄰居，害怕朋友，害怕外頭的世界，害怕站在街角的人們，害怕開車從旁經過的陌生人。我每次走出家門，每走一步路，都心懷恐懼。

說真的，這種日子實在令我火大。恐懼從我身上奪走了太多東西、機會和體驗，甚至是良好的教育。我曾獲得進入布魯克林技術高中的資格，它是紐約市前三大高中之一，但家人不准我去。母親說每天搭大眾運輸去上學太危險，還說布魯克林比皇后區更可怕，我絕不能去那兒上學。如果皇后區是戰場，布魯克林堪稱地下世界。

無論我如何苦苦哀求，答覆永遠一樣：不行。

原因是什麼？

恐懼。

他們越是教我要害怕、小心、注意安全，我就越反感。我也越是下定決心：絕不讓恐懼主宰我的人生。

我知道是恐懼可以讓我們活下去，但我也知道，是恐懼讓我們沒辦法真正活著。

反抗恐懼

我爸媽對我的期許，跟我對自己的期許完全相反。

「找個好男人嫁了，讓人家來照顧妳。」他們對我說。根據他們還有我從小長大的社會文化圈子所教的，希臘好女孩就該做些安全又安分的工作，直到找個希臘好男人嫁掉、生孩子。

但我想當個堅強、強悍的人，我想做他們不准我做的每件事。如果要說我家人承受的「受害者心態」帶來什麼好處，就是讓我練就出鋼鐵般的意志，我不僅不向恐懼屈服，而且挺身反抗。我不想當個袖手旁觀的人；我需要力量和訓練，好讓我和自己所在的世界變得更安全。

所以，我在二十三歲那年，加入了紐約市警校。

如果把這形容成「我爸媽最害怕的噩夢」，這種說法還太過保守了。

「妳為什麼要這麼做？」我在填寫警校申請書時，父親在我身後窺視。「妳這是在浪費時間。他們才不會錄用妳，他們要找的不是妳這種人。」

我獲得入學許可後，父親更大聲也更經常地表達不滿。

母親則是拒絕接受這一切，加上因為她通常選擇「逃跑」的F3反應，這意味著她試著完全避開這個問題。所以，每當有誰問起她女兒，她會說我有一份還不錯的工作，說我在曼哈頓當「祕書」。

爸媽對我失望透頂，所以做出了唯一想得到的舉動：不再跟我說話。也許他們以為我會因為他們這麼做而退卻，也許他們認為這種工作不適合年輕女孩，也許他們已經預見這份工作會有多辛苦，我必須經歷多少苦難、疲憊和沮喪，才能符合紐約市警校的標準。當時的我根本毫無頭緒。但我擁有的，是我在皇后區的移民社群裡長大的經驗，這能協助我隨時提高警戒、駕馭恐懼、增強決心。

不想害死同袍，我把恐懼當燃料

「趴趴肚臍斯！妳臉上是什麼鬼東西？」

我進入警校的第二週，已經習慣了紐約市警察局的教官每天用五種方式叫我的名字。彭噗酷斯。彭帕多利斯。趴趴多普肉絲。彭帕多拉拉卡肉絲。他們亂念我的名字，方式千奇百怪，而且是故意的，就算我的T恤背面明明用粗大字體寫著名字。他們的職責就是激怒、騷擾我們，用任何方式讓我們精神崩潰。

我萌生退學的念頭。我根本不適合這裡。我在大學時曾在皇后區一家「金牌健身中心」打工，所以體能還不錯，但是警校的訓練完全不一樣。我的健身空間從原本將近三百坪的空調設施，縮小成腳邊的小方格。沒有毛巾，沒有軟墊，沒有保溫杯，沒有讓我維持鬥志的熱血音樂，只有三百人擠在彼此觸手可及的範圍裡，奮力跟上教官的速度。伏地挺身、仰臥起坐、開合跳、胳臂轉圈……每個動作都必須跟上。

此刻，亂念我名字的女教官衝著我的臉咆哮，我能聞到她在早餐時吞下的黑咖啡和雞蛋。

「回答我，碰巴隆普斯！」

她每次發出P和S的發音時，口水就會噴到我臉上，我也沒笨到伸手擦掉。她伸出沒剪指甲的手指，劃過我的右睫毛，然後舉起拇指和食指，讓我看清楚上頭令她反感的黑墨。

「這是什麼鬼東西？」

「是『封面女郎』，長官。」

也許這個答案對她來說太詳盡了點，因為她靠向我，我們倆的鼻尖互觸。在這種近距離下，她看起來有點像卡通人物，我還真以為她會氣到耳朵冒煙。

說真的，擦睫毛膏並不犯法，也不是軟弱的表現，但確實違反規矩。

「警校裡可以化妝嗎，噗波噗斯？可以嗎？」

「不行，長官。」

「那妳他媽的幹嘛化妝？」

我想明白地告訴她我為什麼化妝：因為我累了，我疲憊不堪，我覺得有點失落，我擔心來警校是個錯誤。從我跟爸媽說「我要當警察」的那天起，他們倆就沒再跟我說話。我想退學。所以，今早五點照鏡子、瞪著自己哭慘的眼睛時，我抹了一點點睫毛膏，想稍微給自己打打氣，想讓自己再撐過殘酷的一天。

但這些我都不能跟教官說。已經有太多人懷疑我的能耐，我不能承認我也懷疑自己的能耐。

「我不知道，長官。」

「我們需要化妝才能當警察嗎，波普拉斯？」

她每次正確說出我名字的時候，是因為這比說錯更能讓我感到羞愧。

「不，長官。」我輕聲道。

她對我咬牙低吼：「再讓我看到這玩意兒，妳就給我退學。現在，五十下伏地挺身！」

我在體育館的地板趴下，慶幸她沒連帶懲罰其他人做伏地挺身。一般來說，我們哪個人犯錯，其他人都得付出代價。

對我來說，最慘的是跑步，編隊繞著體育館跑好幾公里，每一列有四人，離前後的人只有一臂之遙。我們不僅得維持完美隊形，還得跟上教官的速度。我在加入警校之前連一公里也沒跑過。如果你跟不上，教官就會把你揪出來，逼你到體育館裡在每個人的眼前來回衝刺。這麼做很丟臉，絕對不是你希望發生的事。

在我進入警校的第一週，某次跑步時，大夥跑得有夠快，害我以為自己的肺臟會炸開。我當時驚慌得呼吸急促，腳步蹣跚，而且跟不上隊伍。果不其然，一名教官一臉反感地把我拉出隊伍。我來到體育館中央處，準備跑來回衝刺的時候，已經覺得胸腔完全著火。

另一名被抓出來的脫隊學員開始乾嘔。

「垃圾桶在門口。」教官對他咆哮。

那位學員跑向垃圾桶，把頭埋在裡頭，開始嘔吐，吐完後癱坐在地上。

「你搞屁啊？」教官吼道：「不准坐下。你要麼回去繼續跑，要麼自己去卡布瑞尼。你自個兒選。」

我解釋一下：卡布瑞尼是附近的醫院，跟警校在同一條街上。

面對這種選擇，他看起來好像又想吐，但不發一語，只是跟著我們一起跑來回衝刺。

體能訓練結束後，教官們命令所有學員（一共三百名警校生）面向體育館中央處，也就是我和其他脫隊者所站的位置。

「看看這些學員！」教官喊道，指著我們。「這些學員應該退出，你們也應該希望他們退出，因為當你們在街頭需要幫助、發出『需要緊急支援』的『10－13』求救訊號時，這些傢伙會害死你們！知不知道他們會什麼會害死你們？因為他們連跑去救你們都跑不動！」

然後教官看著我和其他脫隊者，那副鄙視的眼神害得我們只想鑽進地底。「幫大夥一個忙，在害死任何人之前退出吧。」

我深感慚愧，顏面盡失，覺得自己是個失敗者。但打從那天起，我對自己做出承諾：我絕對不再脫隊。

那天晚上，我回到家後，穿上運動鞋，出門跑步。我開始每天在受訓後自主跑步。不管我多麼討厭跑步、跑步有多痛苦，都比不上我那天在體育館裡感受到的愧疚來得沉痛。每次上體育課之前，我都會在置物櫃前默默禱告：求求祢，上帝，別讓我脫隊，求求祢。

教官那番話把我嚇壞了。我真的很害怕自己害任何同袍置身險境。我害怕失敗，害怕家人會做何感想，害怕我對自己的失敗會做何感想。我害怕再次承受那種羞辱。

所以，我把恐懼當成燃料，以免變成自己害怕成為的那個我，也就是我的「恐懼自我」。後來，我的跑步能力變得越來越強，連自己都始料未及。

那年被罵的那一天，是我第一次也是唯一一次脫隊。

遺憾的力量

我耗費了許多心力，才沒屈服於爸媽和自己的恐懼，像是我不夠堅強、不夠強壯、不夠勇敢。我知道爸媽對我失望透頂，我是我們這個社群的棄兒，令人難堪，就連我朋友都認為我的決定很荒謬，但我不能再活在一個小泡沫裡，我也拒絕這麼做。雖然渾身每條肌肉都痛，但我知道如果自己屈服於恐懼，某部分會更痛。肌肉遲早會復原，但是「遺憾」呢？這玩意兒能讓人痛一輩子。

遺憾有兩種，一種是做了什麼而遺憾，另一種是因為沒做什麼而遺憾。我們對自己做了什麼而感到的遺憾，雖然一開始會造成心理上的煎熬，但這種痛苦通常會隨著時間而消退，因為我們會將事情合理化，或找到事情為何發生的意義。

相反的，我們會緊抓著「無所作為」所造成的遺憾不放，希望能回到過去、做出不同的決定。研究發現，**就算人們認為以前某個行動是錯的，但更多人會為了當時沒採取行動而感到遺憾**。我們沒做的事情更可能長期困擾著我們，像是我們選擇不接受一份新工作，不追求一段新戀情，不為自己挺身而出，或不逼自己走出舒適圈。我們通常會記住原本能做但沒去做的事，像是失去的機會或沒能履行的承諾。

你若不採取行動，就會拚命懷疑當時原本明明有些什麼可能，卻因為這類情境而無法獲得答案，所以會一直想像一個跟現況不一樣的人生。

這可以是詛咒，也可以是祝福。一項很晚才開始學習的技藝雖然更難精通，但我們還是可以立刻著手。這種例子隨處可見，像是有人辭掉原本的高薪工作、自行創業，或某個很有成就的成年人回學校學習另一門技藝。簡單來說，人們在回顧以往的時候，比較能接受「我試過做某件事但失敗了」，而不是「我連試都沒試」。

話雖如此，我無法否認，在剛接受訓練時覺得自己一無是處，我是耗費了很大的努力才堅持下去。人的心靈可謂亦敵亦友，既能激勵我們追尋遠大志向，也能想出無數有力的理由勸退自己。

我並不是在警察世家裡長大，沒人認為我應該當警察。我雖然在紐約市警校承受過地獄般的日子，但我還是注意到某個有意思的變化：我開始更害怕「放棄訓練」的後果，而不是每天的訓練有多辛苦。

我窺見了我的新未來，在這個未來裡，我堅毅又強大，能透過有意義的方式幫助人們。這幅景象越是變得清晰，我就越不能放棄。

所以我繼續前進。

我不再想著警校訓練有多苦，像是訓練還有八個月、教官天天罵人、爸媽不理我、渾身痠痛、每天待在我一無所知的世界裡掙扎求生。

相反的，我開始一分鐘、一小時專注地活下去。我把注意力集中在每個當下。我駕馭了自己對退學的恐懼、深知如果不全力以赴將帶來的遺憾。

隨著我的身體變得更為強壯，我的心靈也變得更堅強、敏銳又強韌。我開始不再那麼在乎家人對此做何感想。隨著我在每堂課上證明了自己的能力，我心中的不安也變得越來越微弱。我在身心方面的軟弱消失了，因為我打下了基礎，持續自我強化、激勵，而這讓我願意承擔前所未有的風險。

挺進下一關

進入警校五個月後的某一天，我走進人稱「訓練組」的辦公室，也就是警察局最資深的主管所在。警校生把這批擔任警備隊長、分隊長、督察員等的男男女女稱作「白襯衫」，因為他們的襯衫是白色。我們平時會盡量避開他們和這間辦公室，但我做了一個改變自己一生的決定。

我立正站了超過十五分鐘後，一名副中隊長終於從文件上抬起頭來。「稍息，學員。有什麼事？」他在椅子上慢慢旋轉，嗓音沙啞又不耐煩。

我敬禮後放下手，緊張地清清喉嚨。「長官，我需要找個人談談。我剛獲得了一個機會，能成為美國特勤局的特務。」

我在加入紐約市警校的幾個月前，也悄悄應徵了特勤局。我之前在紐約國會議員嘉露蓮・麥卡錫那裡實習時，開始對特勤局的工作感到興趣。當時的第一夫人希拉蕊・柯林頓跟這位議員碰面，我注意到第一夫人身邊有一名女探員，而議員的部屬則建議我查詢一下特勤局的相關資料。他們也知道我擁有政治學和國際事務的學位，我在大學時曾在海外留學，而且我當時會說四種語言：希臘文、西班牙文、義大利文和法文。

特勤局給我的是有條件錄取，也就是我必須通過特勤局的嚴格訓練。我很想說我當時很興奮能拿到這份工作邀約，但這不是事實。我當時好不容易適應了我在紐約市警察局的新生活，懂得在什麼時候該期望什麼，而且如何熬過去。我交到了一群很棒的朋友；說真的，這是我未曾有過的袍澤之情。事實證明，在接受紐約市警校這麼嚴格的訓練時，你會跟其他學員建立起很強韌的革命情感。而我如果接受特勤局的邀約，就表示我必須連根拔起在這裡扎下的根。我不僅將為了受訓而先後前往喬治亞州和馬里蘭州，而且特勤局哪裡有辦事處就可能派我去哪，包括海外。此外，我將從頭來過，不過這次是接受菁英機構的訓練。這個選擇和可能的影響令我不安。

我來到副中隊長面前坐下，說明了自己面臨的兩難。他耐心地聆聽，然後做出答覆，口氣不似「白襯衫」那麼強硬，而是比較像個有耐心的前輩。

「聽著，」他說：「我們很少有學員能被聯邦政府錄取，尤其是擔任特勤局的特務。這是難能可貴的大好機會，我認為妳應該把握。妳如果試了之後覺得不喜歡，我們很樂意讓妳回來。」

我有無數個小小理由待在原處，但我在內心深處明白這是值得冒的險。出於某種原因，我當時就是知道，如果我不去，將來一定會後悔。既然我在警校能把身心的極限推到現在這種程度，誰知道我在特勤局會有什麼表現？

我沒有答案，但我想找出答案。我把這股力量和決心帶去了我在喬治亞州格林科的第一天訓練。

我很快就會需要所有的力量和決心。

想成為特勤人員，錄取率比進哈佛還低

特勤局創立於一八六五年，是美國歷史最悠久的聯邦機構之一。林肯總統在財政部底下設置了這個機構，是為了對抗偽鈔問題，當時有三分之一的美鈔都是假鈔。一八九四年，特勤局才多了一項職責：從格羅弗·克里夫蘭這一任總統開始，提供兼職性的保護服務。一九〇一年，威廉·麥金利總統遇刺身亡，他是三十六年間第三個遭到刺殺的總統，之前兩位是亞伯拉罕·林肯（一八六五年）和詹姆士·加菲爾德（一八八一年）。這起事件發生後，特勤局便奉命二十四小時保護總統。

很多人不知道的是，聯邦調查局（簡稱聯調局）在一九〇八年創立時，寥寥可數的人員就是一群特勤局探員，由當時的司法部長查爾斯·約瑟夫·波拿巴聘僱。二〇〇三年三月一日，特勤局改由美國國土安全部管轄，這個新部門是在九一一事件後才成立的。

特勤局由兩個部門組成：「制服部門」以及「特務部門」。制服部門負責保護白宮區域，護衛華盛頓特區所有外交使節任務，也保護總統和副總統的私人住宅。

特務部門有兩個任務：調查和保護。調查包括偽鈔、白領犯罪、網路犯罪、兒童色情，以及偽造文書罪。保護則包括美國總統和第一家庭（妻子和孩子）、副總統全家、在美國本土的外國代表，所有前任總統及其配偶，以及所有重要總統候選人。從二〇〇〇年開始，特勤局也負責保護屬於「國家安全特別事件」的場地，像是共和黨或民主黨的全國代表大會、超級盃美式足球賽，以及奧運比賽。

我在接受紐約市警察局的訓練時，班上有一千五百名學員。我加入特勤局後，班上只有五十四人。以下是訓練的行程：我們將在喬治亞州的酷暑下，在原本的格林科海軍航空站訓練三個月；如果通過訓練，就會前往寒冷的馬里蘭州貝爾茨維爾，由特勤局的訓練學院再嚴格特訓三個月。

特務的人數一共有大約三千六百名。基本上，被特勤局錄取的人就是菁英中的菁英，可能原本是大學運動員、職業或奧運選手、海豹部隊、美國陸軍遊騎兵，或是擁有特種武器和戰術部隊（SWAT）相關經驗的資深警員。非戰鬥人員通常擁有許多高等學位，能說多國語言，這在跟外國元首和他們的保鑣合作時是珍貴能力。

以錄取率來說，想進特勤局的特務部門，機率比進入哈佛這種國際級學府還低。特勤局的錄取率大約只有百分之一，而常春藤盟校的錄取率接近百分之六。不可思議地，我被錄取了。

我從小閱讀希臘英雄的傳奇故事，常常想像自己擁有他們那種力量和勇氣。但我從沒注意到一件事：這些故事的主角都是男性。同樣的，我也不在乎班上同學幾乎都是男生。當時超過九成的特務都是男性，再加上這些學員的資質，我知道我必須非常努力才能贏得地位。我不想被人視為「女特務」，而是「特務」，沒有性別之分。

在格林科的那幾個月，我瘋狂訓練。我和同學在白天一起健身，跟他們一起被虐，然後每天晚上自主訓練。我每天多跑幾公里路，在泳池裡多游幾圈，在靶場多待幾個小時。我挑選最大隻的對手進行對打練習，就為了逼自己接受跟他們同樣強度的訓練。

一開始那幾星期真的是地獄，我渾身痛得就像被球棒毆打，全是割傷和瘀青，三不五時就得吞止痛藥。沒錯，我下定決心，絕不讓任何人懷疑我的能力，無論是教官、同學，還是我自己。我知道自己在哪些方面有何限制，這意味著我必須加倍努力，我也對此欣然接受。

在對打練習的時候，我很早就得知學員通常是按體重分組。我在格林科的第二週，發現自己站在麥特身旁，他以前是陸軍遊騎兵，體格比我大一倍，渾身上下都是結實肌肉；他們正想找個體格和我差不多的人跟我一組的時候，我卻主動請麥特當我的搭檔，因為我想跟一個會把我逼到極限的人一起訓練。麥特明白我為何選他，所以沒對我手下留情。更重要的是，我不希望他手下留情。

有一天，我們練習投擲技，先從麥特開始，他把我像洋娃娃一樣甩得老遠，我對他來說似乎輕如無物。我一再摔倒，腦袋重重敲到地板。我能感覺到皮肉底下的骨頭震顫，關節因為吸收衝擊而疼痛，肺臟被摔得壓縮而灼痛。我雖然全身上下都在痛，但這樣自我逼迫就是我的目的，所以我站起身。

「再一次，」我說：「再摔我一次。」

輪到我摔麥特的時候，我注意到其他學員紛紛暫停、想目睹這場對打的結局。當我成功以過肩摔撂倒麥特時，現場沉默片刻。就這樣。大夥把注意力放回搭檔身上，繼續練習。我們都有自己的目標要達成。

訓練困難之處不只是體能上的要求，學術方面也同樣艱難。我努力學習我們這個部門的法律框架、調查的規則和步驟，連同職權範圍。對我來說，這種學術訓練十分陌生，而且一點也不輕鬆。其實，我的第一次法律考試根本沒及格，這表示我得花更多時間讀書。大多數同學外出休息時，我待在宿舍裡苦讀。念書，睡幾小時，念書，然後再多念一點。我不想浪費這畢生難得的機會，所以盡一切力量確保不會有遺憾。

半年後，我成了美國特勤局的特務。

在我十二年的探員生涯中，我向菁英學習，和菁英合作，好讓自己能拿出最好的一面。

是哪些因素讓我們成為菁英？我認為是「困境」。選擇面對挑戰，而不是背對挑戰。重點不只是身體方面的力量或膽量，也關乎耐力，而且我是指心理方面的耐力：能承受人生丟給你的任何挑戰，繼續前進，無論多麼艱難。

第三章 心理護甲

最首要也最崇高的勝利，是戰勝自己。

——柏拉圖

擋住有害人事物的護盾

因為這個世界是由善惡交織而成，所以一定有某些人事物對你造成傷害，進而帶來痛苦。你不需要喜歡這項事實，但也不該為此吃驚。更重要的是，你不該因為某人對你的殘酷或疏忽而受到影響。但你該怎麼辦？該如何避免被某些人影響心智？

答案是：強化你的心理護甲，打造一面擋在你和外界之間的護盾。心理護甲就像一道心靈屏障，能阻隔帶有破壞力的人事物，讓你免於遭到感染。

我在執法機關工作時，面對過最黑暗的人性。我接觸過處於低潮的人，他們在這種狀態之下最感到害怕、憤怒或痛苦，而這意味著我承受來自他們的大量抨擊和辱罵。而且我必須以護盾阻擋的不只是「人」，還有「事」，像是駭人的犯罪行為、遭逢巨變的受害者。如果我把所有事件、挑釁和辱罵往心裡去，在下班時間就會成了不斷反芻、裹足不前的廢人。如果我想把工作做好，就不能讓這種事發生。我必須變得百毒不侵，而這種能力在公私兩方面都帶給了我許多支持。

心理護甲就像心中的防火牆，能阻隔有害的話語或行為，避免你遭受破壞或阻撓。一旦打造出這種護盾，你就有力量選擇自己想接收或排除哪些訊息。

已故的莫理士・凡德波爾博士，波士頓精神分析學會和研究所的前任主席，曾長期研究一些身心強大的人處理嚴重創傷的有效方式，尤其是經歷過納粹大屠殺的倖存者。他發現，在那些待過集中營、後來繼續過正常日子的人們之中，許多曾用過他所謂的「塑膠護盾」技巧，來保護自己免於折磨和虐待。這種護盾由幾種要素組成，包括幽默感，以及「心理主權」（mental sovereignty），這是一種在內心營造的心靈空間，能為倖存者擋下施虐者的入侵。幽默感雖然通常是黑色幽默，但還是提供了重要的客觀觀點，讓倖存者得以擴大看待事物的視角，變得足以承受永無止境的恐懼和暴力。

可以把心理護盾想像成用來包裹瓷器的氣泡紙。如果包得好，瓷器就能承受撞擊而不受一絲傷害。但如果包得不好，瓷器就可能出現裂痕，甚至破碎。

心理護盾也讓我們更願意跟世界互動，而不是過於害怕失敗或挫折。你如果知道外界無法輕易突破你的心靈防火牆，你也就不會成天擔心遭受批評或詆毀。你的心理護甲將吸收負面言論或行為帶來的衝擊，進而保護你。如果有人想破壞你的自我評價，你就能阻止他們擁有這種力量。只要持有心理護盾，你就能活得更膽大無畏，而且更勇於跨出下一步去冒險。

護盾的另一個好處，是在你需要時任君差遣，卻不會在生活中時時刻刻都發揮影響力，畢竟我們沒辦法把自己跟他人完全隔開，這種日子將是無比的孤獨又孤立。心理護甲應該是在你需要時才啟動。

善用毒物興奮效應

「毒物興奮效應」（hormesis）一詞來自希臘文「hórmēsis」，意思是「快速的動作」或「亢奮」。

在醫療術語中，毒物興奮效應是指人體接觸到「低劑量壓力源」時，就會產生強化反應。這也是疫苗生效的原理：把低劑量病毒注射進人體，刺激免疫系統來製造抗體、對抗病毒。人體就是透過這種防禦機制，對某些疾病產生免疫。同理，當你重複接觸壓力源後，像是揮動斧頭、做伏地挺身，或是鏟土鏟雪，掌心就會長出厚繭。這也是肌肉生長的原理；舉重物會對肌肉纖維造成微小的撕裂傷，而肌肉自我修復後，就會變得更龐大、強壯，下一次就能更輕鬆地應付同樣的重量。所以，如果你希望身上的肌肉持續增長，就必須不斷地對肌肉施加更大的壓力，像是舉更重的啞鈴，或是舉同樣的重量但重複更多次。

這套毒物興奮效應不只適用於物理適應力，也包括心理適應力。我們的特勤訓練內容就是依此概念設計。在長達數月的訓練中，教官讓我們持續接觸更大的壓力，直到在沉重的認知負荷下還能擁有優秀的身心表現。我們必須學會如何在奔跑的**同時**開槍，**而且**逃出失火的建築物，**還要**確保受護者安全，缺一不可。如此一來，如果有一群敵人從不同方向襲擊總統車隊，我們就能維持理性思考，迅速移動，有效地殺出一條生路，並確保受護者存活。在遭到攻擊時試著自保是一回事，想同時保護自己和別人，而對方湊巧是美國總統，則完全是另一種境界了。

第一次進行這種演練時，我確實有點驚慌失措。我跑錯了方向，產生了所謂狹窄的「隧道視野」，甚至無法判斷威脅來自何處。隧道視野也會使得你完全專注於其中一個威脅，以至於看不見周遭發生的其他狀況，而引發重大危機。但我們越是練習，就越懂得控制自己的心智能力；重複接觸壓力源，提高了我對混亂狀況的容忍度。

到最後，我進入了所謂的「心流狀態」（flow）；在此狀態下，人能全然沉浸於自己正在做的工作，卻也能清楚意識到周遭世界。但說真的，在面對這種狀況時，我還是達到了認知方面的限制；你如果在我忙於槍戰時，叫我倒背英文字母，我應該無能為力，可能連從A念唸到Z都辦不到。我大概只背得出其中一部分，不然就是背得很卡，因為我的大腦既要尋找下一個射擊目標，還得判斷Q之後是哪個字母。

刻意在私人生活中加入一些「微壓力源」（microstressor），也有助於強化我們的心智。諷刺的是，今天的人們似乎不斷在尋找「零壓力」的生活，但那些「零壓力生活的提供者」不知道（或刻意隱瞞）的是：我們需要某種程度的壓力，才會變得更堅強。你可以把自己的大腦想像成擁有適應力的肌肉，如果加以訓練，就會變得更強韌，但你如果讓它穿著運動褲躺在沙發上、對著Netflix狂嗑墨西哥玉米片……它是不會有機會變強的。

然而，你要如何運用毒物興奮效應的原理來強化心理護甲？這得看你想降低對哪些事物的害怕程度。例如，你如果害怕公眾演說，我會建議你先去上戲劇表演課。有壓力？不自在？那當然！但這就是重點。你如果給自己機會站在陌生人面前，就是在訓練自己應付表演帶來的不自在（和壓力），但不會擔心面對任何極端後果。等你跨越了一開始的尷尬（我上過戲劇學校，我保證你會跨過去），就不會再那麼害羞，而且下次上臺的時候會更有自信。最糟的狀況是，你會在你不太熟的一群人面前覺得丟臉，而這其實能讓你練習適應。相信你不會希望自己的第一次公眾演說是賭注最大的時候，像是在工作場合發表重要演說，或是在一大群人面前演講。重點是，你如果逐漸接觸低劑量的公眾演說，等日後「來真的」時，你就不會感到恐慌，或是反被自己的F３反應給掌控，而非由你主導整個場面。假以時日，你將持續改進，你的心理護甲也會變得更加強韌。

另一個例子是，也許你害怕搞砸一場很重要的應徵面試。如果是這樣，你何不應徵幾個你不想要的工作，把這些面試當成「排練」？這看起來好像很辛苦，但想達到防彈境界，就需要努力嘗試（其實這是人生中最有意義，也最能自救的努力項目之一）。

我已記不清這些年來搞砸過多少面試，但我還是盡量去嘗試，甚至直到今天。我刻意站在人們面前，就為了逼自己能更好地傳達我的想法，並微調社交能力，這些對達成我的人生目標來說都很關鍵。想擅長某個領域，就需要練習、練習，再練習。在你為了真正想要的工作而接受面試的那一天，你就會準備得更為充分，因緊張或自我懷疑而犯錯的機率也會降低許多。

無論你害怕什麼，擔心什麼，或希望改善什麼，你一定能找到辦法克服，只要你持續為目標做出努力。想達成這個目的，你可以採取以下步驟：

第一步：接觸

分辨哪些壓力源是你可以一點一點加入生活中，用來強化你的心理護甲。不要一開始就一頭栽進去。記住，你應該從規模較小、但還是會讓你不自在的壓力源開始。雖然一開始可能會讓你覺得尷尬甚至害怕，但不要緊，量力而為就好。

第二步：體驗

觀察並記錄你的F3反應。在高壓環境下觀察自己，盡量了解你對刺激物的自然反應。你有沒有嚇到僵住？有沒有突然覺得想放棄、想逃？你有沒有出現挫敗或失敗的感覺？很好！信不信由你，但這些體驗真的能強化你的心理護甲，所以多多益善。

第三步：調整

分析了自己的反應後，分辨哪些地方是你想做出調整的。你下次可以採取什麼不同方式，來幫助你達成想要的成果？也許你想多花點時間在準備和計畫上。也許你在真的放棄、走人之前，可以多撐個三十秒。也許控制你的吐納，多多深呼吸，這能讓大腦獲得更多氧氣，幫助思考、維持冷靜。你做出的每個細微調整，遲早都會大大改善。

第四步：克服

在找出哪些辦法有效、哪些沒效之後，選個領域來真正投入精神並予以矯正。別試圖一口氣調整好一切，這麼做只會讓自己不知所措、造成心理負擔。訣竅在於，把工作項目維持在「可應付」而且「可達成」的範圍內。例如，如果你在公眾演說方面有許多地方想改善，像是放慢說話速度，盡量看著觀眾，還有減少扭捏不安的動作，那你就專注於其中一項，精通後再攻克下一項。

第五步：重複整個流程

重複第一到第四步。想擁有堅固的心理護甲，就需要一再打磨，所以你必須堅持下去。光是取得護甲還不夠，你也必須好好保養。你可以把這想像成改善你的仰臥推舉能力。一開始，你可能只推得動二十五磅，但隨著不斷練習，你將推得動一百五十磅。還有，記住，當你強化人生的某個領域後，所造成的益處也會給其他層面帶來正面影響。

趁恐懼還小時，殺掉它

人生凡事都有第一次，像是第一天上學、第一次開車、第一次戀愛。這些「第一次」就像在我們的心靈、想法和努力當中埋下種籽，我們開始培育，希望有朝一日能結出正面的果實。

但有些事物是我們不想要的，像是心碎、挫折，或是活力漸失。我們心靈花園中的這些種籽，也可能長成失控的雜草，從我們深愛的事物上奪走生命和能量。恐懼就是這類種籽之一。很多時候，我們發現自己害怕某種讓人覺得不知所措的事物，是因為我們任憑它恣意生長。雖然早就知道它存在，卻選擇無視，而不是面對。我在這裡想討論的就是這種小型恐懼；我們如果早點逮到，就能做出行動，阻擋它們入侵。

我舉自己的例子：我怕冷。好吧，不只這麼簡單，應該說我痛恨寒冷。我痛恨它，因為有太多次被迫置身於刺骨之寒。

身為特勤人員，我們必須時時刻刻在受護者周圍形成一道防護圈，無論受護者是在戶外集會，還是在白宮裡頭。我們這些探員必須站崗，該站多久就多久，而且無論天氣好壞。很多晚上，我會在凌晨三點站在戶外的寒風下，懷疑自己的手腳恐怕再也不會變暖。

二〇〇五年小布希總統就職典禮期間，我在所有公眾與會者進入的檢查哨站崗。地點是華盛頓特區，時間是一月中旬，天寒地凍，冰風刺骨，真心難受。因為我必須維持特勤局要求的專業形象，所以得穿著平時那套黑西裝、黑色長版大衣，連同閃閃發亮的皮鞋。但不許穿羽絨外套、厚實的冬帽，或是保暖靴。想對抗大自然，就看你在特勤局服裝底下塞得進什麼衣料，而在那一天，大自然來找我們玩。

我從早上五點開始執勤，接下來的十二個小時一直站著。我站立的時候，能感到水泥地的濕冷寒意從鞋底鑽來，所以我稍微前後調整身子的重心，輪流將一腳抬離地面，就算只是暫時。不久後，寒冷造成的刺骨感令我難耐。從醫學角度來說，這就是凍傷的開始。數小時後，另一名探員來接班，我把握短短幾分鐘的休息時間，蹣跚走進最近的一棟政府大樓，進入廁所，鎖上門，然後拔出巴克刀，脫掉鞋子，割開層層的絲襪和襪子。我開始焦急地揉搓已有點發青的雙腳，之後用包包裡的醫療膠帶和襪子碎塊重新包裹，但腳的狀況完全沒恢復正常，而我還得在刺骨寒風中再站幾小時……

當晚回到家，我直接走進淋浴間。蒸氣在我周身慢慢飄升時，我無法自制地顫抖。說真的，那是我第一次也是最後一次因寒冷帶來的痛苦而哭泣。我對寒冷的恐懼之籽也是在那時候埋下。

很不幸的，這類任務在特勤局不算罕見。我曾站在懷俄明州傑克遜市，海拔一千九百公尺的及膝雪地中，保護錢尼副總統的住處。我曾在暴風雪來襲的夜晚，站在白宮的橢圓形辦公室外頭，歐巴馬總統當時在裡頭辦公。我曾在某年冬天，在明尼蘇達州杜魯斯市一座軍事基地站崗，小布希總統當時正在訪視當地。

我在這些場合的無可奈何，加上寒天給過我的一些不良體驗，造就了我對冰天雪地的深惡痛絕。我很少開冷氣，晚上也很少開窗，而且幾乎總是攜帶外套，就算天氣很暖和。

但我知道這是我的恐懼來源，而我不想被它控制住，所以只能訓練自己面對。我洗冷水澡，在下雨下雪天出門跑步。有一年一月中的冬季，我跑去紐約長島市，穿上僅有四釐米厚的防寒衣，在大西洋裡衝浪。做這些事一點也不好玩，但每一次都賦予我力量。我到現在還是很討厭冷天，但我拒絕讓它來決定我能做什麼、不能做什麼。

你如果不想讓心中的小小恐懼扎根，就必須在第一株雜草長出來時注意到它，然後善用毒物興奮效應的原理，讓自己平時就多去接觸低劑量的恐懼。你開始適應恐懼後，就會學習熟悉、了解它，最終能控制它，而不是任其控制。

我知道很多人害怕獨處，不是因為害怕自己獨處時會發生什麼事，而是害怕「寂寞」，害怕沒人陪伴、沒有說話的對象。雖然想跟會讓我們覺得開心的人在一起是天性，畢竟人天生就是社交動物，但你的開心快樂與否，不該完全取決於旁邊有沒有別人在。

如果對寂寞的恐懼會決定你的日子是否開心，那你就會錯過一些必須獨處才能獲得的龐大好處。事實上，人在獨立作業時，工作效率和創造力反而更高（我們會在第二十二章討論原因）。

如果這剛好就是你的恐懼之一，那你可以開始試著控制它，方式就是找些辦法來度過有意義的獨處時光。試試以下這些：跟你自己約會，獨自去看電影，或打電話去你最喜歡的餐廳，預約一個人用餐。重點是找些事情做，讓自己逐漸意識到，你並不總是需要有人陪伴，才會覺得日子充實。把你的獨處時間想成自己的冒險時光，但時刻注意你對孤獨的恐懼是否悄悄浮上心頭。注意它，並蒐集關於你自己的情報。當你受到那種恐懼的影響，還有它靜止不動的時候，觀察你自己。隨著練習，你遲早會開始懂得欣賞（甚至更喜歡）獨自活動，勝過團體活動。

恐懼就像一團火。如果你趁還只是火苗時盡早熄掉，就不會演變成熊熊烈焰。

避開危險熱區

從技術上來說，美國總統想去地球上任何一個地方都行。只要有充分的事前通知和足夠的護衛，他就能踏上不適宜人居的土地，對暴民演講，或是在敵對國家過夜。而這些危險環境被稱作「熱區」（hot zone）。

然而，就算美國總統能夠前往這種地區，並不表示他應該這麼做。我們身為總統的護衛，會為了保障他的安全而採取所有預防措施。意思就是，大部分時候，我們根本不讓總統進入危險環境。如果哪個區域可能讓他有生命危險，我們就會避開。如果有哪批人群可能會做出暴力舉動，我們就會建議總統幕僚取消出席。如果有哪條路似乎危機四伏，我們就會另闢蹊徑，把總統送去他需要去的地方。

重點是，有時候最好的辦法就是避開可能有危險的熱區，這包括可能會對你造成傷害的人群，不管他們是不是有心傷害你，而且我指的不只是物理傷害，也包括能破壞你的「自我價值感」的那種。強化心理韌性的初步辦法之一，就是仔細分析自己都跟什麼樣的人在一起。

在你的社交圈子裡，有沒有人取笑或羞辱你？最接近你的這些人，對你的身心健康有益嗎？他們是否支持你的決定，但覺得你走錯路時，仍會堅守原則、對你說實話？你跟某些人相處後，對你自己會有什麼樣的感受？你會覺得精神充沛、充滿價值，還是沮喪又鬱悶？我們必須誠實地評估社交圈裡的每個人，判斷他們究竟是敵是友。

如果你不確定人生裡哪些關係算是危險熱區，那就問你自己：

1. 我提出自己的想法或意見時，對方是表示批評還是接受？
2. 我表達自己的感受時，對方是不當一回事還是認真考慮？
3. 對方講笑話的時候，通常是為了逗我笑還是取笑我？
4. 我通常是最後一個才得知某件事，還是早早就收到通知？
5. 我遠行的時候，對方是毫不在意或是掛念我？
6. 我在場的時候，覺得自己像個外來者？還是這個團體的一分子？
7. 我結束與對方的互動後，對自己的評價變高還是變低？

如果你發現其中任何一題的答案是負面的，那你該開始考慮一下所謂的退場策略。

離開X點，別當活靶

很多時候，我們沒辦法隔絕來自其他人的傷害，因為你一生當中最負面的一些人，很可能就是我們的親人、同事，或從小就認識的朋友。但就算沒辦法完全跟他們斷絕關係，也能找到辦法減輕對我們的心靈造成的影響。例如，如果你跟兄弟姊妹處得不好，或是你處於充滿敵意的工作環境，還是跟你應酬的幾個混蛋就是喜歡損你，那你應該開始想辦法避開他們，或降低互動。

身為特務的覺悟之一，就是知道「帶槍是為了有一天可能要拿出來用」。如果那一天到來，你開槍的對象也可能對你還擊。而這就是為什麼，教官在槍械訓練課教我們的第一課，就是「在駁火時千萬不要待在原地」。

我們在特勤局的靶場花費大量時間練槍後，教官開始教導我們如何邊移動、邊精確命中目標。我們在換彈匣的同時也持續移動，直到能安全地移動至掩體後方。我們把這種持續的移動稱作「離開X點」。這種訓練確保我們絕不會待在原地，成為對手的活靶。

而「離開X點」這個教訓也適用於人生所有層面。想維持自己的精神強度，就別待在原處挨揍、挨罵。我所謂的「別待在原處」就是字面上的意思，也就是挪動你的兩隻腳、離開所在之處。

我們在進行保護任務時，如果發現情況不太對勁，無論威脅可能來自總統面前的聽眾，或是一群情緒亢奮的示威者，我們都不會待在原地、等待真相揭曉。何必等出了大問題才收拾東西走人？我們知道如果繼續逗留下去，兩件事遲早會發生：（1）這會鼓勵對方做出更多、甚至更激烈的攻擊行動；（2）這會讓我們的撤退變得更危險或困難。

離開 X 點的意思就是，你如果想活命，想保持身心健康，就必須持續移動，離開危險區，調整，轉變。因為你如果維持靜態，繼續留在危險局勢裡，你一**定**會受傷。很多人不知道的是，你如果及時離開不良環境，其實就能在出大事之前化解危機。所以，你下一次覺得所在環境的談話或氣氛開始對你不利時，我希望你考慮立刻離開現場。一走了之沒什麼好丟臉的，不用覺得不好意思。其實，這反而能讓你免於在現場忍受羞辱。

而這就接續到我接下來要說的重點。

離開的勇氣

很多人有個重大誤解，以為退出衝突就是軟弱或懦弱的表現。

很多人被教導成以為只有使用激烈言詞、動拳頭才是「自立自強」。因為沒人想被當成膽小鬼，所以從小就形成一種制約反應：一旦覺得被誰冒犯，就本能地做出反擊。

社會教導我們必須堅守立場，否則可能任人宰割。這個道理雖然在某方面是事實，但不表示我們每次都必須用最明確的方式反擊。很多人誤以為，在遭到攻擊時該做出的反應，就是直接並立即對攻擊者做出反擊。但在許多場合，這是捍衛榮譽的最糟方式。你做出這種反應，其實是為了保護自己的尊嚴，但如此一來，我們就會把所有心力浪費在每個惹毛我們的蠢蛋身上。

一走了之並不是軟弱，而是蓄積力量和運用策略來應對衝突。真正的內在力量，是看你如何應對衝突。重點在於控制住自己的「小我」，要表現得比對手更聰明。如果你與人互動時，偶爾必須應付衝突狀況，你應該有條不紊地判定在哪個時間點出手，好讓勝算站在你這一邊，而不是對手那邊。

你的目標不該是逢戰必打，而是慎選戰場和動機，並盡可能避開毫無意義的衝突。這並不是軟弱或害怕的表現，而是控制自己的情緒，聰明並審慎地判斷如何應付特定人物。如果你用激烈態度面對每個對手，你就會變得很容易預測，你的情緒反應將變得透明，而人們遲早會認為你就跟惹你的傢伙一樣平庸。關鍵在於，你該懂得判斷何時該戰、何時該退。

別接每一顆球

在你的一生當中，當然會遇到很多人急著將你拉進衝突或對峙局面。有些時候，就算你已經盡力避免，還是會被騙進爭論、心理戰或對方的企圖當中。既然我們沒辦法避開每一個熱區，就必須準備好如何接招。接下來我將探討如何處理這種狀況，像是在工作場合、學校或親友當中遇到的麻煩事或問題。

我知道牛頓說過什麼，但不是每個作用力都需要伴隨反作用力。就因為某人要求你拿出注意力，不表示你必須配合，尤其如果這場互動似乎充滿情緒能量。你決定不配合，不對無理的訊息做出反應，這其實就保存了你的尊嚴，也維持了你的思路清晰。就因為有人丟球給你，不表示你非接不可。

你可以這麼想：你如果寄了一封充滿情緒字眼的電子郵件給某人，但對方根本沒回信，你會做何感想？一開始，你會感到納悶。你會先查看寄件備份匣，確保這封信有寄出去，然後會開始對每個來信通知的叮噹聲緊張兮兮，以為對方終於回了信。最後，你會開始懷疑對方搞不好根本沒收到你的長篇怒罵，不然就是人家找到辦法封鎖了你，再不然就是對方究竟在忙什麼、為什麼不回信給你。到頭來，你覺得丟臉、丟了尊嚴，你施展「鍵盤空手道」時產生的怒火終究熄滅。而這就是「無視」的力量。

如果有人刻意刺激你，你該花點時間讓情緒過去，然後自問：「我真的需要做出回應嗎？」從理性、非情緒化的觀點評估這個狀況，然後判斷怎麼做最符合你的長期利益。

然而，這種心理戰略並不是只能拿來應付抨擊或羞辱，也能同樣有效應付時刻想奪取你的時間和注意力的人。有時候，你就是沒有時間和注意力，不然就是如果配合，就會無法專注在更重要的事上。在分配時間的時候，你該把「訊息」跟「雜訊」分開來。如果你的人生裡**每件事**都很重要，就表示每件事**都不重要**。

想想你收到的垃圾郵件。你每天早上醒來後，在收件匣裡可能會看到一大堆不想要的信件，懇求你**購買**、**點擊**、**讀取或回信**。你會坐在電腦前仔細一一閱讀嗎？當然不會！否則你其他正經事都不用做了。相反的，你很快看出它們是垃圾郵件，按下「刪除」，然後繼續忙你的事。你每天遇到的互動和打擾其實也差不多。

當然，有些時候你必須做出回應。如果真的是重要事情，你當然該做出回應，只是該理性看待，專注於眼前的問題，慎選用字，盡量把通訊量壓到最低程度。政治人物在這方面非常厲害，他們如果不喜歡某個提問或不想答覆，就會避而不答；如果做出答覆，也會避開原本的提問。我曾多次在演講臺前站崗，親耳聽見人們對總統和第一夫人提出最荒謬或不恰當的疑問。他們有回答嗎？當然沒有！就算有，也不會是發問者希望的方式。這就是「不接球」的精髓。

如果你不確定該不該回應，無論是當面還是透過電話、簡訊或電子郵件，我建議你問自己以下這些問題：

1. 這是不是我需要立刻關注的緊急情況？
2. 這是不是我必須回應的重要事項？
3. 這是不是我能無視的事項？
4. 我的反應會不會引發不必要的八點檔戲碼？
5. 如果我不回覆，會不會產生負面後果？
6. 對方是不是想把他的問題搞成我的問題？

7. 對方是不是想把我拉進唇槍舌戰裡？

8. 這會不會把我的注意力從更重要的事上移開？

有時候，人生很多煩惱都是自尋煩惱，因為我們刻意接觸造成這些煩惱的人事物。很多時候，我們是因為跟對方有長期淵源（前配偶、兒時朋友、霸道的父母）而出自習慣或義務地接球，就算我們在內心深處其實不願這麼做。你雖然沒辦法控制對方的言行，但一定能控制自己做出或不做出反應。

如果你不喜歡八點檔戲碼，就別邀請它進屋。

放長線才能釣到大魚

我當上特務幾年後，特勤局找我當測謊員，我因此經常出差，協助全國各地的執法機關進行調查。這意味著我必須跟一些做過惡劣行徑的人們說話，像是曾對兒童做出性虐待的人。

同事們聽說了其中一些訪談後，常常會問我：「妳竟然只是坐在那兒，聽他說他對可憐的孩子做了什麼？妳難道不想直接朝他臉上揮拳？」

我對他們說「不，我不想朝他臉上揮拳」的時候，他們通常憤慨難平。從他們的觀點來看，我能理解他們的反應。怎麼可能有人聽了那種內容還不生氣？這是一種感同身受的反應，我完全能理解。事實上，我認為我比他們更理解，因為調查員的心也是肉做的，不管臉上能擺出多麼高明的撲克臉。聽聞兒童受到傷害，總是令人心碎，因為在所有受害者當中，就屬孩子最無法保護自己。

但重點來了：我是調查員，我的職責並不是對犯人做出審判。我的職責不是威脅、怒罵、讓受訪人知道我對他究竟做何感想。我的職責是取得所需的情報，以免受害者或其他兒童遭到更多傷害；我的職責是確保犯罪者將因為自身行為而面對後果，確保正義得以伸張。這才是我的目的。

我向你保證，沒人比我更想朝嫌犯臉上揮拳（你應該也記得，我的預設F3反應是「戰鬥」）。但如果動了拳頭，我會得到什麼？幾秒鐘的痛快？如果這麼做，我的短期策略（我稱作「短線」）會跟我的整體任務（「長線」）完全矛盾，而我的整體任務是盡量取得情報，以確保這個性罪犯去坐牢。

為了方便對比與觀察，我會使用所謂的「遊戲框架」來說明：

A：短線策略——立即反應＝朝他臉上揮拳

優點：

1. 我在大約六十秒的時間裡覺得很痛快。

缺點：

1. 我失去了讓對方認罪的機會。
2. 我因為傷害罪而被逮捕。
3. 我的執法生涯結束了。
4. 嫌犯無罪釋放。
5. 嫌犯控告我和政府侵犯他的權益，結果打贏了官司。
6. 我在打人時獲得的「私刑者」快感很快消失。
7. 受害者無法獲得正義。
8. 其他兒童遭到嫌犯傷害。

vs.

B：長線策略——取得讓他去坐牢所需的情報＝別朝他臉上揮拳

優點：

1. 我得到罪證和嫌犯的認罪。
2. 我保住了飯碗。
3. 受害者獲得正義。

4. 我能在家裡而不是牢裡過夜。

5. 我感到身為專業人士的尊嚴。

6. 我覺得心滿意足，因為我知道牢裡會有人朝他臉上揮拳，而且拳頭大概比我重得多。

缺點：

1. 我少了一分鐘的痛快。

你在做出任何努力的時候，「長線」是指達成特定目標，像是拿高分、跑最快，或把體重減到特定數字。簡單來說，這通常是指獲勝。「短線」是你在放長線時所做的每個決定，會影響你離目標更近或更遠；例如，你在考試前複習多久，你在跑馬拉松時採取什麼步調，還有你晚餐是吃三明治還是沙拉。如果你的短線決策符合你的長線目標，那你就會贏；如果不符合，你就會輸。

這幾乎適用於我們想達成的每個特定目標：念完大學、存下更多錢、別跟討厭的親家吵架。然而，我們有時候會失去對長線目標的專注，開始依據短期衝動來行事。「情商」（EQ）這種能力的用處之一，就是讓你管住自己的衝動，懂得後退一步，評估自己的行為。你是否正在朝正確方向前進？再這樣行動下去，你會離終極目標更近還是更遠？

我每次做出某種努力時，會不斷自問目前的行動是否符合長期目標。雖然我大部分的時候能在腦海中評估策略，但如果覺得自己情緒太激動，或無法看清楚長期目標，我還是會倚賴剛剛提到的遊戲框架。

你下一次追尋某個目標，但覺得羅盤故障時，拿出一張紙，寫下長線目標，然後把達成目標所需的短期策略記錄下來。如果你不確定究竟該怎麼做，也別擔心。重點是管住衝動行為，運用情商來理性思考目標。如果你正在考慮的短期策略沒登上這份清單，那就寫下合適的新策略。

第四章 心理韌性

想練就出勇氣，途徑不是每天都享有開心的人際關係，而是熬過艱苦時期、克服萬難。

——古希臘哲學家，伊比鳩魯

就算護盾失效，你還有心理韌性

我們雖然必須採取一切預防措施和積極行動，擋下來自這個世界的危險，但有些威脅終究會突破我們的護盾。無論計畫多麼縝密，無論我們在自己身上小心翼翼地裹上多少層防禦，沒有什麼是百分之百萬無一失，總會有哪個始料未及的人事物令我們措手不及，而這時候就需要心理韌性。

與韌性有關的研究指出，這種能力不是人人天生就幸運擁有的天賦，而是後天習得，就像一座在心中慢慢架起的鷹架，能承受我們的情緒重擔。

心理韌性這項能力，是指我們遇到挫敗之後，能馬上分析、調整，並在精神上重新站起來。擁有這項能力，我們會明白問題就只是個問題，然後迅速並有效地找出解決方案。想培養這種能力，你需要一套可靠的策略基礎。

本章將賦予你所需工具，讓你在面對心理危機時強化自身韌性。

心理韌性有三個功能：

1. 讓你在面對危機時保持冷靜。
2. 幫助你有效、有條理地用理智來解決問題。
3. 從任何心理困境中迅速恢復過來。

活在現實中

詹姆斯．史托戴爾中將是海軍飛行員，於一九六五年越戰執勤時遭到擊落，跳傘逃生後，在敵境遭到俘虜。在接下來的七年半，他被挾持者毆打折磨，直到一九七三年獲釋。史托戴爾雖然遭到北越共的虐待，但終究活了下來，他在那段期間目睹另外幾個戰俘死亡。

作家詹姆．柯林斯曾訪問史托戴爾，問到誰沒能活著離開戰俘營的時候，史托戴爾說那些樂觀主義者沒能離開，而是死於心碎。

擁有某種程度的樂觀心態儘管重要，但面對現實更是事關重大。如果你只專注於正面成果，而實際得到卻是負面的，你很可能無法適應。

我在保護總統的時候，態度固然樂觀，相信自己的保全計畫足以遏阻任何暗殺行動，但也絕對沒傲慢或愚蠢得以為這種事不會發生。我接受了這種可能，而這讓我得以維持清晰思路，並願意尋找解決方案，來應付沒預料到的問題或威脅。我是特勤局探員，我的責任是保護我的受護者、同事、民眾還有我自己，所以我懂得戴上眼鏡、看清楚事情真相，而不是經過美化的扭曲事實。

你如果能接受現實，這種能力遲早能協助你克服困境。意思就是，意料之外的麻煩事遲早會發生，而這時候你必須放下「我不敢相信這種事發生在我身上」的態度，而是換上「這件事正發生在我身上」的心態。這就是我面對的現實，我現在該怎麼做？

了解真正的問題

試著解決問題時遇到的挑戰之一，是確保你要解決的是「真正的」問題。

你有沒有因為腳踝疼痛而去看整脊師，結果發現其實是骨盆歪掉？或是你突然頭痛，結果發現其實你需要配副新眼鏡？有時候我們以為某個問題就是癥結點，而完全沒考慮到其他可能性。

你如果無法解決某個煩惱，或許就該調整觀點，以判斷自己是否專注在真正的問題上。

在我發表關於「如何在工作場合處理衝突」的演講會後，一名女子向我請教一個問題。她在《財星》世界五百大公司的研發部門工作，她告訴我：「有個同事對我非常惡劣，拒絕跟我分享任何情報，就算我們明明應該合作，也不提供我需要的協助或指引。他真的很壞心眼。我該怎麼做才能讓他對我好一點？」

我看著她。「妳認為問題是，他需要變得更友善？」

「是的。」她回話。

「妳在那家公司工作多久了？」

「我是新人。」她看起來二十五歲左右。

「他呢？」

「噢，他已經待了三十年左右，年紀比我大，大概五十多歲。」

「你們倆都在同一個單位，是同事？」

「是的。」她說。

「我覺得妳問錯了問題，」我說：「『讓他對妳更友善』並非解決方案。妳認定他就是小心眼、他的個性需要調整，但妳想想，這個人已經在公司待了三十年，結果妳出現了，比他年輕，比他新穎，而且薪水可能遠比他低。他會覺得妳可能有一天會取代他，所以他不願配合妳，大概因為他擔心妳如果學會他懂的東西，公司就不再需要他了。問題其實不是『我該如何讓他變得更友善？』，而是需要查明如何改變他對妳的觀點，好讓他不再把妳當成威脅。」

我看到她恍然大悟的那一刻。「噢，哇，」她說：「我完全沒想到這點。」

有時候我們被某個行為影響了情緒，或對某人的行為大為光火，結果扭曲了對真相的認知。

這名年輕女子太著重於自己的情緒，而且深信那個同事討厭她，所以沒能從對方的觀點來評估現況。她把自己說成整件事的主角，而她該做的，其實是走到問題之外，查明同事行為背後的原因，並尋找可行的解決方案。後來，我協助她找到辦法，讓那個同事覺得自己更有價值、不用擔心失業，而且她如何能在與他共事時獲得好處。

有時候，我們雖然盡力試著解決問題，卻還是可能陷入泥淖。發生這種狀況時，試著跟摯友或家人分享你面臨的煩惱。更好的做法是，試著跟你有些距離的人討論，就算你才剛認識對方也沒關係。「向外人尋求建議」看似莫名其妙，但有時候，跟你不熟的人也許能回饋給你更誠實、更不一樣的觀點。

問題心態 vs. 解答心態

在找出解決問題的有效辦法之前，我們必須先明白，自己在問題發生時處於什麼心態。

當某件事發生，害你屈居劣勢時，你是不是很難繼續往前走？假設你是公司團隊的一分子，而某個同事就是拒絕做出貢獻，你會怎麼做？回家之後整晚對配偶抱怨，說那個同事害你工作量增加？隔天進辦公室後，找人埋怨這多麼不公平？接下來幾天只想著自己多麼委屈？

以上種種，你雖然確實有理由生氣，但真正的問題是，這麼做能幫助你完成工作嗎？

一般來說，事情進行得不順利時，我們會更注重「哪裡出了問題」，而不是「我們該如何解決眼前的問題」。我們卡在「問題心態」當中，尋找我們能責怪的人事物。我們只專注於「某件事為什麼無法完成」的所有原因，而不是如何完成它。

研究指出，人類在解決問題時能運用的「心智頻寬」（mental bandwidth）是有限的。人類大腦的執行功能協助我們進行創意思考、專注於工作，並應付出乎意料的挑戰。而這項功能在承受一連串看似無比艱難的挑戰時，處理眼前問題的能力就會受到影響。這就是為什麼，當你被迫應付出乎意料的問題時，較為明智的做法是帶著「解答心態」來使用你有限的心智能量，專心找出解決方案，而不是只想著問題本身。

但我們該怎麼做？怎樣才能把自己從執著於問題的思考模式裡拉出來？答案是遵循以下步驟：

第一步：設定截止日期

有時候，在找出解決方案之前，你需要時間來釐清現況和自己的情緒。需要多少時間，端看問題有多難。

給自己充足的時間，來為你碰上的煩惱進行抱怨或哀悼，因為你如果前進得太快，很可能會壓抑而非接受你遇到的問題。

我因為某個令我氣惱的狀況，而對丈夫抱怨連連的時候，我會設定一個截止日期，可能是一小時、二十四小時或一星期，就看我的情緒波動有多大；時間到了，我就強迫自己放下，繼續往前走。

你需要設定截止日期，才能控制自己花多少時間在情緒波動上。人的行為通常在二十八天後就會變成習慣，所以你如果沉浸於憤怒、鬱悶或自憐太久，就會更難脫離這些情緒，而你絕不希望這成為你日後面對衝突的樣本。

重點是，你需要能夠適應並克服情緒波動，而不是讓苦悶或不必要的鬱悶來給自己增加重擔。就算沉浸在情緒當中，你也必須騰出一隻眼睛望向解決方案。

所以，當事情不順心時，像是收到惡言相向的電子郵件，或你處理的談判案子宣告破裂，或是你和伴侶之間的關係急轉直下，請先給自己時間消化情緒。

如果你消化情緒的方式是哭個淅瀝嘩啦、砸東西，或是對著Netflix嗑一大桶冰淇淋，那就這麼做吧。但在耽溺於情緒之前，你必須先設定截止日期。

第二步：接受

走出情緒波動之後，接受你目前所在的處境。別試著去想「你原本在什麼處境」或「你希望自己在什麼處境」，而是活在你的新現實裡，並帶著「這個問題要由你自己解決」的心態。

記住，心理強韌的特點，就是能坦然面對現況。別期望別人介入、幫你解決問題。我並不是說，如果事情明明不是你的錯，你還得接受別人的責怪或扛起責任。我的意思是，對你的問題主張「所有權」，如此一來，你也將對解決方案主張所有權。

第三步：朝解答心態邁進

解決方案需要創新和創意。走出你的心智和情感框架，俯瞰你的現況，把心態從「問題心態」移向「解答心態」。

你可能已經開始想出一些可能的改善之道，現在該開始把這些計畫付諸行動了。也許問題不會神奇地立即消失，但沒關係。這三個步驟的優點在於，你越是把它們應用在人生裡，你的韌性就會持續增強。

如果某種解決方案無法解決你的問題，那就換別的方法試試。堅持下去，而且發揮創意，別放棄。

原型思考（prototype thinking）是轉向解答心態的一個很棒的辦法。事實上，我在紐約市立大學擔任兼職教授時，也對刑事司法和犯罪學的學生傳授這套解方。

有一次上課時，我請學生想出解決方案，減少青少年罪犯的再犯率。我把他們分成好幾組，給每一組幾張黃色便利貼，給他們五分鐘時間寫下想到的每個點子，不管聽起來多麼愚蠢、昂貴或違法。重點不是「批評」點子，而是「想出」點子。到最後，學生通常能想出一百多個點子，雖然有些原型思考得出的解方看似天馬行空，但大多確實可能找到可行之道來解決的議題。

找到意義

有兩年的時間，我曾經是「頭條新聞頻道」《德魯博士隨你問》節目的執法分析師。德魯博士，全名德魯．平斯基，是電臺和電視臺主持人，藥物成癮的專家，也是我的好友。

某天晚上即將開播前，我和德魯博士討論為什麼有些人能克服創傷，但有些人做不到。他當時問我，我在經歷九一一事件後，是否很難回歸正常生活。

我思索片刻。「沒有，」我說：「那個事件雖然讓我非常難過，但沒有重創我。」我告訴他，襲擊發生後，我立刻投入工作，自願幫忙搜救。我被分配到大樓倒塌處所在的特勤局指揮站，出一份心力。

我雖然為這場大悲劇感到難過，但我覺得自己當時在做的事更重要，因為我在幫助他人，做出貢獻，我協助那些失去得比我更多的人們。也不知道為什麼，我就是在那團黑暗中找到了光明。

「這就是為什麼妳很快就恢復正常生活，」德魯博士說：「因為妳在那場悲劇中找到了意義。」

大約八十年前，精神科醫師維克多．弗蘭克也得出同樣的結論。一九四二年，弗蘭克被囚禁於奧斯威辛集中營，目睹並接觸了納粹的殘酷行徑。弗蘭克獲釋後，回到維也納，寫下《活出意義來》這本書，在書中描述他的觀察：人就是想「在自己的人生中找到意義」。他表示，這份意義能讓人克服痛苦和折磨，並維持初衷，就算承受重大苦難。

體驗過集中營後，弗蘭克做出結論：就算在最惡劣、最無人性的環境下，人生也有意義，而苦難和失落也能進而擁有意義。能否在痛苦中找到意義，將決定我們是否會情緒崩潰，還是能夠站起來、回歸正常生活。如果我們沒辦法在毫無意義的悲劇中找到意義，就沒有辦法活下去。

我當時不知道的是，我在九一一事件發生後從事的志工活動，為我的身心健康帶來了正面影響。研究指出，我們主動協助他人時，大腦就會釋放「催產素」這種「快樂荷爾蒙」；研究也指出，志工活動能降低憂鬱，並提升整體活力。

我們如果能在個人悲劇中找到意義、善加運用來改善自己或他人的生活，就能變得更堅強、更強韌。

所以，如果有一天你不幸碰上悲劇，像是失去摯愛、被診斷出健康問題、或碰上殘酷的犯罪事件，可以盤點一下能怎麼做來幫助自己。如果有其他人也遭逢巨變，你可以試著盡力幫助他們。我知道經歷過重大創傷後想找到起床的理由有多難，但維持身心兩方面的活動至關重要。

心態：有力vs.無力

思索一下這兩句話的差別：

看看我成為什麼。（Look what I became.）

看看我變成什麼樣子。（Look what became of me.）

除了文字上的小小變化之外，這兩句話分別傳達了什麼樣的心態？

兩句話雖然很相似，但第一句是主動，第二句是被動。在第一句裡，說話者掌控自己的人生，因為採取了**某種行動**而成為**某種人**。他掌控結果，不管那些結果是什麼。他的方式和決心讓他變得充滿力量，而這種力量來自內心，也就是「有力心態」（powerful mental attitude）。

相較之下，在第二句話裡，說話者讓某件事**發生在他身上**。他只是個接收者，接受這個世界在這一刻丟給他的遭遇。他沒掌控任何東西，而是被局勢掌控。他來自一個無力的立場，所以擁有的是「無力心態」（powerless mental atitude）。

如果你擁有的是無力心態，就會不斷地把自己碰上的挫折怪在外界因素上。簡單來說，沒一件事是你的錯。舉個例子：你如果考試不及格，就會責怪是教授教得太差。意思就是，你如果下次考試想及格，唯一的辦法就是換個教授。如果換不了，那麼根據無力心態的邏輯，你以後考試不及格都是老師的錯，不是你的錯。不幸的是，你如果接受這種思考模式，就等於任人宰割，你倚賴別人做出改變來改善你的處境。如此一來，你就沒有力量掌控結局。

相較之下，有力心態能讓你掌控自己的處境。你承認並接受「我扮演某種角色」的事實，如此一來，你就有能力改變事件的走向。想要考試考好，你也許會對自己說：「我知道上次沒考好，也許我的教授確實很差勁，但我可以更努力用功，加入讀書小組，請助教幫忙，或是跟老師談談，看我還能做些什麼。」如此一來，你就擁有了力量；你能採取一些行動，來改變或改善自己的處境。你的命運不再由別人決定，而是由你自己主宰。

我們從加入特勤局訓練的第一天起，就被灌輸「為自己做的每件事負責」的觀念。責任感至關重要。他們想聽的不是藉口，而是我們掌控並解決某個問題。如果你的防護圈有漏洞、找不到某個受護者，或沒能及時去崗位報到，他們不會在乎原因（像是你忘了檢查樓梯間、你的無線電故障了、你的車子發不動）。他們只想知道「為什麼」，事情是怎麼發生的，你要怎樣確保下不為例。

在我的人生裡，我向來盡可能地冒險做出錯誤決定，也不願接受別人的建議、在事情出錯時責怪人家。因為有兩件事遲早會發生：(1)你會開始埋怨給你建議的人；(2)你會埋怨自己幹嘛聽他們的建議。最慘的莫過於看著父母、配偶或朋友，心想「我會這麼慘，就是因為當初聽了你的話」。

所以我的心態向來是：「好吧，不管究竟正不正確，我做了當時認為最正確的決定。如果不成功，我只能怪自己。」別誤會，這不表示我從不接受建言或聽取專家的看法，而是我在分辨、討論並分析過所有選項後，會為最後的決策負完全的責任。不管我在最後成了英雄還是狗熊，我都因為「有力心態」而為結局負責。

第三人稱解決方案

咱們就承認吧，想精確地分辨並解決自己碰上的問題，確實很不容易。研究指出，我們在試著解決個人問題的時候，會看得更仔細，在決策上也會更保守。從字面上和抽象意義上來說，我們離自己的問題太近，所以無法客觀看待。

然而，在試著解決旁人碰到的煩惱時，例如朋友或親人，我們通常能從更大膽、更理性的觀點來看待他們遇到的困難。我們會迅速切入重點，指明該做些什麼。跟給你自己的建議相比，你多麼擅長給朋友建議？有人找你商量煩惱時，你的腦海是不是會立刻出現解決方案，接下來是不是會說出「你其實應該……」之類的臺詞？

舉例來說，你朋友跟你說她男朋友在外頭偷吃，她問你有什麼建議。你想也不想就回答：「很簡單。甩了他，收拾東西走人。」搞定！可是你朋友立刻拿一大堆理由出來反駁，說她覺得應該留下：「可是我們要結婚了。他說他愛我，跟那女的只是個錯誤，他當時喝醉了。」沒完沒了。你雖然聽她說了這一大串，但還是心想：這又怎樣？他劈了腿，有一就有二。如果妳不想以後再次受傷害，就必須離開他。

別誤會，我不是試著簡化「劈腿」這件事，我知道有時候狀況比「甩了他」更複雜，但重點是，我們很擅長給建議，除非我們自己就是當事人。在面對自己的煩惱時，我們無法採取行動，甚至無法做出明智決策，所以我們幾乎什麼也不做。

想客觀地解決問題，最好的辦法就是使用「第三人稱解決方案」。你把自己遇到的煩惱投射到別人身上，例如某個朋友或親戚，然後審視這個問題，想像這個親友來找你商量這個問題。你會對他說什麼，會給他什麼指引？如果你能避免把這件事的重點想成你自己，就能把這個問題想得更簡單、更明確，然後做出更清晰的決策。

中斷器

因為惡劣情況通常會伴隨惡劣情緒，有時你需要採取不同的辦法，來協助你從「無力心態」切換成「有力心態」。你如果覺得自己太難過或太氣憤，沒辦法冷靜思考的時候，就該借助「中斷器」。

中斷器的功能，是把你的注意力從眼前的問題上移開。你的頭腦或情緒不夠清晰，或你的F3反應處於高度亢奮時，你什麼問題也解決不了，也很難做出聰明的決定，或有效地與人互動。

中斷器的作用是改變你的環境，進而改變你目前的心態，能協助你稍微隔開刺激物。我每次氣到想大開殺戒時，就會採取以下三種中斷器：

1. **地點**：在你和煩惱之間拉開距離，將有效改變你的情緒狀態。也許你需要避開跟你產生衝突的人，像是你的親友或同事，也許是惡劣的居家環境或充滿壓力的工作場合，你需要退後幾步，來整理思緒和情緒。拉開距離，就能降低做出不理性衝動行為的機率，也就能避免情況惡化。有時候開車去海邊或公園就能起作用。有些時候，你也許需要臨時度個假才能重返客觀的自己。

2. **活動**：做些事情來「物理性」地改變你的精神狀態。像是上雕塑課或烹飪課，出門跟朋友去跳舞、打保齡球，也許在公園大汗淋漓地運動更適合你。當然，你也可以選擇更刺激的活動，像是當背包客去歐洲走透透，或是去爬維蘇威火山。無論你選擇什麼樣的物理活動，確保它夠具挑戰性，能抓住你所有的注意力。在這種時候，別做你不喜歡的事，像是洗衣服、刷馬桶。重點是，把你的注意力從煩惱轉移到其他事情上，讓你能更專注在當下。

我最喜歡的一個中斷器是去練巴西柔術，因為這需要我所有的注意力和體能。每次下課後，我心裡的煩惱通常已經一掃而空，我能從更清晰的觀點來重新評估現況。

3. **時間：**把時間當成中斷器，也能把自己從腦海中的雜念拉出來。我們常對孩子說「生氣的時候先數到十」，但我建議你數到二十四小時。

我每次收到不喜歡的電子郵件、電話或簡訊時，其實都會要求自己先等個二十四小時。因為我預設的反應是叫對方去死（沒錯，這就是我的F3反應），所以我學會先拉開一段距離，我知道戰鬥反應從長期來說對我沒幫助，也對我的形象沒好處。

我把時間當成中斷器的時候，會確保在這段時間裡別想著自己的煩惱，否則我知道自己很快又會開始想著它。過了二十四小時後，如果我還想對剛剛提到的郵件、電話或簡訊做出回覆，至少我已經擺脫了一天前會竄入我腦子裡的紛亂情緒。

第五章
特勤心態

留意你的敵人，因為他們總是能第一個發現你犯的錯誤。
——古希臘哲學家，安提西尼

想好你的先遣計畫

到目前為止的篇幅都著重於強化你的心態，但想啟動防彈模式，你不僅需要駕馭心理上的挑戰，也需要做好物理方面的準備，在壞事發生前，就考慮到事情可能如何出錯。

沒人想每分每秒都做最壞打算，你也不該，否則你將活在極度恐懼之中，而這跟本書的用意完全相反。重點不是一直想著負面問題，而是了解這個世界的現實面，我們就不會再那麼害怕這個世界。正如第四章所描述，所謂的心理韌性是指「接受事實」。不夠現實或甚至過度樂觀的幻想，對任何人都毫無幫助。你必須活在現實裡，才能勇敢面對一切。

我加入特勤局後，在紐約辦事處待了八年，後來被調去位於華盛頓特區的總統護衛部門。在特勤局，我們做的工作大多是「先發制人」的性質，這類維安措施是在狀況發生前就做好準備；相反的，「反應」性質的工作，則是在事情發生後做出應變。

總統護衛部門由兩個隊伍組成：先遣隊（advance team）和應變隊（shift team）。先遣隊探員形成了一般人看不見的層層防護網，這些預防和準備措施會提前部署，以確保總統的安全。

另一方面，應變隊則是最內圈的防禦層，是對某個突破了先遣隊防護網的威脅，做出防禦性反應。我被調去護衛部後，經常在兩支隊伍中輪替。

我們一直在提防的威脅有個代號「豺狼」，他是能隨時出擊的神祕刺客，我們在安排保護措施時總是想著這一假想敵。「想想豺狼，」我們在特勤學院接受特訓時，教官會說：「豺狼有沒有辦法突破這層防禦？你們要怎麼阻止他？」

保護你自己和家人的最佳方式，就是先發制人。你在日常生活中應該不需要擔心所謂的豺狼，但在個人安全方面，百分之九十的保護措施都是「預防勝於治療」。

你不管去什麼地方，都該先想好屬於自己的「先遣計畫」。這麼做只需要花幾分鐘，但越常做就會越上手，遲早熟能生巧。想想你最常去的幾個地點，然後列出你的「出入口」（我很快就會對此詳細說明），判斷如何從A點前往B點。

一般人都是在置身災難、被迫換上「反應」的模式與心態時，才會考慮該怎麼辦。但在緊急狀態下通常就是我們最脆弱的時候，也最缺乏解決問題的效率。還記得F3反應嗎？在緊急狀況下，想憑著有限的知識和練習來想出應變之道，只會讓你屈居於嚴重劣勢，而你如果面對的是大災難，就會變得更危險。相反的，你如果已經用知識和工具武裝了自己，就能避開不必要的壓力源和擔憂，更能無懼地活著。

教會總統千金保護自己

二〇〇九年，我擔任總統護衛部助理小隊長，協助保護芭芭拉·布希，小布希總統的雙胞胎千金之一。我是她的主要護衛之一，意思就是我跟她如影隨形。

簡單來說，芭芭拉喜歡到處跑，我也因此深愛這份任務。

她的代號是「藍玉」，我們曾跟著她跑遍非洲進行人道援助，也曾陪她去德州和緬因州探望家人。一般的受護者都早早上床就寢，我們卻是整晚體驗紐約市的夜生活；當然，我也因此總是處於工作模式，但能在外頭走動的感覺確實很好。

我在相對年輕的時候就成了特務，意思就是我在私生活方面錯過了不少樂子。我的朋友在夜店跳舞時，我在埃及保護布希總統；我的家人在節慶期間歡聚一堂時，我被派去偵訊嫌犯；我連約個會都必須提前至少三星期跟主管請假。說真的，我的人生不屬於我自己，所以跟芭芭拉在一起，讓我有機會彌補一些失去的時光。老天，我甚至因此有機會參加科切拉音樂節。（不過我得承認，第一次聽芭芭拉說要帶我去這個地方時，我的反應是：「好極了！等等，科切拉是什麼東西？」）

你如果是特勤局的受護者，我們不但每天二十四小時、全年無休地保護你，也處理你的日常事務。意思是，你不需要開車，不需要找停車位，不需要去加油站，因為我們都會開車載你。你在機場不需要排隊，因為我們會護送你穿越人群，走特殊通道。你在餐廳不用等位子，你甚至不能自己選位子，因為我們已經幫你選好最安全的桌位。你可以無憂無慮地去任何地方、做任何事，因為我們已經做好了必要的安全措施。

這種無微不至的照顧，通常會提升受護者在「我能做些什麼」方面的自信，因為他們知道有人會操心其他細節。不幸的是，這些好處常需付出代價。你如果習慣讓其他人幫你做事，你自己就無法學習如何親手處理。等「保護者」離開後，原本的受護者很可能會一下子感到不知所措。

小布希總統任期即將結束時，特勤局也開始縮小對芭芭拉及其孿生姊妹珍娜的保護規模。雖然在國會授權下，所有總統和第一夫人都將由特勤局終生保護，但在總統卸任後，其滿十六歲的子女將不在受保護的範圍內。小布希在成為在位八年的第四十三任美國總統之前，曾擔任德州州長六年，意思是他的妻子和兩個女兒當時由德州騎警保護。也就是說，小布希卸任時，將是芭芭拉將近十五年來第一次沒人盯著她的一舉一動。

我雖然知道她也想擺脫形影不離的護衛，但也明白等我們離去後，她很可能會感到某種恐懼和不安。既然芭芭拉是我的受護者，她就是我的責任。我就是忍不住想保護她，想為她的長期身心健康做好打算。所以，在護衛再過幾星期就要結束的候，我知道自己必須做些什麼，我不能讓她變得無助。她需要工具，那些她一直沒機會學習的重要生存工具。我在不用值勤的日子，為她安排了一套個人安全計畫。在即將畫上尾聲的共處時光中，我盡可能對她傾囊相授。

你接下來讀到的，就是我傳授給芭芭拉的防彈模式基礎技能與知識，我也為各位讀者多加了點料。你可以把這想成在居家、工作、上學和旅行各方面的基本防彈模式。

熟悉你的避難所

所謂的避難所（safe house），就是任何一個能保護你、讓你安全的地點。你如果跟親友看「喪屍世界末日」電影時，有討論過該逃去哪，那你應該已經知道避難所是什麼。我在跟受護者前往任何地方前，會先找個在緊急情況時，或必須躲藏時可以使用的地點。你在危急狀況時，可以把以下地點當成避難所。

醫院

身為特勤局探員，在前往任何地點前，一定會先查明最近的醫院在哪。但找到附近的醫院還不夠，因為不是每家醫院都一樣，有些設備比較好，有些資源比較多，技術甚至實力都不盡相同。

我擔任先遣隊員時，一定會查明最近的一級創傷醫院在哪，因為這種等級的醫療團隊才有辦法處理槍傷和其他複雜傷勢。我非常看重這點，因為我保護的對象面對的威脅最多。一九八一年三月三十日，雷根總統在遇刺未遂遭到槍擊後，就是立刻被送往能處理一級創傷的喬治華盛頓大學醫院。

然而，光是知道哪家醫院評價最高、離你最近還不夠。我會開車前往當地，弄清楚怎樣進急診室，也走進去見見醫療人員，弄懂整座設施的配置。如果受護者需要立刻接受幫助，事先親訪就能讓我們省下寶貴時間。當你實際置身於緊急情況的時候，可沒時間釐清這一切。

此外，我們從不在原地等人來救，而你也不該這麼做。別等救援來到你面前。你如果能動，就該主動求救！發生大規模緊急狀況時，像是地震、暴風雨或恐怖攻擊，救難人員可能會疲於奔命，要過很長一段時間才能幫到你，而如果有誰受傷或重創，這個問題就會變得格外重要。

一般人的立即反應是撥打911、等救護車出現（按：在臺灣，緊急救難專線可撥打119或112）。雖然在某些情況，打電話叫救護車是最謹慎的標準程序，尤其如果不該移動傷患，或是沒有其他方式把傷患送去醫院，但這段等待時間會開始削減醫療人員所謂的「黃金救援時間」，而能否在這段時間裡獲得需要的醫療救治，會決定一個人的生死。

你如果叫救護車，就必須等它出現（考慮塞車問題），等急救人員穩定傷患的狀況（考慮資源有限的問題），然後等急救人員把傷患送去醫院（又是塞車問題）。如果傷患明顯處於緊急狀態，而且你有所需工具，你就該自行將傷患送醫。因為隨著時間經過，取決於傷勢的嚴重程度，傷患越晚送醫，情況會越糟。

警察局

除了醫院之外，我也一定會找出離受護者最近的警察局。我會事先開車經過或進去裡頭，親自跟警官打個照面。這點至關重要，因為在任何緊急情況下，離你最近的警察局就是很好的避難所。一般的警察局都自備發電機，而且充足的警力意味著充足的防禦。

無論昔日以先遣隊的身分，還是今日以平民的身分，我一定會查明離自己最近的警察局在哪。我會進去拜訪，自我介紹，並牢記前往警察局的路線。你在警察局時，還可以問問他們附近治安如何，有沒有什麼與你自身安全相關、可以分享的統計數字供參，或是可以參加的社區會議。

消防局

一般的消防局都蓋得很牢固，而且跟警察局一樣自備發電機。此外，消防員都接受過緊急救難訓練。

你也許會覺得總統才用得著這種防備知識，你並不需要，如果跑去消防局自我介紹，人家一定會把你當成瘋子。但這不是事實。事先知道你的住處、工作地點和旅行地點附近有哪些安全地帶，乃是明智之舉。無論發生什麼樣的緊急狀況，你都會希望身邊有警察和消防員，他們的使命就是助人，所以別因為害羞或不安而不採取重要的安全措施。

進行這類「情報導向」的造訪，或許有朝一日就能挽救你或親友的性命。

會合處

所謂的會合處，就是在發生某種狀況後，能在這個地點跟你的親友會合。根據特勤局的要求，如果發生緊急情況或天災而必須離開辦公室或無法接近辦公室時，我們會事先約好一個地點，在那裡會合並重整旗鼓。

我建議你約好跟家人在哪會合，還有在上班時間該怎麼辦。選擇一個對你和每個需要找到你的人來說都容易前往的地點，也許是幾條街外的某個鄰居家，或是你和孩子常去的某個親戚家，甚至是公園或附近一家咖啡店都可以。

熟悉路線

還有一點很重要，就是牢牢記住前往避難所的路線。

發生緊急情況時，手機很可能無法使用，所以你不該倚賴科技產品帶路，最好還是倚賴自己的知識和經驗。

請花些時間造訪以上地點，把前往當地的路線牢記在心，並知道這些避難所和你最常去的幾個地方之間的相對路線，例如你的住家、工作地點和學校。如此一來，如果發生了緊急情況，你就不需要臨時傷腦筋，而是可以立刻動身前往。如果你在事發時產生了F3反應，就會更難構思計畫、開車或釐清方向。

身為特勤局成員，我們明白自己需要為那些可能性做好準備，就算我們本身就是訓練有素的探員。我們將開車路線牢記於心，這樣才能直覺地做出反應，把其他腦力拿來處理眼前的局勢。

面對緊急情況時，你不該倚賴Google地圖、導航或其他類似裝置。事實上，我在身為探員時，就算在世界各地跑，也不許使用這類工具。在高度緊張的狀況下，想前往從沒去過的地點不僅困難，而且取決於災難或危急的嚴重程度，你的手機或導航設備可能根本收不到訊號。

發生自然災害時，手機是出了名的不可靠，原因很簡單，因為到時候會有太多人同時使用，結果可能無法上網，沒辦法打電話。

這個狀況在九一一事件就發生過，基地臺完全處於離線狀態，根本沒人打得了電話。就算你擁有某種能用的裝置，在你尋找地址、搜尋路線時花費的每一秒，其實都是在浪費寶貴時間。

別讓自己處於那種窘境。事先計畫並牢記路線，因為在沒人能來救你時，你必須主動求援。

硬目標和軟目標

不久前，我去了大都會人壽體育場，觀看「世界摔角娛樂」（WWE）的「摔角狂熱」（WrestleMania）大會。這大概是我做過最酷的事情之一，因為我是看摔角長大的，我一有機會就用「身體翻摔」這招對付我弟，所以參加大會算是夢想成真。

話雖如此，我每次參加大型活動之前，總是會提高警覺，因為這種場合正是所謂的「硬目標」（hard target），也就是很誘人的攻擊對象，這表示參加這種活動有一定危險性。

形成這種危險性的風險因素有三個，我稱作「3P」：

1. **人**（People）：很多人。那場世界摔角娛樂大會的觀眾人數，超過八萬兩千人。
2. **地點**（Place）：一大群人密集地擠在同一個地點。
3. **媒體**（Press）：也就是新聞記者。襲擊者，尤其是恐怖分子，都想在媒體曝光，而現場有那麼多攝影機，就表示會有人拍下並直播發生的襲擊事件。

你只要看到這三個風險因素組合在一起，就表示你應該提高自己的狀態意識（situational awareness）。

別誤會，我不是要你完全避開這種場合（別忘了，我雖然明知有風險，但還是去了「摔角狂熱」大會），但我還是接受事實：在這種條件下的危險性確實比較高。

硬目標也可能是具有象徵意義的地點，像是芝加哥的西爾斯大廈、紐約的洋基球場，或是舊金山的金門大橋。這些地點的風險雖然較高，但通常也擁有更多維安措施。

相較之下，「軟目標」（soft target）則可能是學校、餐廳或電影院之類的地點。這類場合不像硬目標那麼誘人，所以危險性也較低。

話雖如此，我們最近看到越來越多襲擊和槍擊事件發生在這類軟目標地點。這種地點雖然較不吸引襲擊者，但因為維安措施較少，也成了更脆弱的目標。

跟你的孩子談逃生

想跟孩子討論「安全」和「最糟情況」之類的話題可能很不容易，但你如果不教導他們，而是避而不談，只會對他們造成更大的傷害。

你不該完全倚賴其他人，像是老師或學校，來教孩子如何保護自己，而是該教育你自己，用孩子能明白並運用的方式把這些知識傳授給他們。也別讓他們完全倚賴你，你不可能二十四小時都陪在孩子身邊，所以請提供他們需要的資源和工具，好讓他們能在你不在場時保護自己。

先教孩子認識你們的指定避難所和會合處，確保他們知道如何前往，陪他們一起把路線走一遍，確保他們熟悉住家周圍的街坊和地形。帶他們出去走走，刻意混淆他們的方向感，然後叫他們試著帶路。向他們說明每個地點是什麼、有什麼功能。教他們如何在緊急情況下前往避難處，尤其如果他們獨自在家或迷了路。

如果你覺得孩子需要更多預防措施，就教他們獨立思考。教他們認識緊急出口，說明他們該怎麼做。示範哪一扇窗戶最適合攀爬、逃離，還有如何找出最適合的出入口（我很快就會說明出入口的概念），然後要他們多練習幾次逃生路線。

你也該叫孩子記住重要的電話號碼，像是你的手機號碼、辦公室號碼、能照顧他們的親友號碼，以便他們在需要求助時能隨時撥打。確保他們真的熟記這些電話號碼，別只是把號碼存在手機電話簿裡。

跟孩子的學校談談所謂的封鎖演習。你自己也該了解學校的安全措施，別認定每所學校都該有、員工都熟悉該怎麼做。有很多學校在這方面向我求助。很可惜的是，我發現一般學校在進行防災演習時，學生都只是茫然地跟著老師走出某扇門，或走下某條樓梯，卻沒人解釋他們在做什麼、為何要這麼做。那麼，如果老師出了什麼事，該怎麼辦呢？這下子學生就得自己想辦法判斷出口在哪。請盡量讓孩子有能力靠自己。

接下來這個問題，大部分的家長都很難跟孩子啟齒：發生校園槍擊案這類攻擊事件時，該怎麼辦。有些家長想避開這個話題，因為覺得這會嚇到孩子。其實，討論這種問題如果會嚇到他們，是因為你自己先被嚇到。跟孩子討論這件事時，保持冷靜。如果你保持冷靜，他們也會冷靜；如果你自己慌成一團，孩子只會更害怕。

這個話題其實跟消防演習沒分別。每一所學校都會進行消防演習，火災就跟持槍歹徒一樣能傷害你。但我們對消防演習司空見慣，所以不會對此感到驚慌。說真的，消防演習可能會讓人想打呵欠。談到封鎖演習的時候，也可以用類似的方式。確保孩子知道該怎麼做，並在家演練這些步驟。

最後，很重要的：教孩子反擊！

在二〇〇〇年到二〇一六年之間，「美國國家兒童失蹤與受虐兒童援助中心」記錄了兩千五百七十四起綁架未遂案，其中有七成孩童是因為反擊而順利脫身。你的孩子擁有的力量其實超出你或他們的想像。歹徒總是在尋找容易下手的目標，像是文靜、溫馴的孩子。如果你認為你的孩子沒辦法扯開喉嚨尖叫、嚇退歹徒，那你恐怕錯了。別害怕給他們保護自己所需的工具和知識。教孩子咆哮、尖叫、踹踢或咬人，用最驚人的方式來引起旁人注意。孩子真正該抗拒的是歹徒而非恐懼，所以你該教導他們如何勇於反抗。

到場和離場

我們最容易受到攻擊的時候，常常是移動於兩個地點之間的期間。特勤局把這個時段稱作受護者的到場（arrival）和離場（departure）移動，包括從白宮進入車隊，或是從車隊前往其他地點的時候。

在這幾分鐘裡，受護者最缺乏掩護。例如，雷根總統就是在結束某個活動後，走向防彈禮車時遭到槍擊。今天的特勤局，會為了保護甚至隱藏這類移動而費盡心思。

同樣的，你在移動時，通常就是最脆弱的時候。一個例子就是走向你的車：你在離開家門或商店，走向車子時，就是缺乏掩護的時候。這就是為什麼偏遠的停車場是高風險地點，歹徒通常喜歡在這種地方尋找受害者，尤其購物中心附近，在節慶購物季期間，在停車場發生的竊盜和襲擊事件就會增加。為什麼？因為你要麼身上有很多現金，要麼就是手上捧著一大堆剛買的全新商品。

你走出商店後，請先停下腳步，望向你的車輛所在。有沒有人湊巧跟著你出來？注意一下你自己和愛車旁邊有誰，掃視周圍，如果看起來安全，就可以走去停車處。如果看起來不安全，請走回店裡。如果附近有人鬼鬼祟祟，讓你心神不寧，你可以等到這個區域清空為止。如果可以，請警衛陪你走向你的車（大多數的商場都有警衛）。

在接近車子前，請提早把車鑰匙拿在手上，盡量維持一手清空，也就是手裡除了車鑰匙之外不該有其他東西。清空的這隻手，是為了方便你臨時對任何人事物做出反應。

接近車子時，檢查一下附近有沒有躲著人，也檢查一下停在附近的車輛，裡頭有沒有坐著人，引擎有沒有發動？如果有，這可能就是警訊。

上車後立刻鎖上車門，別坐在車裡整理東西、查看手機而不上鎖。上車後先鎖門，再做你想做的事。

如果你有小孩，讓他們盡快上車，同時注意周圍，注意在後方或周圍移動的人們。襲擊者會等你轉移注意力之後再動手。

還有一個建議，就是盡快離開任何陰暗又偏遠的地點。如有必要，最好先把車開到更安全的地點，再做其他準備。如果某個地點看起來不太對勁，或讓你感覺不太對勁，那麼此地不宜久留。

出國前做足準備

我在擔任總統和第一夫人的先遣隊時，通常會在他們造訪某個國家之前，提前抵達當地，安排維安事宜。

在世界上的另一個角落旅行可能令人不知所措，尤其如果當地的文化或政治跟你自己的國家明顯不同，這就需要更多計畫，尤其在政局不穩定、有暴動問題、高犯罪率的國家。以下是你在造訪其他國家之前可以使用的「事前檢查表」。

1. **尋求旅行相關建議：**在你做任何海外旅行計畫前，先做些功課，了解你想造訪的國家。我每次搭機前，一定會先看過美國國務院針對全球各國發布的旅行建議。（按：在臺灣欲出國的人，請參考外交部領事事務局全球資訊網發布的旅外安全資訊）

2. **留意路匪：**前往偏遠地點或動盪地區時，避免晚上還在路上。在某些地點，入夜後繼續開車可能會有危險。我和芭芭拉．布希一起前往非洲坦尚尼亞的時候，當地官方警告我們晚上別開車，以避開攔路大盜，所以我們確保只在白天開車。

3. **知道當地的美國大使館或領事館在哪：**登機前，請先查明離你的目的地最近的美國大使館或領事館在哪。如果發生任何種類的緊急情況，大使館／領事館會是你想去的地方。還有，你在前往某些國家之前，其實可以先跟當地的美國大使館或領事館報備，提前讓他們知道你會前往當地，好讓他們在必要時能留意你的行蹤。事實上，美國國務院有個網站，能讓你登記自己的海外旅行，並收到緊急通知。（按：旅外國人可事先查詢欲出國地點的駐外館處，或參考外交部緊急聯絡中心資訊與服務專線）

4. **找可靠的旅行社：**如果你出國會參加當地任何形式的旅行團（像是狩獵旅行），請確保你找的旅行社夠可靠。有時候，有些不肖員工，會事先讓當地劫匪知道你這頭肥羊即將自投羅網，所以請務必提高警覺。如果你覺得哪個人或當地的氣氛讓你覺得不可靠，就請聆聽本能的警告，轉身離去。

5. **事先安排好路線：**如果你打算來一場駕車自由行，請先做些準備，在上路前先摸清楚路線，尤其在前往陌生地點時。把路線列印下來，或截圖存在手機裡，以防在路上經過收訊不良的路段。

6. **在美國求救是打911，那在其他國家呢？**在國外的時候，請務必查明當地的緊急求救號碼。如此一來，你隻身一人而且需要協助時，就會知道如何打電話求援。也別認定每個地方都能打電話求救，因為某些地點可能沒有這種服務，不然就是沒辦法到達你所在的位置援助。如果碰到這種問題，最好先選好一、兩個備用的避難所。

7. **醫院在哪？**就跟在家裡一樣，你在國外也該知道最近的醫院或診所在哪。如果發生了任何醫療緊急事件，你會希望自己早就知道醫院在哪，而不是臨時浪費寶貴時間摸索。

8. **了解當地的文化和法律**。在國外旅行的時候，務必查明當地的社交禮儀，懂得哪些該做、哪些不該做，以盡可能維持安全、受人尊敬。無論你來自什麼地方，在別的國家時，你必須遵守當地的法律。

9. **把貴重物品和昂貴首飾留在家裡**。別以為每家旅館、每個房間的保險箱都是一樣的水準。有些旅館特別安全，而有些旅館的員工打得開每個房間的保險箱，所以防人之心不可無。

10. **身上別帶太多現金**。遊客是小偷和扒手眼中的肥羊，所以別隨身攜帶太多現金，留些大概夠用的金額就好。信用卡應該是你的首選。如果信用卡被偷，你只需申報停用，遠好過被偷走一大堆現金。

11. **隨身攜帶迷你急救包**。別忘了帶個迷你急救包，把你可能需要的東西放進去，像是私人藥物、防曬油和止痛藥。無論去哪，請隨身攜帶，有備無患，尤其在醫療照護可能不足的地點特別需要。

12. **別用Wi-Fi**。別碰公共Wi-Fi。駭客就等著你使用公共Wi-Fi上網。公共Wi-Fi會讓你所有的個人資料曝光，務必使用需要密碼的可靠網路。

13. **帶個旅伴**。我最重要的維安技巧，就是旁邊隨時有個伴，無論你是在觀光、出門吃晚餐，還是回旅館房間的路上。我雖然也喜歡全球走透透，但人落單了就是最脆弱的時候。

第六章 成為自己的應變護衛

勇者不逃，而是堅守陣地抗敵。

——古希臘哲學家，蘇格拉底

應變心態

在前一章，我們討論了先遣隊如何以先發制人的方式建立層層防禦、嚇阻可能的威脅。在這一章，我們討論最後一層防禦網，也就是最究極的力量：應變能力。

這就是特勤局的反應能力，這些護衛能對某個威脅做出迅速、敏捷又猛烈的反應。正如美國總統需要應變護衛為他擋下瞬息多變的威脅，你的人生也需要應變能力。

好萊塢每次拍攝關於特勤局特務的電影，主角通常都是應變護衛，例如一九九三年克林．伊斯威特的懸疑片《火線大行動》、一九九四年尼可拉斯．凱吉的喜劇片《第一夫人的保鏢》，還有二〇一三年傑瑞德．巴特勒的動作片《全面攻占：倒數救援》，這些電影都描述應變隊的特勤人員如何保護總統（或是開車載第一夫人）。在現實生活中，就是這些人員護送總統進出空軍一號，共乘稱作「野獸」的加長型禮車，還有在集會時站在總統的講臺旁邊。

我負責保護總統時，會時刻提高警覺，以確保一旦發生問題，我們已經準備好即刻解決。為了迅速並有效地應付任何威脅，我們受過戰術和技巧方面的訓練。我希望你能擁有這種應變心態，來面對你在人生上遇到的阻礙。

我前陣子搭機從洛杉磯飛往紐約市，我的機票當時還沒劃位，所以我在登機前詢問地勤人員還剩什麼位子。

「真的很抱歉，」地勤人員一臉遺憾。「只剩下靠近後段的一個中間座位，還有一個靠近逃生門的靠窗座位。」

我沒聽錯吧？飛機上只剩兩個座位，其中一個竟然是腿部空間更為寬敞，而且靠窗的逃生門座位？這還需要選嗎？「好的，謝謝你，」我說：「麻煩給我逃生門的位子。」

我轉身要去候機室，但停下腳步，轉向還站在櫃檯後面的地勤人員，問他：「不好意思，我想請教一下，你剛剛為什麼覺得，需要為了給我逃生門座位而道歉？」

「這個嘛，因為有些人不想要這種座位。」他解釋。

「為什麼？」

「就怕真的發生事情的時候吧。有些人不想在發生緊急狀況時扛起責任。」我思索這番話。如果飛機迫降或遇到任何緊急狀況，我知道自己百分之百希望有能力自救，而不是坐等陌生人救我。

「有多少人會拒絕這種座位？」我問。

「這個嘛，很難說……」他遲疑片刻，終於坦承：「其實還不少。」

有些時候，我們會為了避開沉重責任，而急於把力量交託給其他人事物。然而，只要為可能的危機做好身心準備，你沒理由不能在緊急情況下成為現場最可靠的人。你不應該把自己的個人安全委託給陌生人，因為他們未必比你更有資格。

在這一章，我將教導你何謂「狀態意識」和「策略意識」，你就能學會如何有效又謹慎地處理危機場面。

狀態意識

去任何地方都評估環境，此乃保護自己的關鍵。我們應變隊把這稱作「狀態意識」，宗旨是辨識出周圍的危險行為，並迫使自己隨時觀察環境。

在現實生活中，你的狀態意識雖然不需像捍衛美國總統的應變護衛那樣敏銳，但你還是應該注意所在環境，連同周圍的一舉一動。因為你有在「注意」的時候，才看得見問題出現，也才有時間做出反應。

在日常生活中，我們可以拓展自己對狀態意識的了解，採取一些簡單又快速的措施，來確保自身安全。我進入某個餐廳、戲院或演唱會場的時候，會先花五分鐘觀察環境，在腦海中製作一份情勢報告。這個步驟很簡單，卻可能可以救命。

預先想好辦法，我就能在所在的場合和人群當中放鬆，不用擔心如果突然出事的話該怎麼辦。意思就是，我到時候不會措手不及，不會因為某個我沒料到的人事物而驚慌失措。

一般來說，歹徒如果發覺你有在觀察周圍，通常就會另尋獵物。歹徒喜歡找容易對付的目標下手，像是沉浸於自己的世界，或是對周遭狀況一無所知的人。你可以把狀態意識想像成開車，你不僅必須看著前方道路，還得查看側照鏡和後照鏡，有時候回頭幾眼，隨時觀察周圍。

我們有時候沉浸於思緒、與旁人的談話，或是時刻向我們索討注意力的刺激物，結果對所在環境視而不見。大多數的人都能用大腦自動駕駛模式走過一條街，或駕車前往某處，而完全沒注意到周圍有什麼動靜。智慧型手機也大大削弱了我們注意周圍的能力，而這很可能帶來危險後果。手機弱化了我們的感官，連同我們維持安全與敏銳所需的認知能力。

想達到防彈境界，就必須做到「活在當下」。跟「如何應戰」相比，狀態意識對你個人安全的影響更大。你如果有在注意環境，大概就不會需要戰鬥。相反的，你就算學過一大堆華麗的防身招式、技巧和策略，但看不見威脅逼近也沒用。等出了事的時候，你將被打得措手不及，意思就是你根本沒機會化解威脅、逃之夭夭。

掩護和躲藏

警校教導學員的第一課，是如何有效運用「掩護」（cover）和「躲藏」（concealment）。

掩護是指任何能讓你避開子彈、爆炸碎片或利刃傷害的東西，強韌又牢固，像是粗厚的樹幹、沉重的家具，或只是每個街角都有的信箱。

你如果見過警察在攔檢時如何停靠警車，就會注意到他們通常把車頭歪向左方，如此一來，他們如果和被攔檢的駕駛人發生槍戰，就能立刻躲到警車的車頭後面。

不是只有能完全遮住你身子的掩護才有效，就連消防栓也能有效保護你，只要你盡量把身子蜷縮起來。好的掩護只需要發揮兩個作用：讓對方更難擊中你，還有足以擋下對方的武器。

另一方面，你在找不到掩護的時候，就該想辦法「躲藏」，這可能是因為你周圍沒有掩體，不然就是你來不及尋找掩護。

想讓躲藏發揮作用，你就必須把身子完全隱藏起來，這點跟「掩護」不一樣。你可以把這想成玩捉迷藏，你越擅長躲好，就越難被找到，就算賭注變得更大，這個道理也依然不變。

能讓你躲藏的東西，可能是窗簾、毛毯，或是關上的門。這些物體雖然擋不住子彈，卻能讓你避開襲擊者的視線，而對方如果看不見你，也就沒辦法對你出手。

當然，最好的選擇，是找個掩護與躲藏功能兼具的物體，像是牢固的門板或磚牆。但你需要立刻做出反應的時候，先找掩護，躲藏其次。

出入口

一般人在日常生活中都會進出商店、餐廳之類的地點，對此不會多想。我們走進家附近咖啡店的正門，買了早上要喝的濃縮咖啡，然後循原路走出去。這個舉動簡單又自動，但如果碰上槍擊事件或集體恐慌，這種大腦自動駕駛模式很可能引發悲劇。

在美國，幾乎每間餐廳、戲院或雜貨店都有兩個進去、兩個出來的方式。特勤局把這稱作入口（ingress）和出口（egress）。

一般人都熟悉主要的出入口，也就是大門，卻沒想過第二道出入口在哪。第二道出入口通常會是在後側的倉儲區、廚房區或卸貨區，也就是商家收取貨物、倒垃圾而不會給顧客造成不便的空間。

你每次來到某個地點，就該先找到兩個出口，這也是最簡單的步驟。你只需要轉動腦袋瓜，事先想好計畫，以防出於任何理由而需要匆忙撤離。別忘了，不是每個「第二出口」都必須是門扉，窗戶也可能是出口。

我在安排維安計畫時，常常會考慮到這個問題，因為我不只要擔心受護者的安危，也要擔心參加同一場活動的其他人。有時候，與會人數可能是數以百計甚至千計，我知道集體恐慌的危險性，所以會跟當地警方密切合作，準備兩套應變計畫，一套給我的受護者，另一套給其他與會人士。

你在尋找兩個出口的時候，請換上自我應變的腦袋，花點時間思索：如果事情出了差錯，我要怎樣盡速逃離。

爆發集體恐慌時，幾乎每個人都會試著用同樣的方式逃出去，也就是循原路的出入口。就是這種「從眾心態」引發踩踏事故之類的重大傷亡。

二〇〇三年二月十七日，在芝加哥的E2夜總會，警衛為了中止一場打鬥而噴灑了辣椒水，結果引發踩踏事件，造成二十一人死亡，五十多人受傷。現場一些人嗅到辣椒水的味道，以為恐怖分子在現場投擲了汽油彈，而隨著恐懼擴散，將近一千五百名群眾開始朝他們唯一知道的出口推擠，而出口外頭是一條向下的陡峭樓梯。當時沿梯而上的人們被迎面而來的群眾撞倒。警衛後來作證表示，當時有試著挽救倒下的人，但被群眾推擠所引發的洪荒之力攔阻。

這就是為什麼你需要記住出口在哪，並隨時提防這種從眾心態。如果數百人試著通過同一個出口，你就該考慮其他出口。在這種時候，你最好逆流逃生，而非順流而行。就因為人人都朝同一個方向前進，並不表示他們知道自己在做什麼。

請尋找一些可能不是那麼明顯的出路。你有沒有注意到，空服員喜歡提醒乘客，最近的出口可能就在你身後？這項提醒不僅在空中很有用，在地上也是。尋找其他出入口根本花不了你多少時間，而如果養成了這個習慣，有一天或許能救你一命。

你如果沒辦法在混亂情況下順利找到出口，以下是幾個能讓你保持安全的指導原則：

1. **硬室**（hard room）**：**硬室是指能讓你躲藏其中的堅固房間，由木材、鋼鐵或瓷磚之類能擋下子彈的材料建成，浴室、儲藏室、大型冷藏室都是很好的硬室。

2. **樓梯間：**把你所在空間的樓梯間走一遍。樓梯在設計上可能讓人難以預測，也許不是直接通往一樓，而是來回穿梭，或在某層樓分成兩道樓梯，逼你必須從另一個入口再次進入梯道。如果你在高樓工作或生活，又或是在某間旅館下榻，你就必須了解樓梯的走向。還有，樓梯門可能會被鎖住或卡住。請熟悉你在緊急情況下可能會需要使用的樓梯間。你最不希望遇到的狀況，就是臨時發現樓梯間有道門被上了鎖。

3. **屋頂：**別下意識地直接跑去屋頂，除非你確定救援人員能去屋頂跟你會合。我們都被電影教壞了，以為會有一架直升機憑空出現、救我們脫離險境，但這種事通常不會發生。還有，你應該沒辦法事先知道，通往屋頂的門扉是打開還是上鎖。在九一一事件那天，通往世貿大樓屋頂的門扉被上了鎖，人們去不了屋頂，就算能，也沒人能肯定直升機能順利降落、救走他們。我不是說屋頂在危急時不是選項之一，但它可能不是最佳選項。你如果在大樓裡生活或工作，請去屋頂走走，確認進不進得去。

4. **電梯**：我們知道電梯伴隨幾種特定風險。電梯可能會卡住，可能會故障，可能會失去動力，而最糟情況就是往下墜。我們雖然沒辦法控制跟電梯機能有關的每一項因素，但還是可以合理地使用。請注意電梯的限重，如果看起來擠滿了人，最好等下一部，別因為趕時間而擠進滿員電梯。

我也建議你檢查一下電梯裡的緊急電話，確保它依然能用，尤其如果這棟大樓是你的住處或工作地點。你不該等到發生緊急情況時，才第一次使用電梯裡的緊急電話。別害羞。說真的，我常常檢查電話能不能用。緊急電話的接線生問我有什麼事的時候，我會說：「嗨！沒事，我只是確認電話沒故障。」

策略性選位

1. **餐廳**：我和先生去餐廳時，通常會爭奪「背牆而坐」的位子。我和他都討厭背部不設防的感覺，這也是為什麼我們不喜歡坐在餐廳的中央地帶。露出背部、看不見身後，就是一項弱點；相反的，如果背靠牆壁，你就能看見前方所有動靜。也許這讓我們有點像難伺候的客人，但我們通常都會在餐廳裡走一遍，評估現有的座位，然後告訴帶位員我們想坐哪。這麼做很值得，因為如此一來，我們就能更自在地享受用餐。

2. **戲院和演唱會**：我很喜歡看電影，但對擠滿人的戲院充滿戒心，而紐約市幾乎每家戲院都人滿為患。我在選位子的時候，不會選擇正對大銀幕的座位，也就是靠近中間、前後左右被一大堆人包圍的位子，我幾乎從不坐中間那幾排。相反的，我會尋找最靠近出口的座位，而且不是主要出口，因為我知道那是發生緊急情況時人人都會推擠而去的方向。我尋找離我最近、離其他人最遠的其他出口。我也選高度較高的座位，因為這更方便讓我看到誰進入電影院、有什麼動靜。

你會希望你的座位能讓你迅速離場。

如果你坐在電影院的正中央，而你在臨時發生狀況時想離場，就得看周圍的人們願不願意讓路，而這就是危機所在，因為就算你在災難發生時保持冷靜，並不表示其他人也會保持冷靜。他們的反應會直接影響你，所以如果他們慌成一團，那我只能祝你好運。

每次出席人多的場合，請觀察你和出口之間有多少人，因為一旦發生什麼狀況，他們到時候就會成為你必須想辦法「橫越」的障礙。

安排計畫

每次來到任何場合，先花五分鐘啟動狀態意識，並迅速想出大略的逃生辦法。

1. **評估：**找出兩個出口，最好是位於現場的兩側。如果是餐廳，可能就是正門和廚房後門。如果發生了什麼事，你就該前往廚房，因為歹徒最有可能從正門進來。你如果處於戶外，像是露天遊樂園或演唱會，就該尋找遠離主活動區和主要群眾的出口。

2. **疏散：**想好你的疏散路線。你能多快抵達出口？路上有什麼障礙？你和出口之間有多少人？切記，人們在災難情況下會驚慌失措，本能反應是走原路出去，也就是正門。如果可以，你最好避開這群人，前往另一個出口。

3. **就地掩護：**你如果沒辦法疏散，就該找個地方就地掩護。尋找木材、鋼鐵、瓷磚之類的硬物，以便阻擋襲擊者。如果是在餐廳，可以利用桌子、櫃檯或冰箱。如果是在戲院，可以躲到椅子底下或舞臺後面。

4. **掩護和躲藏：**分辨能供你躲藏的地點。來點創意思考，把自己想像成在玩捉迷藏的孩子。窗簾、海邊、大型植物……這些東西雖然擋不了子彈，但能避免歹徒看到你。歹徒在找的是移動的身軀、容易下手的目標。你如果無處可躲，最好壓低身子，避開槍手的視線。

5. **戰鬥：**你花五分鐘進行整理評估時，也看看周圍有什麼東西能充當武器，任何東西都行，像是桌上的餐具、一杯熱咖啡、一張椅子，或是一大杯啤酒，能讓你用來丟、砸、刺的東西。我會在第八章詳細說明戰鬥用的工具和策略。

相信你的本能

與我們目前討論過的辦法相比，雖然這項建議聽起來模糊，欠缺策略和可靠性，但同樣重要，尤其跟你的人身安全有關時。我們的本能之所以存在，就是為了避免遭到傷害。就算不知道某個人或情況為什麼讓我們有不祥的預感，我們也必須聆聽並相信本能。

我有次在某個清晨電視節目介紹防身術，私下和主持人閒聊時，對方跟我說了這個故事：

「其實，」她說：「我有次走在路上，有個男的走在我身後不遠處。我有注意到他，也不知道為什麼，他就是讓我覺得不自在。我有點想過馬路跑走，但還是沒這麼做。我告訴自己：我這是反應過度。而且好笑的是，我怕跑掉會讓他覺得我沒禮貌，畢竟他又沒對我怎樣，只是湊巧跟我走同一個方向，所以我沒理會這股預感，只是繼續往前走。

「結果事實證明，我應該聽從直覺的警告，」她說下去：「因為他抓住我，用槍指著我，搶走了我的皮夾和首飾。我很幸運，他只是拿走錢財，沒做出更惡劣的事。我常常想起那一天。從那天起，我在覺得不對勁的時候，一定、一定會相信本能。」

很不幸的，這位主持人的遭遇其實相當常見。

我在為特勤局調查案子時，見過太多受害者做出了類似的選擇，拒絕聆聽直覺提出的警告。剛剛提到的主持人選擇讓自己感到不自在，而不是冒犯一個陌生人。她徒勞地試著將自己的感受合理化，結果對腦海中的「有事情不對勁」的警告充耳不聞。

很多人都會這麼做，但科學研究其實指出，人真的有探知潛在危機的第六感。二〇一四年，海軍研究辦公室進行了一項為期四年、耗資三百八十五萬美元的研究計畫，探討士兵如何運用直覺或意會的方式來避開災難。這項研究探討了在伊拉克戰爭中，有些士兵憑直覺就發現了土製炸彈，或尚未進行明確分析前，就對某個新狀況採取了謹慎以對的態度。依據這項研究的結果，美國國防部設計了訓練活動，來協助陸戰隊士兵強化這種預感能力。

就算我們不完全了解這種直覺是從哪來，軍方和科學界也認定這項能力是無可爭論的事實。

在我的人生和執法生涯中，我的本能曾多次挽救過我，助我避開壞人和壞事，引導我接近好人和好事。我知道我的洞察力是為了幫助我，保護我的安全。我平時深夜去公園跑步時，如果總覺得周圍不太對勁，就會直接打道回府。我受過嚴格的防身訓練，但這並不表示我天下無敵，我也沒興趣讓自己置身險境。我相信內在發展出來的「心靈情報員」，它讓我知道，在某個情況下能做出的最聰明決定，就是離開可疑的環境。

人的潛意識能偵測到許多微妙警訊，就算我們的意識還來不及予以評估或理解。回想一下你的人生，你曾遇到某人，對他們產生強烈的反感，你從那一刻就覺得事情不對勁。也許那人並沒做出你能指責的言行，但出於某種說不出口的理由，就是讓你深感不安。

你有多少次像那個新聞主持人那樣，對這種感覺充耳不聞？我猜，你每次拒絕聆聽直覺，之後都會感到後悔。這是因為你的本能大部分的時候是對的，就算你在邏輯上沒辦法解釋。

我非常贊成以禮待人，但事關你的個人安危時，別擔心你會冒犯誰。「禮儀和禮貌」跟「降低風險和弱點」完全無關。別讓禮貌妨礙你的天賦。現在就開始聆聽你心中那股**力量**，讓你的本能在生活中引導你。

想磨練直覺力，你可以先從小事做起。注意你在人群當中的感受和情緒。誰吸引你？誰令你反感？你的本能希望你怎麼做？不管你注意到什麼樣的感受，無論好壞，都請**相信自己**。接受「第六感」這份特別的禮物，聆聽它正在對你說的話。

第七章
如果非戰不可，那就挺身而戰！

戰鬥時若心懷信念，等同武裝加倍。

——柏拉圖

當衝突難免時

我曾以先遣隊身分前往墨西哥，為G20高峰會做準備，歐巴馬總統將與各國元首一同出席這個場合，而我當時負責這場大會的維安準備和計畫。會場是洛斯卡沃斯會議中心，歐巴馬總統將出席大型的團體活動，也將私下和各國領袖單獨開會。

在其中一場閉門會談中，我在某間會議室外頭站崗，裡頭就是剛進去的歐巴馬總統和中國的領導人。因為會議議題的敏感性，一旁來自美國國務院的夥伴告訴我，只有少數幾個代表團成員可以參加會議，而他們都已經進入了會議室，其他人都不許進入。意思就是，中國代表團或其他團體的剩餘成員，都必須在外頭等候。

我在門口站崗時，一名看似屬於中國代表團的男子朝我走來，以傲慢的態度做個手勢，要我讓路，好讓他進去。我雖然不會說他的語言，他也顯然不會說我的語言，但我還是伸出一手，禮貌地示意他不許進去。

但他顯然沒把我的禮貌示意當一回事。他當場橫眉豎眼、一臉鄙視，我看得出來我不僅傷了他的感情，大概也讓他丟了臉，因為其他的中國代表團成員就站在旁邊。他想用自己的龐大體形嚇唬我，便朝我走得更近，眼睛瞪著我，再次以蠻橫手勢要我讓開。

但我擋住他的去路，不是因為我要找他麻煩，也不是我跟他有仇，而是因為我有任務在身，還有我為什麼必須這麼做。我已經習慣碰上這種問題，畢竟人人都想見到美國總統。

這名男子雖然塊頭比我大一倍，但他不是第一個挑戰我的「大男人」，也不會是最後一個。然而，為了透過外交手段來大事化小，我還是請國務院的夥伴檢查名單，看他是不是其實獲准進入。她再次查看名單，告訴我：「他不在名單上。」

第三次拒絕讓這名男子更為惱火。我這才意識到，此人顯然位高權重，很少有人對他說「不」。短短幾分鐘裡，他就被眼前的兩名女子頒發了三次「海斯曼獎」，這似乎已經超出了他能容忍的範圍。（譯注：海斯曼獎〔Heisman〕是每年一度頒給美國大學美式橄欖球最佳球員的獎項，獎盃的造型是橄欖球員一手抱球，伸出另一手，攤開五指，看起來就像在說

「不」。）

也不知道為什麼，這名男子睿智地決定「親手」解決問題。他一把揪住我的衣領，把我推進門後的房間裡（容我補充說明，他推得挺用力），也就是兩位領袖正在開會的地點。

在這一刻，我清楚聽見兩個說話聲，其中一個來自美國總統，他就坐在我身後幾公尺處，正在對男子家鄉的領袖說話。另一個聲音是我的內心OS：「哇靠！不會吧，他竟敢動老娘！」

所以，我一旦站穩後，當然做出親切回禮。我抓住他的衣領，把他推向他身後的中國代表團成員（容我補充說明，我推得挺用力）。

我們撞向人群的時候，我清楚記得他一臉震驚，彷彿我的反應造成了他的腦神經突觸胡亂放電，他不敢相信我竟敢動他。

他很快站穩後，朝我衝來，但這一次，他帶了朋友助陣。他顯然是個大人物，因為每個中國官員都衝上來幫他。我再次被往後推時，感覺有個傢伙用雙手勒住我的脖子，另一個傢伙則推我去撞牆。

我的同事在幾秒內注意到這場紛爭，也紛紛投入這場大亂鬥。就這樣，美國特勤局和中國隨扈上演功夫大戰，而兩國的領袖正在試著和平地解決外交上的問題，真諷刺……

幸好，在我們引發國際事件之前，歐巴馬總統的第一助理韓特來到門口，迅速把門關上。

這場打鬥持續下去時，墨西哥的總統衛隊（功能和美國特勤局相似，也是這場大會的維安負責單位）目睹了這個場面，也迅速介入。他們把兩邊人馬拉開，堅定地向那名中國官員及其代表團的行為表達不滿。

此事落幕後，中國代表團的一名口譯員跑來責備我，說我膽敢動手去推的那名男子，其實是中國的高階將領。

我請他轉告那位將軍：找女人打架，不太符合將軍風範。

帶著決心戰鬥

在我這一行，經常必須對人們說他們能做什麼、不能做什麼，而且我傳達訊息時，必須清晰明確、毫無猶豫。但我能否堅守立場，重點不是我在體能上的力量，而是在精神上的決心。

我相信自己做的是對的，而且我知道自己為何必須這麼做。我有職責要履行，有性命要保護，所以我沒時間也沒興趣檢討自己有沒有資格這麼做。我說話時必須充滿自信，確保對方一開始就有聽懂。當我真的採取行動時，必須確保我表達了該有的態度，以確保我在對方眼裡不是弱者，不是對自己的能力缺乏信心的人。

我並不是提倡暴力。衝突和武力絕不是說服其他人配合你的最有效、最具策略性的辦法（我在第三部會詳細說明）。就我個人之見，我們在這顆星球上作客的期間，應該努力合作，尊重彼此的意見，互相寬容。我也經常使用本書提到的策略來避開衝突。

但是，有時候不管我們多麼努力嘗試，倒霉事似乎就是會找上門。就拿剛剛那位中國將軍來說，他在對我動手前，我並沒有以任何方式刻意激怒他，我的態度禮貌但堅定，我在言語和肢體語言兩方面都沒表達出傲慢。我甚至再次檢查了名單，確認沒有他的名字。我雖然盡了一切努力避免衝突，但氣氛還是變得越加緊繃。我拒絕讓他進入會議室，不是因為跟他有什麼私人恩怨，而是為了盡忠職守。我和他是分別代表各自國家的外交人員，但他越了界、對我動手的那瞬間，就違背了這種互動的本質。我的反應並不衝動，而是經過深思熟慮。我的反應很快，而且很猛，這不只關於盡忠職守，也關於保護我自己、對付一個想欺負我的流氓，而他在態度和行為上就是這種人。

這個世界上到處都有這樣的人，他們會試著羞辱你、威脅你，甚至侵犯你。我們走在人生的路上，有時候就是必須仗義執言、反擊奮戰。然而，這些時刻不應該多，而且相隔的時間應該有一定長度。

沒錯，應戰需要莫大的勇氣，但懂得何時該避戰，則需要更大的勇氣。話雖如此，當你決定堅守陣地時，就該抱著破釜沉舟的決心。你不能動搖，不能因為恐懼而手軟，你在身心兩方面都必須全然投入。因為你如果缺乏決心，懷疑自己在做什麼、為何這麼做，那你在出拳之前就已經輸了。

戰鬥找上你的時候，別懼戰。說真的，那個將軍是個大塊頭，真的很大隻。如果當時是一對一，他很可能會打敗我。我在一開始打量他的那幾秒，就有了這種覺悟，我知道自己大概會被打得很慘。但你猜怎麼著？我一定也不介意被打得很慘，因為老娘鐵定會讓他付出代價。

我下定了決心，無論如何都要堅守立場。他雖然用走的接近我，我也要確保他跛著腳回去。

你在這個世界上扮演什麼角色，由你決定

我寫這本書的目的，是協助你打造出防彈心態，但想達成這個目的，你就必須改變自己的心理結構。我希望你不會再害怕衝突或對峙，而是在必要時欣然接受。掠奪者進入你的人生時，我希望你別扮演受害者的角色，而是成為「反掠奪者」，願意擊退試著欺負你的任何人。我希望我能幫助你帶著冷靜和內在力量走過人生。

根據我的經驗，霸凌者（bully）和掠奪者（predator）基本上是同一種生物。別誤會，我不是指動物王國的那種掠食者，而是人類掠奪者，這種人就是喜歡欺負弱者。

在一般人的認知裡，霸凌者是街頭流氓，或在學校裡塊頭比誰都大的惡霸。但霸凌者也可能是個愛用欺騙伎倆的家庭成員、喜歡操弄人心的主管，或是言語中懷有惡意的男女朋友。

但有個祕密：掠奪者通常會挑選他們眼中的弱者下手，也就是很好對付、不敢反抗

的那種人。你知道為什麼嗎？因為掠奪者不想來一場堂堂正正的戰鬥，而是想對付自己能征服的人，為此尋找好下手的目標。所以，別順他們的心。

不幸的是，這就是為什麼孩童常常被盯上，因為他們最脆弱，也最無力保護自己。

掠奪者一般的犯罪手法，是先試探你，再決定要不要對你出手。舉例來說，校園霸凌者可能會故意撞你一下，看你是回瞪他還是默不吭聲地繼續往前走。扒手會在排隊時侵入你的個人空間，測試靠得多近你才會有反應。嫉妒你的同事可能會散播跟你有關的謠言，看你會不會為此跟他們對質。

然而，有件事是一般人對掠奪者的誤解：我們以為他們很堅強、自信滿滿，把他們想像成能輕易擊敗我們的強勢人物。我們把自己所有的恐懼投射在他們身上，賦予他們「掠奪者」的角色形象，其實往往是我們自願扮演「獵物」的角色。但事實是，他們常常充滿自我懷疑和恐懼，這就是為什麼他們選擇比自己更軟弱的人欺負。

我曾負責刑事偵查多年，也研究過人類行為，我知道掠奪者之所以欺負弱小，是為了隱藏自己的不安，並為此做出補償。

我每次逮捕或調查掠奪者類型的人，發現他們幾乎每個都會痛哭流涕、會認罪，或把同黨供出來。他們並不強悍，內心充滿不安。此外，他們也常常是別人的獵物。

退役美國陸軍中校戴夫．葛司曼在著作《論戰鬥》中，描述「殺戮」這件事的心理層面：

幾年前，有些學者研究了因犯下暴力事件而被定罪的個案。這些罪犯因為惡劣又暴力的掠奪者行徑而坐牢，像是傷害、謀殺，還有殺害執法人員。當中絕大多數都表示，他們是依據肢體語言來挑選受害者，例如走路是否駝背，動作是否消極，是否注意周遭。他們挑選受害者的方式，就像非洲的大型貓科動物那樣，從獸群裡挑一個最無力自保的目標。相反的，如果發現潛在受害者做出一些舉動、表現出自己顯然不會乖乖就範，歹徒就會放棄。

掠奪者會評估你的一切，包括言談和肢體語言。他們如果發現你很堅強、有在注意周圍，也就是所謂的反掠奪者，他們就會另外找個比較不會反抗的目標。意思就是，你在日常生活中，應該表現出「警覺」和「自信」：走路時抬頭挺胸，不怕跟人目光接觸，表達出對周圍的警惕。還有，如果你覺得哪裡不對勁，別忽視這種感受。

你在這個世界上扮演什麼角色，由你決定。

受害者的共通點

我們在上犯罪學的時候討論過「受害者學」。受害者學的學者，是專門研究犯罪案和受害者之間的關係，也在受害者之間尋找相似處和規律，以便了解為什麼有些人會被盯上，其他人則不會。

一般人以為，歹徒是隨機挑選受害者，以為只是「在錯誤的時間出現在錯誤的地方」，這種想法在某些情況下是事實，也稱作「機會理論」，但還有其他因素會讓受害者在某些情境下變得更脆弱。

「受害」是有代價的，對受害者和社會來說都是，有些是進行調查、動用司法體系的實際費用，有些則是心理和生理治療的健康代價，這包括許多受害者會承受的創傷，像是身障、失業，還有長期治療，因為就算犯罪案件已經結束，但受害者還是必須試著重新站起，而這可能讓他們難以回歸正常生活。

凱瑟琳・麥考利斯特是研究受害者學的學者，她曾評估犯罪案的平均費用（美元計價）：

謀殺：8,982,907（美元）
性侵：240,776
搶劫：42,310
竊盜：6,462
每一件財物失竊：7,974

我跟你分享這個資料，是為了讓你明白犯罪的真實代價。我們研究受害者和犯罪案之間的關係，這麼做並不是責怪受害者本身，而是看出受害案件其中的共通點與規律有其必要。

想了解並預測犯罪會在什麼地點、以什麼方式發生時，該考慮以下因素：

1. **地點**：都市的犯罪率遠高過郊區或鄉間。高犯罪率和人口密集度之間有明顯關聯。換言之，人越多，犯罪就越多。

2. **性別**：女性更可能成為性侵事件的受害者。一項殘酷事實是，美國每兩分鐘就有一名女性遭到性侵。在全世界，有三分之一的女性在一生中會遭遇某種形式的性侵。研究也發現，女性比男性更常心懷恐懼，就算男性更可能成為暴力犯罪的受害者，像是搶劫或傷害。

3. **時間**：暴力犯罪和傷害案件，比較可能在傍晚六點到清晨六點之間的公眾場合發生；竊盜之類的小案件比較可能在白天發生。闖空門的發生率在上午十點到下午兩點之間比較高，也就是一般人不在家的時候。

4. **年齡**：介於十六和二十五歲的人比較可能犯案，而這個年齡層也同樣比較可能成為受害者。男性青少年被視為最具威脅性的人口。這就是為什麼我們常在學校裡看到很高的犯案率，尤其因為出了教室就幾乎無人管束。青少年和年輕的成年人最可能犯案，也最可能成為受害者，因為他們經常在高犯案率的時間出門。年長者犯案或成為受害者的機率較低，但更容易遭到詐騙。

5. **季節**：夏季的犯罪率較高，很可能是因為天氣放暖，加上學校放暑假。

6. **社會經濟地位：**收入較低的人，更可能成為暴力犯罪或財產犯罪的受害者。

7. **種族：**和其他族裔相比，非裔美國人最可能成為暴力犯罪的受害者。黑人的謀殺率比白人的高出不只六倍。

8. **婚姻狀況：**信不信由你，但你如果已婚，成為受害者的機率會比較低，大概是因為你晚上通常不會出門。

9. **行為：**研究發現，某些衝動型人格可能會讓一個人更容易受害。衝動、愛冒險、低情商、低自我紀律的人，更可能成為受害者。

10. **生活型態：**你過的生活方式，會決定你更容易還是更不容易受害。高風險生活型態，像是酗酒、吸毒、夜間出門，或進行犯罪活動，都會讓你更可能成為受害者。

越有用的招式，越直接簡單

我最近受邀參加一個高人氣的日間脫口秀節目，討論女性如何自我保護。

我在電話上跟節目製作人談話時，她表示很希望我能示範一大堆華麗的防身術招式，她猜我在特勤局時學過一大堆。

製作人描述希望我表演的招式時，讓我想到《駭客任務》裡的基努·李維。她告訴我：「在電視上看起來真的很酷炫的東西。」

我耐心地聽完後，跟製作人表示她說得沒錯，那種招式只有電視上才有。我也解釋：在三分鐘內示範複雜招式，不僅無法給節目的觀眾帶來幫助，反而會帶來嚴重傷害。如果發生緊急狀況，你需要保護自己，就不可能想得起以前只看過一次的防身招式，尤其如果招式極為複雜。我接著對製作人表示，我們可以示範一些實用、簡單、好記的招式，但對觀眾的幫助應該也不大。

為什麼？因為當你遭到襲擊時，會立刻失去「精細動作技能」（fine motor skills），連同思考能力。所以，除非你把在電視上看到的招式牢記於心、反覆練習，否則你永遠記不住。

相反的，我提議向觀眾示範另外幾種招式，能轉移歹徒的注意力，或稍微傷到對方，好讓當事人有時間逃跑，像是猛力攻擊襠部，迅速踹踢小腿，出拳毆打喉嚨，或伸出一指戳眼等，快、狠、準！且盡量使用手肘和膝蓋，因為這兩個部位的力量最大。

重點不是教導民眾如何跟歹徒進行徒手搏鬥，而是「移動，出擊，逃跑」。重點是調整心態，別想著《駭客任務》裡那些優美的慢動作絕招，而是真正的求生技能。

對戰可以撐到七分鐘嗎？

我在紐約市警校接受過的一項戰鬥訓練，是跟對手打七分鐘而不休息。在當時的紐約，地鐵兩站之間最長的車程就是七分鐘。所以，你如果在巡邏時搭上某輛列車，結果碰上打鬥事件，就得等七分鐘才會有人來救你。

以戰鬥來說，七分鐘是很漫長的時間，尤其如果對方會還手。綜合格鬥賽每回合只有五分鐘，拳擊賽每回合只有三分鐘。只要幾分鐘，肌肉裡堆積的乳酸就會讓你覺得肌肉著火，完全喘不過氣、筋疲力盡。你如果想嘗嘗這種滋味，很簡單：設定七分鐘的計時器，然後拚命朝半空中出拳，不准停下來，同時還得四處移動，不准站在原地，保證累死你。

你在看書或看電視的時候，七分鐘根本不算什麼，但你為求生而戰的時候，七分鐘就如永恆般漫長。

我能給你的最佳建議，是去上個武術課或拳擊課，你在那種地方不僅能揍人，人家也會揍你。「揮空拳」和「打真的」這兩者之間有如天壤之別；沒錯，你該學習如何自保，但你也該知道自己在遭到攻擊時會如何反應。你該知道自己有多少能耐，更重要的是，你有什麼限制。

你不該等到碰上實戰時，才第一次體驗遭到攻擊的滋味。請送給自己「知識」和「自我認知」這兩份禮物，了解你在遭到攻擊時，自己的身心將如何反應。跟防身術教練能傳授給你的招式相比，這種經驗也一樣重要。

等你明白了被打的滋味，體驗了高度緊繃的F3反應所造成的震驚後，你就更能管理自己的反應。

知識就是力量，而你越是了解自己，你在現實生活中必須保護自己時，就會變得越堅強。

不經一事，不長一智

我和我先生擁有相似的訓練經驗和背景。我們經常一起健身，沿紐約市的大街小巷跑步。雖然身高一八五、九十公斤重的他渾身肌肉，但在我的認知裡，我的武藝跟他在同一水準。

有一次上柔術課時，我請他當我的搭檔。雖然這種對練他比我更有經驗，但我還是對自己的體力和技能充滿信心。我覺得跟他來場實戰練習會很有趣。聽見我的請求，他只是微笑以對：「沒問題。」

別誤會，我先生知道我們在訓練時，我不許他對我手下留情。我雖然不認為他會把我拋來甩去，但我確實相信他會讓我為勝利付出代價。

我們倆開始以站姿對峙後，他立刻令我大吃一驚，因為他抓住我的道服時充滿力量，還有他甩動我的身子、準備對我施展抱腿摔時輕而易舉。

輪到我的時候，雖然我對他施展招式的難度高很多，但還不至於無法出招。但不消幾分鐘，我發現自己比他更喘，汗也流得比他多。而到了下一個回合，直接從地板動作開始時，我才真正明白我跟他的力量差距有多大。為了練習某一招，他必須用全身體重壓住我，而且他也這麼做了。我覺得肺臟被壓得完全沒有空氣，無法呼吸，我的四肢竟然都被他用身子壓住，動彈不得，我已疲憊不堪。我記得自己當時心想「我操，這王八蛋真的很有力」（老婆對老公深情款款的那種評論）。

容我澄清：我早就知道他很強壯，但我是在對練後才意識到這一點有多麼現實。我的F3反應激烈，我感到真正的恐懼，我害怕的不是他會傷害我（雖然後來在開車回家的路上，我都不想跟他說話），而是我在今天之前都嚴重高估了自己在對付這種體格、這種訓練背景的人的能耐。

「認為自己很強」是一回事，「實測這種認知」是另一回事。沒錯，力量存在於心智，但現實存在於肉身。

你有沒有在看電視的時候，看到有人被追著跑、被人家拿武器威脅，你坐在電視機前嗑爆米花，心想：「靠，如果那傢伙敢這樣對付我，我一定把他打得他未來的孫子都覺得痛！」你如果有這麼想過，那我建議你實際測試這個想法。你必須知道自己做得到什麼，還有做不到什麼，而這麼做也許會讓你覺得驚恐。

那天發現老公的力氣比我大多少時，我震驚不已，也因為自己的個性而對此怒火中燒。被迫謙卑的滋味未必總是好受。等我終於冷靜下來後，我們討論了這次經驗，他向我擔保，隨著時間和更多練習，我就會更難被壓制。他自己在跟更高階的學員對練時很快就拍墊認輸，就算他的體重比對方還重。這就是柔術這種技藝的美妙之處，顧名思義就是「以柔克剛」的技術。柔術適合任何體型的人，因為這門技藝的關鍵在於技巧，而不只是力量。

你如果真的有心做到身心防彈，你就必須查清楚自己在徒手搏鬥時的極限。有些優秀的學校教授各種格鬥技，像是拳擊、柔術和泰拳。我並不是宣揚說某種格鬥技勝過另一種，只是希望你確保自己選的學校允許你跟同學練對打。等你找出自己的弱點，就能開始判斷如何改善並進步。

這種自知之明、自我改善，不僅會強化你的物理護甲，也將強化你的心理護甲。

第八章

為日常生活做好萬全準備

你如果不為意外做好準備，那麼當意外找上門的時候，你根本不知道它就是意外。

——古希臘哲學家，赫拉克利特

本章的宗旨，是為你提供務實又可行的步驟，好讓你為日常生活做好更萬全的準備。無論是在家裡、線上，還是在公眾場合，本章提供的策略將協助你保護你的住處、財產和個人資料。若採取以下步驟，你將活得更安心，也更接近防彈境界。

為住家做好萬全準備

1. **室外燈光：**照明充足的住家，才是安全的住家。確保住家外側擁有充足照明，尤其是正門和側門。黑暗角落會為入侵者提供躲藏之處，讓他們有充足機會撬開或破壞門窗。照明也能嚇阻闖空門的小偷，因為光線會讓鄰居或路人注意到入侵者。感應式燈具也是非常好用的設備。

2. **景觀設計：**位置適當的灌木叢和樹木能保護你的隱私，但也可能為試圖闖進你家的入侵者提供藏身之處。在設計景觀時，尤其是門窗附近，最好考慮到這個問題，盡可能讓門窗周圍保持一目了然的狀態。如果你的住處入口周圍已經種植了灌木，請定期修剪；植物越整齊，小偷就越難有地方躲藏。

3. **整理環境：**整理住家周圍的環境，切忌堆積雜物。乖乖割草、拔草、倒垃圾（報紙、垃圾桶、斷枝枯葉），就會讓人們知道你在乎環境也在乎周遭動靜。如果你家沒有圍籬，可以種植樹木或大型灌木，或在房屋周圍擺放大型觀景石，形成嚇阻入侵者的天然界線。

4. **門窗隨時上鎖：**夏季更容易發生闖空門事件，是因為更多人在這時候維持門窗敞開。無論你是出門上班，還是準備上床睡覺，記得鎖好門窗，別讓你和入侵者之間只有一道紗門之隔。在比較寒冷的月份，尤其節慶期間，很多人會為了給屋子裝上燈飾，而把窗戶打開一條縫，從室內牽電線到室外，但開窗會更方便竊賊從外頭入侵。

5. **把窗簾拉上**：注意一下有誰看得見你家裡。如果窗戶不拉上窗簾，你等於向全世界宣布家裡有什麼東西值得偷。竊賊如果不知道你家裡有什麼貴重物品，就不會浪費時間闖進你家，所以最好別鼓勵他們一試。你不在家的時候，或是晚上容易從外頭窺視室內時，最好用窗簾或百葉窗遮住窗戶。

6. **垃圾**：別讓你家的垃圾洩漏了家裡的玄機。你的垃圾桶旁邊如果放著蘋果電腦的空紙箱，竊賊就可能選你家下手。丟棄包裝盒的時候，尤其是較高價的電器，可以先把盒子切成小塊，塞進黑色或棕色垃圾袋裡，避免路過的人一目了然。

7. **認識你的鄰居**：不是所有鄰居都是好厝邊。不要隨意邀請鄰居進你家門，或跟他們分享你的個人資料。你如果住公寓，每次開門時盡量別讓鄰居窺見你家裡。還有，你如果在屋外藏了一把備用鑰匙，在拿取時可別讓人看見，因為你沒辦法知道你的鄰居、鄰居的孩子，或是鄰居的朋友，是否正在觀察你，就為了有機會闖進你家。

8. **看門狗**：狗是嚇阻入侵者的最佳方式之一。事實上，竊賊在決定要不要闖進某個住處的時候，最重要的考慮因素就是這家人有沒有養狗。請注意，狗的種類和體型確實有差；體格越大，看門效果越好。就算你沒養狗，可以在正門和後門貼上「內有惡犬」的貼紙，也足以讓竊賊三思，起嚇阻作用。

為門扉做好萬全準備

剛剛談到的都是確保門窗緊閉的措施；你讓外人越難闖進來，你就會越安心。

接下來的步驟，是讓主要的出入口，也就是門扉，盡量固若金湯。警察在攻堅的時候，通常會拿「破門錘」（有把手的圓柱形鋼鐵）來撞破正門，或用大鐵錘敲破門板。但有些時候，如果警察試圖破壞的門扉非常牢固，那麼就連最好的攻堅工具也無能為力。

在此我將協助你盡量強化你的門扉，先從門框的重要性談起。

1. **主柱**：一般的門板是裝在木製門框上，這也是鉸鏈和鎖具的安裝處。門框旁邊是所謂的主柱，通常是門框旁邊的兩塊木板，伸展於地板和天花板之間，作用是提供額外的支撐。主柱是讓大門更為牢固的關鍵所在。你如果看過有人踹門，結果把門框一併踹開，這是因為門框沒有牢牢地接在主柱上。想知道如何強化門扉，就需要了解門框的各個部位。

2. **輔助鎖**：裝在大門上的輔助鎖，其鎖栓最好盡可能深入門框，至少長一吋（二．五四公分），好讓鎖栓穿過門側柱，深入門框。鎖栓越是深入門框，這

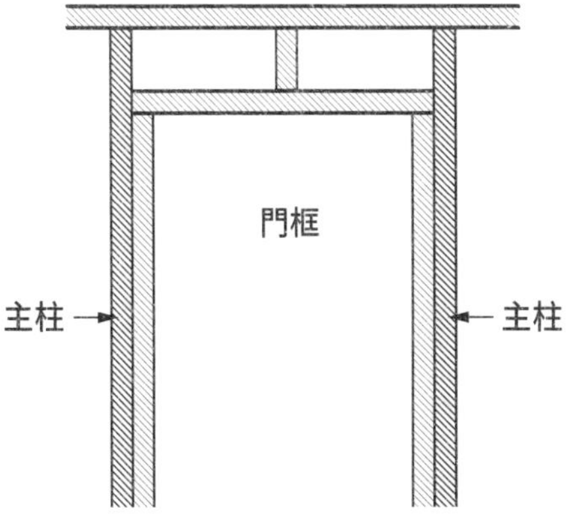

扇門就越難被踹開。還有，確保「門鎖扣板」是用三吋長的螺絲固定在門框上；一般都是用一吋長的螺絲，所以你可能需要升級一下。

門鎖扣板是鎖進門框裡的金屬片，中間有個洞，方便輔助鎖的鎖栓插入其中。如果門被踹開，通常是因為門鎖扣板被踹離門框，不是輔助鎖遭到破壞。你如果使用更長的螺絲，螺絲就能伸過門側柱，深入門框。

3. **第二道輔助鎖**：竊賊雖然通常會避免從裝了輔助鎖的門扉入侵，但凡事都有例外。因此，你如果想讓這扇門更牢不可破，可以加裝一道「地板輔助鎖」。這種鎖是以垂直方式裝在門板的底端，鎖栓會插進地板上的門鎖扣板。如此一來，這扇門有了側面和底端這兩個支點，也就更難被攻破。這種鎖沒有鑰匙可開，只能從門後面上鎖。

注意：加裝輔助鎖的時候，務必確保你的孩子打得開鎖，好讓他們在緊急情況下能開門。

4. **門板強度**：如果門板本身很脆弱，那麼強化門框、加裝額外門鎖都是白忙一場。正門應該用牢固的材料製成，像是不容易被打破洞的橡木或金屬。你如果不確定門板是實心還是空心，可以敲敲看，如果聽見回音，就表示門板是空心的，最好換掉。

還有，如果門板上有訂製的玻璃片或飾板，請確保它們周圍的框架看不見螺絲，想拿螺絲起子卸掉這些板子也就不容易。另一個建議是，避免使用玻璃製的正門，這種門也許在視覺上很美觀，但也很容易敲破。

5. **門扉強化器**：如果你沒辦法做前面提到的調整，像是沒預算，或是租屋而不能改造門扉，那麼「門擋鎖」是個很好的選擇。門擋鎖是可調整的金屬柱，一端是橡膠墊，另一端是U形夾。把U形夾固定在門內側的門把底下，然後調整柱子的長度，好讓橡膠墊牢牢地撐在地板上。如此一來，門擋鎖就會從門後支撐這扇門，不過這種鎖只有你在家的時候能用，但聊勝於無。

6. **外牆：**門外側兩旁的外牆，應該用堅固的材料製成。有些房子的正門看起來牢不可破，但門扉周圍卻是玻璃，或薄薄一層灰泥牆。碰上這種門，入侵者根本不需要破壞門板，而是只要破壞周圍的玻璃或牆壁就行。光有牢固的門板，但沒有牢固的牆壁，也是白搭。

為窗戶做好萬全準備

1. **玻璃：**請了解你家的窗戶是什麼樣的玻璃。普通玻璃是未經淬火或化學強化的玻璃。在本章探討的各式玻璃當中，普通玻璃最容易被打破，尤其是中間。這種玻璃被打破後，通常會碎裂成尖銳的大塊破片。

強化玻璃經過淬火和低溫處理，增強了硬度和韌性，硬度勝過普通玻璃，但角落很脆弱。不同於普通玻璃，強化玻璃破裂時會碎成更小的碎片。

夾層玻璃，又稱安全玻璃，是強化玻璃黏上透明薄膜，在破碎時能大略保持完整。汽車的擋風玻璃就是這種玻璃，遭到損壞時會出現蜘蛛網般的紋路。夾層玻璃比普通和強化玻璃更難打破。

所謂的有機玻璃其實就是壓克力，這也是很好的安全選項，因為這種材質更不容易破碎。這種玻璃在球場很常見。但因為這種材質的保溫效果較差，所以通常不會用於居家窗戶。

在所有種類的玻璃當中，你如果想強化家中窗戶和天窗的強度，夾層玻璃是最好的選擇。

2. **地下室窗戶**：別以為地下室窗戶小得讓竊賊鑽不進去。根據紐約市警察局的統計，竊賊最喜歡從地下室窗戶入侵，所以你該用對待其他窗戶的方式來對待地下室窗戶，也就是不要用景觀設計擋住這一處的窗戶，並確保照明充足。還有，請利用百葉窗或窗簾，好好地從內側遮住地下室窗戶，以免被竊賊看光光。

一般地下室窗戶的鎖具都很脆弱，所以你可以考慮加裝輔助鎖或安全鎖。你也可以在窗戶內側的中間、窗框兩邊之間，加裝一條橫桿，這麼做不僅能避免窗戶被完全拉開，也能避免竊賊打破玻璃、從中鑽入。

為保全系統做好萬全準備

跟以前相比，現在的居家保全系統費用更便宜，操作也更簡單。也因為這個市場競爭激烈，大多數的保全服務公司都很樂意來你家安裝，而且費用合理。

但如果你負擔不起保全系統，或因為其他原因而沒辦法安裝，可以考慮在住處周圍裝設幾個偽裝型監視器，作為嚇阻。

1. **感應式監視器：**監視器是嚇阻竊賊的極佳方式。潛在入侵者如果看到監視器，就會知道被逮的機率很高，也就比較不願嘗試入侵。有些監視器甚至能鎖定特定特徵，像是站在正門外的來者的臉孔，或停在你家車道上的車輛的牌照。在必要的時候，這些畫面能給警方帶來重大幫助。

2. **錄影功能：**我建議你選購有錄影功能、至少可存檔幾天的監視器。透過這種功能，你如果過了一、兩天才發現家裡遭到闖空門或竊盜之類的事件，就能回溯錄下的畫面，查明來龍去脈。

3. **手機遙控：**現在有些保全系統，能讓你透過手機應用程式觀看監視畫面，你也可以設定在有人進入你家或按下門鈴的時候，讓手機通知你。透過這項功能，你不僅能在外出時知道家裡發生什麼狀況，還能直接跟「訪客」溝通。

為空巢做好萬全準備

你如果計畫離家一陣子，最好先採取一些預防措施，確保你回來的時候不會發現家裡已經遭了小偷或被惡意破壞。最好的辦法，就是讓家裡看起來有人在。

1. **請郵局停止送信來家裡：**家裡的信箱如果塞滿信件，就等於昭告天下家中無人，所以你可以考慮事前請郵局停止送信來你家幾天。另一個辦法是，請信賴的親友或鄰居幫你拿走信箱裡的信件，也請他們順便拿走任何包裹、報紙或傳單。
2. **垃圾：**你在出發的幾天前，最好先清空垃圾桶。如此一來，你就不用在遠行前把裝滿垃圾的垃圾桶拉到路邊，結果讓桶子在路邊放個好幾天。
3. **社群媒體：**每個人都喜歡讓全世界知道自己要去度假。但你如果在度假地點刊登「#真希望你也在這兒」之類的照片，就會讓大家都知道你不在家。炫耀一時爽，卻也可能招來不速之客。還是等回家之後再發表度假照吧。
4. **計程車／Uber接送：**請人來你家接你，這麼做雖然超方便，但也很容易讓大家（包括你的司機）知道你要出門，尤其加上你拖著大包小包。搭車去機場的時候，我建議你別在家門口上車，可以隔個幾戶，或在路口上車。還有，注意你在車上跟夥伴談話，還有對司機說話的內容。司機不需要知道你準備去迪士尼遊樂園玩七天。

為逃生包做好萬全準備

逃生包是多用途背包，裡頭裝有能讓你和家人生存幾天的物資。一般人都是出了事才意識到逃生包的重要性，但這時候F3反應已經啟動，很難理性思考或計畫。你可以參考以下清單，按照你自己的需求做調整：

1. **現金：**緊急情況時，現金乃王道，尤其如果發生停電，你的信用卡和銀行卡就派不上用場。就算你手頭可能有點緊，最好還是把一部分的錢挪出來，供你數日之用。
2. **信用卡：**把至少一張完全沒欠錢的信用卡留作緊急使用。如此一來，你在需要時就有充足的餘額。

其他建議物資：

- 手電筒和備用電池
- 護照正本或影本
- 換洗衣物
- 乾糧，例如罐頭、能量棒、堅果
- 瓶裝水和裝滿水的水壺
- 急救包
- 瑞士刀
- 手機充電器
- 火柴／打火機
- 備用衣服（如果你在寒帶需要保暖的衣物）

如果有些東西是不能長期存放在逃生包裡的，像是藥物，你可以考慮把這種東西寫下來，用別針固定在包包外側。如此一來，在發生緊急狀況時，你就不需要倚賴記憶力，而只需要把清單上的東西裝進包包裡，就能動身離去。

為皮夾做好萬全準備

別當「把所有人生都塞在手提包、背包或皮夾裡」的那種人。你皮夾裡塞的東西越少（像是信用卡、保險資料、銀行卡、工作證），而皮夾如果被偷，你也就不會那麼頭痛。遭竊的卡片越少，你也就不需要打那麼多電話跟信用卡公司申請新卡。

基本上，身上別攜帶超過兩張信用卡，只要一張常用的和一張備用的就好，還有盡量別帶太多現金，除非你打算去買昂貴的東西，否則皮夾裡大部分的現金還是留在家裡比較好。盡量簡化皮夾，只帶你不介意弄丟或失竊的東西。如果你用的是手提包，可以用薄圍巾蓋住裡頭的東西，扒手就很難伸手進去偷走你的皮夾。

為社群媒體做好萬全準備

刊登社群媒體文章的守則：注意你發文的內容和時機。

如果讓你的「朋友」知道你的一舉一動，這在以後可能會給你帶來問題。例如，如果你總是在星期二傍晚五點刊登「塔可餅之夜」的照片，人們就會知道你每星期二晚上都會出門不在家，而有些人就可能趁機闖空門。

避免刊登家裡的照片：剛剛提到晚上為何該用窗簾擋住窗戶，同樣的，我建議你最好別刊登跟家裡有關的照片。如果照片是你的住家外觀，請避免能讓人判斷你的地址、住在哪條街上。這年頭想靠網路查出某人住哪，簡直易如反掌。

汽車也是，盡量別炫耀你的車的廠牌和型號，而且千萬別在照片上秀出牌照號碼。

避免刊登你真正的出生日期：別在社群媒體上讓任何人知道你真正的出生日期。生日是所謂的個人識別資料，很多金融機構就是用生日來辨別你的身分。我知道大家都喜歡收到來自「朋友」的生日祝福，但這也讓我們更可能碰上身分竊盜的問題，而且你未必知道你真正的「朋友」是誰。社群媒體的帳號天天都被駭，所以請對你分享的資料提高警覺。

避免讓你的孩子曝光：最後，如果你有孩子，請別再讓全世界都知道他們在哪上學、參加哪個體育團隊。戀童癖能利用這類資料找到你的孩子，並借此裝熟，例如：「我叫托德，是你媽在銀行的同事，她叫我來接你、送你去今天的足球練習。你是金熊隊的吧？」這些資料都能輕易地從你的社群媒體帳號取得。誰教你就是愛發表照片，讓大家知道你在哪工作、你的同事是誰、你孩子在哪上學、你孩子從事哪些運動？戀童癖會研究社群媒體帳號，蒐集零碎資料，偽造身分，以接近潛在受害者，所以你必須小心，別讓這類資料曝光。

為安全性問題做好萬全準備

我們大多都擔心帳號被駭，所以會想出有夠複雜又私人的密碼，但如果不小心忘了密碼，就必須回答所謂的「安全性問題」來證明自己的身分，而我們當中有多少人考慮過這方面的問題？

我相信你的前配偶、同事，或有關注你的社群媒體的人，都知道你的第一隻寵物叫什麼名字、你在哪個城鎮長大、你的高中吉祥物是什麼。如果這些安全性問題的答案都出自現實，就很容易讓陌生人和我們的「朋友」順利侵入我們的帳號。

我建議你，為這類問題準備一些不容易被猜到的假答案，以確保只有你自己知道真答案。

第二部

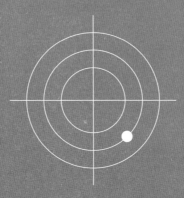

洞悉人心

第九章

成為人體測謊機

任何人，只要被詳加審問，就會詳加作答。

——柏拉圖

天之驕子

在履歷表上，這個年輕人看起來簡直就是天之驕子，完全適合特勤局：常春藤盟校畢業，曾是棒球選手，自信又聰明。如果你正在為一部好萊塢的特務電影選角，一定會挑這傢伙去演，他看起來就像個英雄。但這名英雄接受過兩次測謊，兩次的結果都是「無從判定」，而特勤局真的很想僱用他。

我在紐約辦事處接到電話：「我們需要妳幫他做第三次測謊，做出結論。」兩天後，我搭機來到美國西部某處，進行訪談。

一般人都有個誤解，以為測謊機本身就是所有考驗：給一個人接上感應器，測量他們的脈搏和血壓，就能知道他們是不是在說謊。但事實是，「測謊員」才是真正的考驗。換言之，我才是測謊機的本體。

想進入特勤局，就必須接受測謊，過程是長達數小時的談話，測驗者（也就是我）會問受測者一些關於他們過去的問題，藉此取得資料。而使用機器和線路的這項測謊環節，只是為了確認受測者有沒有隱瞞什麼。

既然這名應徵者測謊兩次的結果都是無從判定，就意味著他有所隱瞞，而我的職責，就是查清楚他究竟在隱瞞什麼。如果不是什麼大不了的事，他就會告訴我，然後我就能確認他有誠實回答每個問題，他也通過了測謊。應徵者不願坦誠的通常都是小事，以為說出來就會出局。但事實是，沒人是完美的，是人就會犯錯。特勤局只是需要知道你有誠實坦承過去，而且希望你犯過的錯都不是重罪。例如，你如果在十四歲時偷過你媽皮包裡的零錢，並不會因此不能成為特務，但你如果有從上一個雇主那裡偷過錢，這就不一樣了。所以「你有沒有偷過任何東西？」這種提問，是涵蓋你這一生。

那天在偵訊室裡，受測的男子很禮貌，態度莊重，握手很有力，看起來不算很緊張。

我不能讓你知道特勤局究竟問了應徵者什麼問題，但我可以告訴你，應徵者會在這時候表現出自己的本色，讓我知道他們做過的一切，無論好壞……雖然大多是壞。

偵訊這名應徵者的時候，一開始的談話還算普通。

「你有沒有傷害過任何人？」

「沒有，」他答覆：「我的意思是，在打棒球的時候有，我有次擊出平飛球，打中某個人的腿。」

他在椅子上挪動身子，動作不大，只是稍微挪動，然後靠向椅背。我暗自記下這點。

「還有別人嗎？」

「沒有。」

「你有沒有傷害過棒球場以外的人？」

「我有次害某個人難過。」

「說給我聽聽。」

「那是在大學的時候，只是個當時跟我交往的女孩。我跟她約了會，她說我在約會之後讓她覺得難過。」

「難過？」我重複這個字眼。

「她說我傷了她。我的意思是，我沒有傷害她，但她說我有。」

我默默等他說下去。

「那是我們在發生關係之後。她說她原本不想做。我也不知道。」

「你們發生關係的時候，你有沒有壓住她？」

「這個嘛，我有抓住她的手腕。」

「了解。那你有抓得很用力嗎？」

「這個嘛，嗯，算是有。」他停頓片刻。「我們發生關係後，她有哭，說她很難過，然後她離開了。」

我又問他幾個問題；談話結束時，我知道我不需要對他進行第三次測謊。這傢伙不會成為特勤局人員。

我走進老闆的辦公室，他一直焦急地在等我的好消息。

「結果如何？」他興奮地問道。

「他不適合。」我說。

「什麼？」他顯得有點困惑，甚至有點不高興。

「你的天之驕子，」我說：「是個強暴犯。」

測謊訓練

想成為特勤局的測謊員，應徵者必須完成在「全國可信度評估中心」進行的十二星期高難度訓練課程。

我在二〇〇四年接受這項訓練時，該中心當時稱作「國防部測謊學院」（以下簡稱測謊學院），是我這輩子最難熬、在智力方面最具挑戰性的訓練。時至今日，它依然是我這輩子最痛苦的經歷之一。

在測謊訓練這方面，測謊學院就是最重要的聯邦機構，包括中央情報局、國家安全局、聯邦調查局、特勤局、緝毒局，還有美國陸軍刑事調查司令部，都會把選定的候選人送去測謊學院，**希望**三個月後能換回一個合格的測謊員。我強調「希望」這兩個字，因為不是每個機構都能如願以償。課程實在太艱苦，有些學生就是扛不住每星期為了通過大量考試而必須念的一大堆書。該課程是研究所等級，內容涵蓋心理和生理，而這兩部分都在測謊中扮演重要角色。我不僅必須變得擅長觀察一個人的心理和生理特徵，也必須熟悉測謊的相關法律、研究方法、道德準則，尤其是訪談與偵訊的相關策略。到最後，我修完了我的法庭心理學碩士學位所需要的一半學分。

測謊員雖然是一大堆人搶著要的職位，但大部分的特勤局特務不會去應徵。特勤局是個小型機構，而特勤局（Secret Service）的名稱裡雖然有「祕密」（Secret）這個字，但局裡沒有祕密。如果哪個人決定去應徵測謊員職位結果失敗，大家都會知道。很多人就是因為這個理由而不願嘗試。

某個資深測謊員打算離開原本的職位、加入總統護衛部門，就是他鼓勵我去測謊學院。他向我推薦這個職位的時候，我一開始也拒絕了，因為覺得自己未必適合。測謊員的職責是讓人認罪，破其他人員破不了的案子，取得新線索，獲得情報。身為測謊員，必須面對很多期望和責任。雖然我能擺出還算厲害的「少騙我了」的表情，但我不認為自己有辦法把人嚇得認罪。但我的同事看法不一樣。

「人們會比較願意跟妳說話，」他說：「看妳沒在試著恐嚇他們，他們就會降低心防，也就會對妳更坦白。我說真的，妳會很適合這一行。」

我雖然擁有新聞系和法庭心理學這兩個碩士學位，但念書對我來說一點也不輕鬆。我在測謊學院時，很快發現我學習的方式似乎跟同學不一樣。他們可能把書看過一次就牢牢記住，還有時間跟朋友去喝杯啤酒，但我必須把自己關在房間裡幾小時，不斷研讀同一個課題。就算換作一般學校（測謊學院絕對不算一般），我也不是過目不忘的那種學生。我的大腦運作方式就是不一樣，這表示我必須透過不同的方式學習。

因此，每個夜晚都成了讀書衝刺會，我幾乎天天熬夜重寫白天的筆記，甚至一字不漏地抄寫課本，就為了把裡頭的概念塞進我的長期記憶。我每晚都拒絕同學邀請我去附近一家酒吧（我真的超想吃那家的水牛城辣雞翅啊），而是讀書讀到凌晨三、四點，把我需要知道的所有資料寫成厚厚幾疊筆記。而且我不只是把筆記和課本抄寫一次，而是寫兩次。你沒看錯，我真的親手把每本教科書抄寫兩次。聽來也許瘋狂，但這種記憶方式背後其實有科學原理。研究指出，在聽課時抄寫筆記，這種「心智編碼」（mental encoding）過程能提高記憶力和學習力。

如果我這個辦法聽起來很極端……好吧，是滿極端的。大部分的研究生，有一整個學期的時間用來學習心理學和生理學的課程，但我們只有一星期。在一星期內，我們必須讀完並牢記一整本教科書的內容，為期中考和期末考做好準備，然後開始研究下一個科目。每一場考試結束後，我們的成績會貼在走廊裡公告周知。因為以上這些理由，測謊學院對我造成的壓力和失眠問題實在讓我不堪回首。

我以美國特勤局測謊員的身分從測謊學院畢業時，當時整個學院大約只有三十人畢業。我被派駐在紐約辦事處，意思就是我負責美國東北區的測謊工作。

我不知道你認為測謊的可信度有多高，有些人聲稱測謊的有效率約為八、九成，但有些人認為沒比擲硬幣好到哪去，不過我可以憑經驗告訴你，測謊在偵訊室裡極為有效。你也許會問「為什麼」？答案是：因為人會說謊。中情局、聯調局和特勤局之類的機構，都會使用測謊來判斷某個應徵者是否可靠。研究顯示，百分之二十八到七十五的應徵者，會在面試時說出某種謊話。我在擔任測謊員的那些年，學會如何尋找微妙的說謊跡象，找出不該有的緊張反應，並看出「副語言」（paralinguistic）規律的變化，這也能讓我在給受測者接上測謊機之前，就看得出對方有沒有說謊。

測謊的原理

測謊機，又稱謊言偵測器，是用來監視並記錄人體的變化。一般人想到測謊機的時候，通常會想到一個接著線路的大型機器，幾支墨針會在持續轉動的紙捲上起起伏伏，很像電影《門當父不對》裡，勞勃．狄尼洛對女兒的男朋友班．史提勒測謊所用的機器。但到了一九九二年，那種大型機器已經被筆記型電腦取代。現代的測謊機和所有配件都能塞進背包裡。

測謊機雖然追蹤受測者在生理上的變化，像是流汗、血壓和呼吸，但這些變化的原因是腦部活動。換言之，重點是他們對某個疑問產生什麼樣的心理反應。還記得我們在第一章討論過的F3反應嗎？測謊就是跟F3反應有關。人在感受到壓力時，身體會同時出現一大堆生理變化，當事人通常無法控制這些反應，但測謊機卻能輕易發現。

打個比方來說明F3反應跟測謊之間的關聯，我幾乎會對每個受測者說這個例子：想像一下你在公路上開車。天氣很好，陽光明媚，車裡開著收音機，天窗開著。你覺得心情愉快……而且你開得有點快……比限速快了二十四公里左右。你越過一道再熟悉不過的山丘後，突然看到一名州警，在路肩操作測速雷達。

那麼，你在喊出「我靠！」之後，接下來會發生什麼事？你的腳立刻抬離油門，雙手都回到方向盤上。你大概還會關掉收音機，關上天窗。

發生這些外部變化時，你的體內也發生變化。你的心跳加快了，身體（通常是雙手）開始冒汗，而且呼吸明顯變淺。你的心情在幾毫秒內從愉快變成焦慮，就因為你看到路邊有個「威脅」。

你經過那名州警時，開始緊張地盯著後照鏡，希望他不會離開路邊……靠，他真的離開了路邊。

此刻，威脅就跟在你後頭，你的心跳得更快，掌心冒出更多汗，感覺呼吸更急促，心裡七上八下，非常緊張。

然後他打開警示燈。媽的。

你開始緊張兮兮地把車開往路邊，這時他突然從你旁邊加速離去。安心感。

你繼續駕駛一段路，依然覺得疲憊，但知道威脅已經遠去。你開始放鬆，心跳放慢，掌心不再冒汗，呼吸慢慢恢復正常。你也許會繼續默默駕駛幾分鐘，天窗依然緊閉，雙手依然在方向盤上，但你在心境上變回五分鐘前的你。

這就是F3反應。在這種時候，你沒辦法戰鬥，沒辦法逃跑（很遺憾地，有些人會試著這麼做），你也沒辦法完全僵住，不過大多數人很難在這時候同時應付太多刺激物，所以他們會關上窗戶（風聲會造成干擾），關掉收音機（音樂會干擾思緒）。你出現這些反應，是因為你察覺到威脅：你即將被攔檢，即將吃罰單，付罰鍰，駕照會被吊銷，保險費會漲價。

依據這個比喻，我們可以把F3反應運用在測謊上。我們說謊的原因也許很多，但不管原因是什麼，我們在說謊時「知道」自己在說謊。更重要的是，我們知道說謊被抓包的後果：失去一段人際關係，失去別人對你的尊敬，失去機會。所以，我們說謊的時候，身體會對說謊所造成的「心理壓力」做出「生理反應」。接受測謊時，施測者會詢問你幾個問題，來查看你身體的反應。例如，如果某個應徵者在關於「大學畢業」這件事上說了謊，那他在接受測謊時，很可能會對教育背景相關的提問產生強烈反應。

我們在說謊時會散發某種能量，我把這稱作「警訊行為」。雖然這類警訊可能很微妙，但每個人都會以某種形式來散發這種警訊，否則美國政府就不會每年花費數百萬美元來訓練人員、發覺警訊。

我想強調：在這個章節，我提到的「訪談」（interview）和「偵訊」（interrogation）意思基本上是一樣的，因為無論是在偵訊恐怖分子，還是訪談想應徵特勤局的某人，我都使用同樣的方法和步驟。

測謊的宗旨，不是透過威嚇的方式，來逼迫一個人願意跟你談話，更不是批評或羞辱受測者。我透過工作經驗得知，你如果把受測者當成垃圾對待，他們給你的情報也會是垃圾。有些受測者搞不好會乾脆避而不答，不然就是跟你對嗆到底，而這都對你沒幫助，因為你的任務是找出他們知道什麼、做過什麼的真相。

邪惡沒有化身

有個真理不僅成了我的測謊和執法生涯中的支柱，現在也是我的世界觀之一：世界上沒有絕對的好人，也沒有絕對的壞人。

我測驗過數以百計的受測者，其中一些做過真的很糟的事，但我從不覺得坐在我對面的某人就是邪惡的化身。我並不是說這世上沒有邪惡的人，但這種人很罕見。一般人比這複雜得多，而你如果想洞悉人心，就必須放下這種心態。每個人都有好的一面，也有壞的一面。一般人都會盡量做好事多過做壞事，而這就是為什麼，我們在做了壞事的時候，會產生罪惡感。有些人在這方面更為敏感，有些人則否，但一般人時時刻刻都在維持這種平衡。我們在面對壓力，覺得軟弱、羞恥、憤怒、失去理智時，有時候這份平衡就可能遭到破壞，我們壞的一面會壓過好的一面。沒人例外。大多數的人是好人，而有時候好人也會做壞事，或是蠢事，或是又壞又蠢的事。

我們喜歡將人們分類。類別既簡單又安全：黑與白，好人和壞人。分類讓我們免於審視自己的偏見，免於對某人真心地感到好奇；但分類也能妨礙我們了解他人，因為我們已經將對方歸類成簡單的二元刻板印象。我們很容易把撞凹我們的車、逃之夭夭的人想成壞人，但事實可能沒這麼簡單。同樣的，如果有人指責你關愛或欣賞的某人做了壞事，你可能會立刻為那人辯解。「噢，他們不是故意的，」你可能會說：「他們只是犯了個錯。」有些人可能會選擇視而不見，會為了維持簡單的世界觀而不接受「某個好人做了壞事」。比起批判某人的行為，我們更寧可認定某人在我們心目中是好人還是壞人，同樣的，我們也偏好於認定一個壞的行為就能決定某個人的整體善惡，但這不是事實。

洞悉人心，意思就是不能只看「類別」和「刻板印象」，而是觀察某人的整體複雜性和矛盾處。我就是因為學會這種能力，而成了優秀的測謊員。我坐在某人對面的時候，不會把對方看成「惡劣行徑的總和體」；相反的，我試著判斷他們的人生哪裡出了什麼差錯，害得他們成了聯邦探員偵訊的對象。我逐漸意識到，想了解某人的最佳方式，是明白他們的心境，了解他們不只做了什麼，更了解他們為何這麼做。

隨著我的訪談方式變得越加巧妙又複雜，我訪談的對象也變得同樣複雜。坐在我對面的，不再是某個街頭罪犯，而是在銀行工作的約翰，他有四個孩子，他有財務問題，他想不出別的方法來面對壓力；還有莎拉，深受成癮症所苦；還有詹姆斯，他很小就失去了父親，收留他的幫派就像他的家人。

還有太多名字，太多臉孔，太多故事，太多表象底下的真相。有些最危險的罪犯，看起來就像你在社區聚餐、遊艇或其他場合見過的人，只是他們被銬上了手銬。

別再讓人唬弄你

我們都想知道如何讀懂人心，無論對方是我們的愛人、朋友、老闆，還是剛認識的人。我們想知道他們是否暗藏企圖、喜不喜歡我們、我們能不能相信他們，所以試著判斷對方的表情、肢體語言、特徵和說話習慣，心想：我能把孩子託付給這個人嗎？還是我的房子？我的職業生涯？又或是我的友誼？

一般人都有遭到背叛的經驗。你有沒有那種總是遇人不淑的朋友？還是哪個親戚總是選錯事業夥伴？你如果曾因為試著判斷某人的想法和感想而失眠，請舉手讓我知道。我們會因為某個人而問自己一些問題，而這些疑問的核心有兩個部分：這個人是否在乎我的死活？又或是會不會傷害我？

這兩個問題的答案就在你面前，只要你懂得讀人術。

在這個章節，我將傳授你洞悉人心的技巧和科學。我會教你如何留意特定的行為，提出正確的疑問，好讓你成為人體測謊機。你將學習判讀肢體語言和說話方式，來明白對方究竟在表達什麼。

偵訊室用得著的絕技，在我們的日常生活中也一樣強大。我現在雖然是平民百姓，但也天天運用。無論我是為了媒體故事而訪談某人，決定要不要跟某個製作人合作，試著跟某個難搞的親戚對話，或是帶學生的班級經營，溝通能力都不可或缺。我甚至曾用這些技巧逼某個男朋友承認偷吃（糾正，他被抓包後很快就成了前男友）。

正因為別人也能利用洞悉人心的技巧來判讀你，我會教你如何自我評估是不是對別人洩漏了自己的祕密。

接下來的幾個章節，將磨練你洞悉人心的能力，協助你更好地判斷該相信誰、避開誰。而最爽的一點是什麼？是你能學習這一切高超的讀人能力，而不用去測謊學院煎熬三個月。

準備好了嗎？咱們開始吧。

第十章 人就是會說謊

懂得安靜下來，讓沉靜的心靈聆聽、理解吸收。

——古希臘哲學家，畢達哥拉斯

留意警訊

一名七個月大、頭部遭到鈍器重創的女嬰送醫後，當地的警察局向我們請求協助測謊。這個傷勢並不是意外事故，而且警方鎖定了兩名嫌犯：女嬰的保姆和父親。

我和另一名特勤局調查員，分別給保姆和父親進行了偵訊，這兩人都通過了測謊。所以我把注意力放在女嬰的母親身上。刑警們雖然表示她不是嫌犯，但我還是想給任何接觸過女嬰的人進行測謊。

在測謊當天，女嬰的母親在律師陪同下來到警察局。雖然聘僱律師是憲法賦予的權利，但她主動這麼做還是令人起疑，因為在此之前，她都是在沒有律師陪同的狀況下和警方談話，而且她的先生接受測謊時，並沒有請律師陪同。

從各方面來看，這位母親也算是受害者。她七個月大的女兒頭部遭到重擊，原因尚且不明。在被要求接受測謊之前，這位少婦原本十分配合。事實上，就是她指出保姆可能涉有重嫌。但在此刻，她卻靜靜地坐在律師身旁，等測謊開始。

這是第一個警訊。

我向她自我介紹後，請律師在大廳等候，因為測謊必須在隔離環境下進行。然後我和少婦走進偵訊室，面對面地坐下。

從偵訊開始的那一刻起，少婦就變得充滿敵意。我談起這件案子時，她故作不感興趣，而且似乎因為自己也要接受測謊而感到惱火。而且她不只一次表明她在趕時間，要我「動作快一點」。

「我還有別的事要忙，」她告訴我：「這裡還真悶熱。測謊要花多少時間？」

測謊一般需要幾小時，有時候更久，就看情況決定。以這種為了調查虐童案而偵訊父母的案件來說，測謊可能會因為當事人情緒激動而耗上數小時，甚至更久。但跟「幫我找出誰打傷了我的孩子」相比，這名少婦顯然有更重要的事要忙。

這是第二個警訊。

進行偵訊時，我問了她一連串跟案子有關的問題，以便釐清一些事實，像是：請描述妳女兒當時如何被人發現？告訴我，妳懷疑誰是凶手？請向我描述，妳認為究竟發生了什麼事？但我每次提出「開放式疑問」（我會在第十九章詳細說明），她都回答得很簡短，這也是非常怪異的反應。

孩子遭人傷害，做媽媽的應該會盡可能提供線索，好找出對孩子施虐的凶手，她應該會做些猜測、直覺判斷和推理，來協助調查員拼湊出真相。但這位母親完全沒這麼做。老實人通常會做出非常詳盡的答覆，而說謊者的答覆則通常含糊不清、模稜兩可。騙子會盡量少說幾句，因為想記住自己撒謊時說過哪句話並不容易。

第三個警訊。

在實際開始測謊前，我看得出這名少婦忐忑不安、只想走人。她的坐姿是「逃跑姿勢」，身子朝門口傾斜（我會在第十一章詳細說明）。

就在測謊開始前，她叫我暫停，說她為保姆感到難過、不想再追究這件事。她說想撤回對保姆的控訴，以免對方再也沒辦法做這一行。她還說畢竟保姆還很年輕，只是犯了錯。

她在這種情況下說出這樣的話，實在不太符合常理。孩子遭到嚴重毆打，當母親的應該會希望凶手受到某種形式的制裁。老實人對懲罰的標準，通常會符合罪行的嚴重性。但騙子對懲罰的看法，則通常極為寬鬆。

第四個警訊。

女嬰的母親接受了測謊……而且沒通過。

我看著她，對她說測謊沒過。她聽見這幾個字時，彷彿心裡撥動了某個開關。她盯著我的眼睛，上半身湊向我，臉上帶著叛逆的咧嘴笑容，對我說：「我跟妳應該沒什麼好談了。」在這一刻，她知道我發現了真相。

令人難過的是，我在進行測謊前就已經得知了真相。這名少婦的一舉一動都表明她有罪。她的音調、用字、故作輕鬆的坐姿、假裝不敢興趣的態度、對我這個協助者如此冷漠……這一切都暗示了她的罪行。但我無能為力。她不會單單因為我的評估而被起訴。我需要事實，需要證據，需要……認罪自白。

然而，因為她並沒有被逮捕，而且她是自願前來，所以我不能強迫她留下。我雖然很想鎖上門、盤問她，但我無權這麼做，法律畢竟是法律。

所以她離開了。她沒有被正式起訴，所以自由自在地回到了家，繼續照顧受虐的七個月大女兒，連同另外三個孩子。

我立刻去找這件案子的調查員，他們目前為止一直把注意力放在女嬰的父親和保姆身上。

「你們的焦點錯了，」我告訴他們：「凶手是母親，是她幹的。開始調查吧。」

人為什麼說謊

我先聲明一點：每個人都會說謊，無人例外。有些研究指出，一般人每天會說謊

一、兩次。有些研究則宣稱，人在一場談話中就可能說謊十次之多。

我們說謊的理由通常非常充分：為了顧及情面，因為恐懼或怕丟臉，為了自保，為了欺瞞，為了隱瞞敏感情報。有時候，我們純粹因為想說謊而說謊。雖然說謊確實能給我們帶來好處，但大多都跟為了保存面子的心理因素有關。

謊言也能讓人們相處得更融洽，能顧及人們的感受或某些事的隱私。你有沒有曾經因為分享了太多情報而事後後悔？這是因為你覺得洩漏了自己的私生活而感到脆弱不堪。

「你好嗎？」

「我很好。你呢？」

但你其實剛跟伴侶大吵一架，你一點也不好。保持隱私、只表現出我們希望別人看見的一面，這種反應很自然。

保羅・艾克曼教授是世界公認的「情緒辨識」專家，其研究成果就是電視影集《謊言終結者》的基礎。他曾對五百零九人進行一項研究，想查明當中誰最擅長揪出騙子，研究對象包括警察人員、聯邦探員、法官、精神科醫師、搶案調查員、大學生，還有為中情局、聯調局和國安局工作的專業測謊員。

艾克曼的研究發現，人們眼中的測謊專家，表現得跟一般人差不多，有時候甚至比一般人差一點，這可能是因為測謊專家經常認定眼前的人正在說謊。只有特勤局探員在「辨識騙子」和「判讀非語言線索」這兩方面的表現，總是好過其他團體。這種能力很可能是拜我們的嚴格訓練所賜，加上我們總是提高警覺，在大型群眾中尋找潛在威脅，畢竟我們隨時隨地都在掃描並評估人類行為。

該研究結果也指出，跟陌生人的謊言相比，人更難察覺到身旁的人說的謊。這可能是因為人通常是依據旁人給我們什麼樣的感受來判斷這個人。總是在我們身邊的人，能給我們的情緒造成極大的影響，因此我們無法看清楚這個人，或是評估對方的行為。做丈夫的可能只是認為太太脾氣不好，而看不出她在情緒和言語方面都有施虐傾向。我們會想出理由來辯護或為身旁人的行為開脫，像是「我老婆就是這樣」「她有很多心事」。我們只有在事後回想起來，才會明白對方有施虐傾向，開始以理性的目光審視這些證據。

想看清一個謊言，我們就必須站在客觀角度，拿掉自己的情緒。

話雖如此，你並不需要成為犯罪學博士或測謊員，也能看得出人是不是在說謊。你只需要相信自己的本能，學學我在接下來的幾個章節描述的重要技巧。無論你擔心的是伴侶偷情、合夥人不誠實，還是孩子放學後究竟跑哪去，我都會教你如何在他們的行為中找到蛛絲馬跡，以判斷對方有沒有說謊。

人如何說謊

人說謊的方式主要分成三種。

1. 第一種是漫天大謊。這種謊話是與事實完全相反的虛假說詞。
2. 第二種是參雜真相的謊話。這種謊話並非完全虛假，而是謊話當中混雜部分真相。
3. 第三種是隱瞞真相。一般人說謊都是這種方式，因為這麼做會讓我們覺得自己沒說謊。我們都知道說謊是錯的（好吧，至少大部分的人都知道），也相信不該說謊。所以，為了減輕罪惡感，我們在說詞中會略過部分事實，並自我合理化：其實我沒說謊啦，我只是沒說出部分的事實。但隱瞞部分真相，就能大幅扭曲甚至誤導聆聽者的理解。

追根究柢，無論說謊者用的是哪種方法，說謊就是說謊。記住，人人都會說謊，而且說得還挺多的。所以，考慮到這點，以下是我給你的第一個建議：

別放在心上

你開始明白人多常說謊後，就會學著別把謊話放在心上。信不信由你，但這其實是洞悉人心的要素。當我們發現有人說謊時，常常會把這視為針對我們的攻擊或操弄。你竟敢騙我。你一定以為我很好騙。我們發現自己被騙時，自尊就會受傷。麻煩在於，一旦牽連到自尊，就常常會影響我們判讀人心、明白他們真正動機的能力。

自尊會影響我們看見真相的能力，而我的經驗是，想有效地判讀人心，你需要客觀地看待他人的能力，而不是戴上審判或充滿情緒的眼鏡。

想判讀人心，你就必須把自己跟事情的結果分開來，別只盯著自己，這樣才能明白對方為何說謊。

蒐集情報

讀人的目的，是蒐集情報，以便做出評估。

我身為探員時，天天都有人對我說謊，這就是工作的一部分。就算在今日，無論是生意上、在好萊塢工作，還是我教的學生，還是會有人對我說謊。但整體來說，我不為所動，因為我知道說謊是人性的一部分。

我不讓情緒影響我「客觀看人」的能力，而是盡可能了解眼前的人，像是他們是誰、在乎什麼、做什麼樣的選擇，還有影響那些選擇的動機。我發現得越多，就越能做好武裝，也就越能對我發現的事情做出反應。這麼做的另一項優勢，是能避免我做出錯誤的猜測。我們如果透過個人偏見來看待某人，就很容易認定他是爛人，而如此一來就很容易忽略對方的一些本質。

相反的，蒐集情報能讓我了解跟我談話的對象，還有我該用什麼樣的方式對他們說話，以確保有效溝通。我每次開始教一批新學生時，會先請他們透過文章來自我介紹，說明他們為何上我的課、希望能學到什麼。我從他們那裡蒐集來的情報總是扮演重要角色，我會依據這份情報來決定如何授課，以滿足學生的不同需求和興趣。

所以，你想知道什麼？某個投資人是否居心不良？你的合夥人是不是在盜用公款？你的老闆究竟在乎你還是他自己？你的配偶是不是在外頭偷吃？你的孩子究竟有沒有寫作業？無論你想知道什麼，都必須蒐集情報，而最佳辦法就是學習如何觀察和聆聽。

積極聆聽，不只聽對方說什麼，也聽出對方沒說什麼

我在教導偵訊和訪談策略時，發現很多人有個誤解，以為自己說得越多，就越能控制一場談話。**錯**。剛好相反。你說得越多，對談話的控制度其實就越低。

你在讀人時，沉默是金，聆聽是友。我在這裡大力呼籲：人們對你說話的時候，請務必當個積極的聆聽者。

所謂的積極聆聽，是運用你所有的感官來「聽」對方在說什麼。睜開你的眼睛，仔細聆聽。觀察人們，看著他們，感受他們散發的能量或氣氛。

你如果仔細觀察他們言語的微妙處，就能從更深的層次了解他們的含意和動機。

記住，如果你的目標是準確地判讀某人，那你該做的不是在那裡滔滔不絕，而是允許對方說話、跟你分享情報。當你處於一場談話的「接收端」，你接收得越多，懂得也越

多。

幸好，大多數人都很喜歡談論自己。

而你就該讓他們如願以償。別讓你的自尊對你說「你必須在談話中占有更多份量」。還有，別打擾人家說話，打岔既沒禮貌也缺乏敬意，還會令他們分神，偏離你試著獲取情報的話題。就算對方只是冗長地說明一件事，也能讓你獲取大量的有用情報，所以請讓他們把故事說完，再提出你的任何疑問。

就算你覺得對方說的事情看似不重要，但對他們來說可能重要無比，所以別在他們說到一半時打岔，而應該問你自己：「他們為什麼用這種方式對我說這個故事？這個故事對他們來說為何重要？他們說得含糊不清，還是在某些部分上說得過度詳細？他們的說詞有沒有哪裡顯得殘缺？他們很投入這場談話，還是似乎心不在焉？」

值得注意的一點是，騙子的演講聽起來可能像是經過多次演練，彷彿練習過如何作答，而老實人的答覆則未經琢磨。就像本章開頭提到的那名少婦，充滿欺瞞的答覆常常含糊又簡短。騙子會為了避免被揭穿謊言而盡量少說幾句，而老實人則會多說些細節。所以，專心聆聽，不只聽他們在說什麼，也聽他們**沒**說什麼。

想做到積極聆聽，就必須專注於當下。清除心中所有雜念，把所有注意力放在坐在你對面的那人身上，讓他們知道自己很重要，而且你願意給他們時間說個夠。

如果這種偵訊方式跟你想像的資深偵訊員很不一樣，大概是因為你電視看太多。電影、電視喜歡塑造戲劇性畫面，憤怒的偵訊員氣得捶桌子，嚇得嫌犯在椅子上縮成一團，但這種辦法十之八九都會失敗，而且是徹底失敗。事實是，積極聆聽雖然不適合拿來拍戲，卻是我用過最有效的技巧。你如果真的想洞悉人心，這將是最強大的工具。

請務必善加利用。

第十一章

讀人術

眼睛是比耳朵更可靠的證人。

——古希臘哲學家，赫拉克利特

看穿肢體語言

肢體語言是談話中重要的環節，其重要性遠超過你的想像。不同於透過電話、信件或簡訊之類的方式，當我們面對面地跟某人溝通時，就能掌握到更多訊息，來協助我們了解對方究竟在說些、想些什麼。人有意無意做出的手勢和姿勢，能讓我們了解他們沒說出來的想法。我「讀人」的方式之一，是評估他們的話語和身體動作是否一致。如果某人的肢體語言和話語之間有衝突或矛盾之處，無論多麼微小，我就知道該更仔細觀察。

了解肢體語言，就能在工作場合和人際關係中取得更多洞察力，這對家長也大有幫助，無論孩子幾歲。事實上，茱迪・布爾格博士在一九九四年進行的研究發現，我們的溝通方式當中，有百分之六十五是「非語言」，意思就是人其實時時刻刻都在揭露關於自己的大量情報。

先前已經討論過，當F3反應啟動時，一般人很難控制自己如何反應。人在面對「謊言被揭穿」的可能時，就算眼前沒有實際威脅，也還是會產生F3反應。他們可能會咬緊牙關，扭擰雙手，睜大眼睛，說話時遮住嘴巴，為了掩飾尷尬而面帶微笑。這是因為他們害怕被揭穿的下場，像是失去工作、家人、社會地位、金錢、尊嚴，有時甚至是自由。

不要把人簡單分類

你已經知道，學習判讀人心，就是願意看待一個人的整體複雜性。這個道理也適用於判讀肢體語言，因為事實是，人類的習性和行為都不盡相同。有些人在說謊時可能會避開視線接觸，但有些人反而會看著你；有些人可能會抓頭髮，有些人可能會雙手交扣。每一副**肢體**表達壓力的方式都不一樣。在你能判讀某人的肢體語言之前，最好先了解對方的習慣，辦法就是注意他們在「不緊張」的時候是什麼模樣。我們把這稱作「基線」（我很快就會對此詳細說明）。

如果在判斷一個人是否誠實這件事上，能有什麼通用標準可以參考，確實會方便許多。某些專家和受歡迎的技巧，自稱已經找到辦法，能透過某人的神經和行為模式所形成的特定習性，來判斷此人是否誠實。他們會說某種人在壓力情境下會做出某種特定行為，但這些說法都忽略了人類在行動和行為方面的多樣性，並沒辦法幫你發現真相。

事實是，我們每個人都是各種因素形成的成果，像是基因、生理特徵、人生經歷、所處環境、父母的教養方式、我們的社會經濟地位、教育……這些因素彼此互動，決定了我們對這個世界的認知和反應，也影響了我們對外在刺激所產生的行為。這就是為什麼那些「以不變應萬變」的公式並無用處，因為人有百百種，不會只遵循某一套行為模式。而且說真的，如果有誰試著說服你相信這一套，那他們一定是在向你推銷什麼東西。

這一切意味著你必須小心觀察。我們想尋找的是整體行為，能用來辨識一個人的行為特徵。意思就是，一個人在無壓力場合及有壓力場合之中，在習性（habit）和身體特徵（physical trait）這兩方面會出現什麼樣的變化。因為事實是，大多數的人都不擅長說謊。說謊需要相當強大的「一心多用」：你必須記住整套說詞，用具有說服力的方式說出來，並控制自己的肢體動作，避免被F3反應掌控。在這個過程中，騙子通常遲早會說溜嘴。幸運的是，一般人根本不知道自己能被識破的特徵是什麼，而你越是了解如何判讀人心，就會發現這些特徵越是明顯。我將在這個章節說明，如何把你的觀察力改造成專屬於你的超能力。

找到基線

我們已經說過，人在充滿壓力的情境或談話中，其姿態和行為會有所改變。為了判斷一個人的壓力跡象是什麼，你必須先觀察對方在冷靜沉著時的模樣。你必須查明，這個人在所謂「自動駕駛」模式時的樣貌。

我在跟人們談話時，會注意他們如何坐立、姿態、使用的話語，還有說話的方式。人在回答一些關於自己的基本、無害的疑問時，通常不會覺得緊張。這就是為什麼，我通常會先問些中立的問題，讓人們感到安心。我可能會評論我和他們共處的餐廳，或是他們的鞋子，不然就是問起他們的孩子。這能讓我觀察對方在輕鬆狀態下如何互動，而這項觀察就能讓我建立對他們的基本了解。

這就是為什麼輕鬆的談話很重要。你在提起可能會影響對方的沉重話題之前，先問問他們最喜歡什麼電視節目；聊聊天氣，或是他們今天過得怎麼樣。先從安全的話題開始，幫助他們放鬆，並仔細觀察他們的反應。在討論輕鬆又單純的話題時，他們是什麼模樣？是否坐得直？有沒有蹺二郎腿？有沒有抓頭髮？他們的眼睛、嘴巴和雙手是什麼反應？追蹤並牢記他們的每個習性，接著再提起一些較為敏感的話題，並觀察對方有何變化。

整體行為

別只注意對方的某個習慣，而必須觀察他的整體行為。你越是仔細注意，就越容易留意到警訊。而你開始發現這些警訊時，就該感到好奇。

想像一個女子在早上喝咖啡時對男朋友說話，氣氛輕鬆又自然，直到她問他昨晚做了什麼。他開始忸怩不安，答覆前用手遮住嘴巴。他為什麼做出這種反應？她觀察他時如此心想。這是個好問題。你開始注意到某個行為的變化時，通常可以認定對方被某種刺激影響。也許他為某件事擔心，也許他覺得緊張或遭到威脅，也許他正準備對她說謊。

但這些警訊也可能並不表示謊言的存在。某人被問起某個問題時做出特定反應，可能出於各種理由。也許她提問時，他湊巧做出那些動作。就因為某人在某一刻做出某種反應，並不表示一定有罪。

我在幫特勤局面試應徵者的時候，常常會問他們有沒有被逮捕過。我記得其中一人回答說「沒有」後就立刻低頭看著地板，這是他在面試中第一次出現這個舉動，於是我追問下去。

「所以你從沒被逮捕過？」我又問一次。

「這個嘛，我沒有，」他告訴我：「但我父親有。」

「了解，」我說：「說給我聽聽。」

很多真相隱藏在表象之下。你雖然需要注意警訊，但警訊未必表示對方有罪或說謊，可能只是表示真相不是簡單的「是」與「否」所能表達。

判讀肢體語言，就是學習如何調查行為。人的肢體不會說謊；事實上，無論一個人有什麼意圖，他的身體總是想說出真相。有時候，不管一個人多想保持鎮定，他如果說謊，身體就會發出訊號。專業偵訊員把這稱作「流血式情報」（bleeding information），因為情報幾乎會像傷口滲血一樣不斷洩漏出來。

在以下篇幅，我會教你認識情報最可能從哪些部位洩漏出來。

表情

人的臉能揭露大量情報，尤其如果這個人不懂得如何控制自己的表情。你應該也見過這種人，他們把情緒全寫在臉上，這對他們的隱私而言或許不利，但對你很有利。但就算你面前的人懂得如何控制表情，你還是能從對方臉上看出很多情報。保羅．艾克曼指出，人常常不經意地透過一系列「微表情」來表達真正的情緒，這種表情往往持續不到半秒，而且當事人常不知道有做出這種表情。

目光接觸

想判讀某人時，你應該先查出，他平時願意做到多少程度的目光接觸。有些人（錯誤地）以為老實人願意長時間目光接觸，而騙子則盡量避免。我們期望說話的對象從頭到尾看著我們，但事實是，目光接觸大概只維持其中六成的時間。這方面的研究結果不一，有些人願意維持得久一點，有些人比較短。總之，談話時中斷目光接觸，是完全正常的舉動。重點是，你該先查出一個人在正常狀態下願意目光接觸多久，然後再觀察有何改變。

如果我想觀察某人在這方面的基線，我會提出一個問題，迫使對方回想起某件事，然後我會觀察他在回想過程中有沒有移開視線。例如，如果我每次請某人回想某件事，而對方一定會望向左上方，那我就看出了規律。但有些人也許不會移動眼睛。我再重複一次：每個人都不一樣。

同樣的，有些人在出現感受或情緒時，可能會低下頭。孩童似乎很容易產生這種行為，尤其當他們覺得羞愧，或知道自己做錯事的時候。我的個人網站上（evypoumpouras.com）有個影片，片中是一位母親詢問兒子，有沒有吃掉一整罐糖珠。孩子滿臉都是糖珠，卻堅稱沒吃。「你有沒有吃掉糖珠？」母親問：「你知道說謊不好吧？」

「我沒有吃。」他堅稱，但這麼說的時候沒看著她。母親每次重複這個提問，他就會移開視線。

「約翰，看著媽咪，」她對他說，他也照做。

看向左上方

「你不應該說謊。告訴我，你有沒有吃掉那些糖珠？」

「沒有。」他再次移開視線，彎腰駝背，輪流用一腳支撐體重。「我沒吃。」

「約翰，」她說道：「你臉上有糖珠。」

「呃，沒有，沒有，」約翰告訴她：「我沒吃糖珠。」然後他開始慢慢後退，退到廚房門口。

很多家長以為，孩子如果看著他們的眼睛，就沒辦法說謊。

「約翰，看著媽咪。」

「你不應該說謊。」

這裡有兩件事值得注意：

1. 媽咪在教約翰：說謊的時候看著她的眼睛。而這遲早會讓他更擅長說謊。
2. 她在糾正他明顯的行為特徵，也就是說謊時移開視線，而這以後會讓她更難判斷他有沒有說謊。基本上，她在破壞自己為了準確判讀兒子所做的努力。

成年人也一樣，這就是為什麼你在試著判斷真相的時候，千萬別叫對方改變行為。

「看著我的眼睛，對我說實話。」

「轉過身來，當著我的面說。」

覺得這兩句話很耳熟嗎？**如果你想要的是真相，關鍵就是：注意對方的行為，但別**

改變對方的行為。既然你的目的是獲得情報，又何必改變對方的行為特徵？

此外，以為對方看著你的眼睛就沒辦法說謊，這是很多人都有的誤解。就我個人而言，如果有必要，我可以一整天看著你的眼睛說謊。所以，對方想怎樣就怎樣，別去改變人家。你在判讀一個人的時候，別試著改變對方的行為，就算你不喜歡。你如果介入了某人的行為模式，就等於教他們「如何隱藏自己的行為特徵」，來變得更善於說謊，這會讓你更難準確判讀。

我曾偵訊一名男子，他因為參與提款機詐騙案而遭到調查。一家合法的提款機廠商為了賺取不義之財，刻意把出產的提款機設計成能記錄使用者的銀行資料，之後再把這些資料賣給偽造信用卡的犯罪組織。

我詢問嫌犯的身分和背景時，他在椅子上彎腰駝背，答話時眼睛盯著地板。我沒試著調整或糾正他的行為，沒對他說「你幹嘛盯著地板？」，而是隨他去。

我繼續進行盤問。

當我開始問起提款機詐騙手法的時候，他才突然坐直、盯著我的眼睛。他的行為出現重大改變，這就是明顯的警訊。他的基線反應是盯著地板，但他的Ｆ３反應是看著我的眼睛。我沒糾正他的行為，這反而更方便我判讀他。

他最後終於承認自己設計了一套軟體，能掠取提款機使用者的卡片資料。

其他常見的眼睛反應

・老天啊救救我

有些人在焦急時會望向上方，我把這種表情稱作「老天啊救救我」。受訪者的眼睛會往上翻，彷彿向天神求助。你如果提起受訪者不想討論的話題，他們就可能出現這種反應，尤其如果他們感到無助或焦慮。

・被車頭燈照到的鹿

受訪者的Ｆ３反應啟動時，就會出現這種凝視遠方的表情。更明確來說，這是「僵住」的反應。在受訪者可能覺得遭遇威脅，或害怕謊言被揭穿。在僵住的那一刻，當事人被恐懼掌控，暫時失去反應能力。

・震驚

一般來說，我們只看得見談話對象虹膜（眼

老天啊救救我

被車頭燈照到的鹿

睛裡有顏色的部分）左右兩側的眼白。但對方出現F3反應時，你可能也會看得見虹膜上方或下方的眼白。日文把這稱作「三白」（san pa ku）。這種反應雖然只持續一秒，但能清楚讓你知道這個人正在承受壓力。

三白眼

嘴巴

在判讀人心這方面，嘴是個很有意思的部位，這是我們的言語來源，也是我們強忍緊張情緒的所在。我們說謊時，是透過嘴這個傳達機制來說出謊話。也因此無論我們說些什麼，嘴其實最能透露我們的真實想法。

我們在生氣或有壓力時，可能會繃緊嘴角，或咬牙切齒。我們緊張或害怕的時候，可能會咬住下唇，緊抿嘴唇，或把嘴唇扭向一邊。口乾舌燥也是緊張情緒的常見症狀之一，能透過誇大的吞嚥動作來窺之。

另一個明顯跡象是不斷嘆氣或打呵欠。雖然背後的科學原理尚未明朗，但我們在承受壓力時似乎更常打呵欠。一個可能原因是壓力造成我們體溫上升，大腦感應到內部溫度攀升，因此做出打呵欠的反應，以便降溫。

微笑

別只看微笑的表面，畢竟有些人能在對你微笑的同時從你背後捅你一刀。一個人發自內心地微笑時，笑意會影響整張臉，嘴角幾乎會觸及眼角。笑容如果真誠，表達真實的喜悅、笑意或暖意，這道笑容就會完全改變一個人的臉。這種表情其實有個名稱，叫做「杜鄉式微笑」（Duchenne smile）。

威廉・杜鄉是十九世紀中期的法國神經學家，發現了我們在微笑時的面部肌肉如何變化。臉龐下半部的顴骨肌肉會抬起嘴角，眼輪匝肌則會抬起臉頰（日子久了，這種動作就會形成魚尾紋）。

研究也發現，真誠微笑會持續零點五秒到四秒左右。

相較之下，虛假微笑的持續時間短得多，轉眼即逝。有些人的假笑似乎是貼在臉上，而這種就能維持得很長。

想分辨真笑和假笑很簡單，假笑通常只影響臉的下半部，不影響眼睛和臉頰。

真笑

假笑

笑聲

你有沒有跟某人吵架、提出很嚴肅的問題時，對方竟然發出笑聲？你大概會立刻覺得遭到冒犯，所以回一句「別笑我」或「這件事不好笑」。你如果這麼做，說出這句話的其實是自尊，而你現在已經知道，你在試著判讀人心的時候，最好別讓自尊出來礙事。很多時候，他們其實不是在笑你，而是他們的F3反應已經啟動，以笑聲試著宣洩緊繃的情緒。其實，他們可能根本沒意識到自己發出笑聲。

在談論過程中，無論話題多麼嚴肅，如果對方擺出微笑或發出笑聲，我會只是暗自記下這個反應。這種反應雖然看似不合時宜，但我知道這是宣洩緊繃情緒的管道，並不是因為受訪者覺得哪件事很好笑。如果我這時候指出他們這種行為很古怪，之後反而無法判斷他們何時又出現這種反應。

再重複一次：我建議你別指出這種行為很怪，因為你如果這麼做，對方注意到這點，就會試著予以糾正，而這反而讓你更難判讀他們的內心，也會使得對方提高防備，或乾脆保持沉默。記住，你的目標是鼓勵對方繼續說話，而不是三緘其口。

頭部動作

一個人的「非語言行為」和「語言行為」應該一致，尤其在作答時出現的頭部動作。如果你提出某個疑問，而對方說「不」，卻幾乎不經意地點個頭、做出「是」的非語言動作，你就該記下這個反應。同樣的，對方如果嘴上說「是」，卻做出「不」的搖頭動作，這也值得注意。你若想試著判斷一個人是否言不由衷，就該注意這種不一致的行為。

上半身

手

因為大多數的人都會把雙手用於「圖解」（我很快就會解釋），你有時候會發現有人「把手收起來」，像是插在口袋裡，坐著的時候壓在腿下，或放在膝上。人做出這種反應，是因為不太想坦承，不想說太多，或不太想公開。我如果看到一個人把手藏起來，大概就會懷疑對方是不是在隱瞞什麼。

坐立不安

人在緊張的時候，很容易坐立不安，可能開始玩起筆或面前有的東西，揉搓雙手，抓抓身子，捏捏拳頭，或是咬指甲。這些都可能是F3反應啟動的跡象。如果對方在話題變得敏感時出現這類行為，很可能表示他們相當緊張，或試著對你隱瞞什麼。

整理儀容

除了坐立不安之外，人在F3反應的影響下也可能做出整理儀容的動作。女性可能為了抒發緊張情緒而勾轉頭髮，男性則可能拉扯鬍鬚。

在偵訊室，我們常常饒有興致地看著這類畫面：被問到敏感問題時，受訪者會試著清掉衣服上根本不存在的灰塵，不然就是拚命撫平衣服上的皺痕。雖然「坐立不安」不一定表示這個人是騙子，但你注意到這種動作時，應該比對談話內容是不是提到什麼敏感話題。

做出大量手勢的圖解者

說話時使用大量手勢的人，被稱作「圖解者」。我就是這種人。和大多數的希臘人一樣，我在說話時會以手勢輔助；當然，我在偵訊時不會這麼做，不過這是另一個章節的話題。

一般來說，人在說故事時，尤其在回想某個事件時，會使用大量手勢，因為他們描述時是在重溫該事件，而這表示這個人說的是實話。相反的，如果說話時態度嚴肅，沒做出任何手勢，就可能表示說詞是經過演練的揑造之詞，也就是在說謊。

姿勢

人的姿勢能鮮明地指出目前的身心狀態。你在跟人談話時，注意一下對方的坐姿或站姿。他們是直立、駝背，還是傾向一邊？上半身挺直，可能表達自信、傲慢或抗拒，而駝背則可能表達軟弱、恐懼或愧疚。

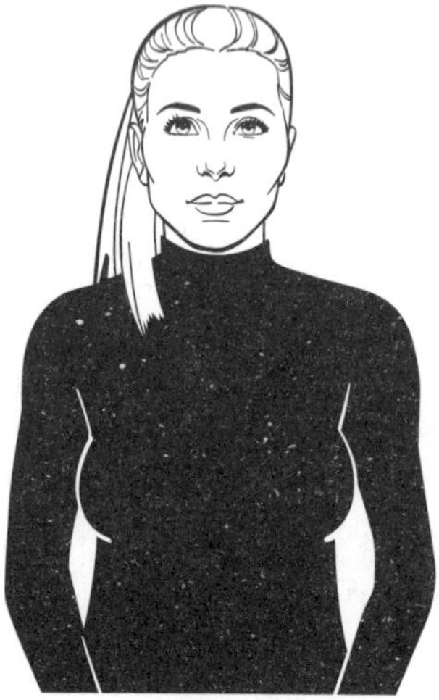

自信／上半身直立的姿勢

不安／駝背的姿勢

還有，看看對方是否顯得僵硬或放鬆。人在有壓力、緊張或說謊時，也許會肢體僵硬；相反的，如果心態輕鬆，姿勢看起來也會比較放鬆。

身體的方向也能讓你知道對方有何感受。一個人如果對你或你想說的話感興趣，身子通常會正對你。如果他們把身子撇開、轉向另一邊，就表示他們對你或目前的話題不感興趣。如果你看到他們微妙地把身子對準門口，也就是「逃跑姿勢」，這表示他們已經不再對你說的話感興趣。類似的例子是，你話還沒說完，對方已經開始走向出口。你與其現在就把話說完，還不如留到下次，等他們願意聆聽的時候再說。

表示支持與防禦的動作

有時候，受訪者會俯身向前，兩肘撐在桌上，用雙手支撐下巴。這是所謂的「支持姿勢」，表示這個人覺得有必要以物理動作來支持自己。也許他們覺得疲憊、孤單或脆弱，而這類動作能給自己帶來安慰。如果你的談話對象一直需要這樣自我安慰，你也許該開始好奇為什麼。

人如果覺得不自在、抗拒或受到威脅，也可能會很自然地做出雙臂抱胸的動作。這是所謂的「防禦姿勢」。你如果仔細想想，就會發現這種姿勢其實是在身前架設護盾，保護身上最關鍵的部位，也就是重要的內臟。這種姿

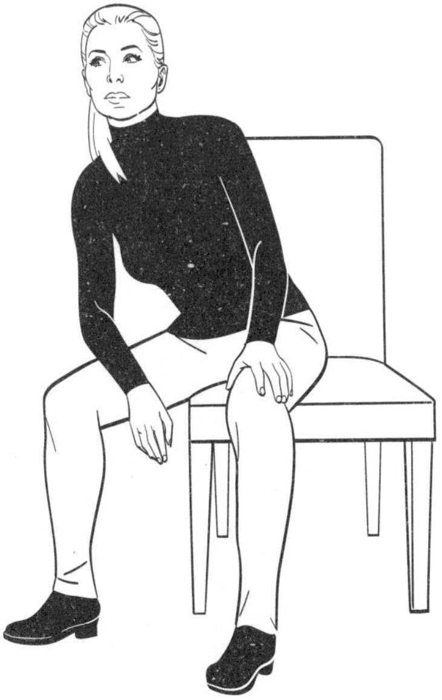

逃跑姿勢

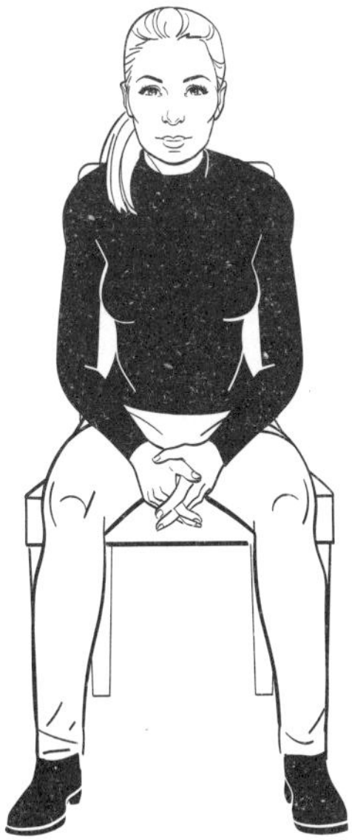

俯身向前

支持姿勢

防禦姿勢

勢可能暗指，這個人正在試著保護或捍衛某個祕密。

下半身

房間的擺設不能擋住對方

我在訪談某人之前，總是會盡量花幾分鐘的時間，重新擺設現場的桌椅，這是為了確保我能看見對方整個人。我的目標是讓對方坐在椅子上，我們彼此間沒有任何東西阻隔，意思就是中間不能有桌子，因為受訪者的上半身和下半身可能會做出完全不同的反應。

我有次為特勤局的應徵者進行測謊，我記得對方的履歷表令人印象深刻，她的背景毫無瑕疵。我們坐著談話時，她擺出完美姿勢，給出完美答覆。訪談中的每個環節都很順利，直到我們談到關於藥物的話題。

「妳有沒有用過毒品？」我問她。

在這一秒之前，她一直平靜又鎮定，坐姿是蹺二郎腿。但我們一談到藥物的話題，她就開始不斷抖腳。「沒有。」她說。

她的兩條腿原本沒動，但一談到這個話題就開始抖個不停。

這是第一個警訊。

一般來說，受訪者如果拒絕承認用過毒品，真相如果不是因為用過太多種藥物，就是某一種藥物用過太多次，而按照特勤局的規定，他們就沒辦法得到這份工作，大多數的聯邦機構都不允許應徵者有吸毒經驗。所以，應徵者嘴上不會承認，而是保持沉默，希望不會被抓到。

這名女子在履歷表上寫說她從沒用過毒品，現在也口頭堅持這一點。我只是暗自記下她在行為上的變化，繼續進行其他話題。我這麼做的同時，她不再抖腳，我也暗自記下這點。

這是第二個警訊。

我們談完其他話題後，我回到毒品的話題上。

「我知道我們已經討論過這件事，」我說：「但我想再討論一次，看妳會不會回想起什麼。」

給特勤局的應徵者進行測謊時，我的職責不是逼對方說出情報，而是讓應徵者有機會說出事實，或向我說明原委。

我再給她一個機會，討論她的用藥經驗，就看她是否選擇配合，但她拒絕了。她立刻又開始抖腳，幅度之大，讓我覺得她不再是揮舞警訊的紅旗而已，簡直是用踢的。

這是第三個警訊。

我就是在這時候意識到有問題：她在用藥方面應該有所隱瞞，而這意味著她將無法通過測謊。

我雖然相當確定這會是結局，但我還是給她接上測謊機的感測器。我開始進行測謊，我每次問她關於用藥的問題時，她都會產生強烈的生理反應。她在說謊，她的身體知道她在說謊。到頭來，她沒能通過測謊。

你下次試著判讀某人的時候，注意對方的下半身有沒有抖腳、轉動腳踝、用腳掌拍地板之類的動作，而且仔細觀察這些動作開始和停止的時間點。

我再重複一次：這些動作並不表示他們在說謊，但表示當前的話題讓他們感到不自在。

蹺腳

下半身的動作和姿勢都可能充滿線索。例如，蹺腳可能傳達吸引、自在、反感，或想拉開距離。

你下一次看到兩個人在約會的時候，注意一下他們有沒有蹺腳，如果有，腳是往哪個方向蹺。如果其中一人把腳蹺向對方，這可能表示那人感到自在，或甚至想跟對方更接近。相反的，如果腳是蹺往反方向，那我敢打賭，這場約會進行得並不順利。

有些人蹺腳是為了跟別人之間形成屏障，類似的動作是上半身跟你拉開距離，或用一手抓住小腿，來遮住身體更多部位。

距離

你如果想更了解兩個人之間的關係如何，可以觀察他們在互動時，身體之間保持多少距離。

想像一下，螢幕上是兩個演員的吻戲，如果兩人的上半身和下半身都完全緊靠，彼此間幾乎沒有任何距離，那麼他們應該對這場戲和彼此都感到自在。但你如果發現，他們只有上半身靠向彼此，但下半身的距離拉得比較開，這表示他們也許有點不自在，可能是對這場親密戲，可能是對演戲的搭檔。

擁抱也是同理。我們的擁抱方式，會因為我們跟對方多親密而有所變化。有些擁抱只是稍微的肩碰肩，一手摟住對方，輕拍對方的背；想像一下每年一度的那種社交場合擁抱，你有一陣子沒看到一些人，也就是「我很高興見到你……但我不喜歡跟你靠太近」。相反的，其他擁抱是完全的身體接觸，雙手摟住對方，強力緊擁。

下一次有人擁抱你時，注意一下這些細節。這個擁抱是輕盈又簡短，還是強勁又漫長？對方有沒有很快後退？你們倆是腳趾碰腳趾？還是你跟對方下半身之間的距離，足以讓一輛卡車通過？這些因素都能指出這段人際關係是強是弱。

有距離的擁抱

不久前，我和我先生參加了一場婚禮。新娘跟我一樣來自希臘圈子，意思就是婚禮的規模就跟電影《我的希臘婚禮》一樣盛大。會場是一座龐大的宴會廳，來賓超過五百人。喇叭湧出的震耳音樂為會場帶來活力，來賓們等著新郎新娘在婚禮儀式結束後第一次出現。

司儀終於舉起麥克風，用電臺主持人般的大嗓門宣布：「各位！請鼓掌歡迎新郎新娘！」

新婚夫婦入場時，來賓紛紛起身拍手，歡呼嗥叫。

新娘最先現身，一身美麗白紗，一手高舉捧花，跟著樂聲舞動揮拳。她進場時散發強烈能量，氣場旺得有點誇張。她的另一手伸向身後，抓住新郎的手。他們倆的身體之間，保持著一種不算大但挺尷尬的距離。

這是第一個警訊。

新郎慢慢走在新娘後方的一臂之遙處，動作有點僵硬。

這是第二個警訊。

他雖然面帶微笑，但看起來怪怪的，顯得僵硬，好像貼在臉上。

這是第三個警訊。

我轉向我老公，他在讀人術方面擁有跟我一樣的訓練和經驗，我想看他是不是也看出同樣的蹊蹺。我還沒開口，他只是盯著新婚夫婦，對我說：「半年。」

我回頭看著新郎新娘，感到一陣惆悵，因為我知道他說得沒錯。

八個月後，這對夫妻離婚了。

你如果懂得觀察人們透過動作和習性所表達出來的訊息，就能學會看見表象底下的真相，無論好壞。

第十二章
他們究竟在說什麼

其實，一般人都懶得查明真相，而是傾向於接受聽見的第一個說詞。
——古希臘歷史學家，修昔底德

如何揪出騙子

我最近參加了由洛杉磯警察局舉行的偵訊訓練班。我當時在哥倫比亞大學讀研究所，正在製作一份調查性質的報導，所以我是以記者而非聯邦探員的身分參加。在其中一堂訓練課程中，講師提供了一個情境，找來兩個臥底的洛杉磯警察局刑警，說出兩個相似的故事。臥底刑警在說謊方面是高手，畢竟他們的生存取決於謊言是否被揭穿。

訓練過程如下：兩名臥底刑警輪流進教室，用七分鐘的時間向全班描述自己去埃及旅行的過程。但妙的是，只有其中一名刑警真的去過埃及，而我們必須判斷誰說實話、誰說謊話。

第一位刑警開始詳細描述去當地拜訪親戚，參觀景點，看了金字塔等一切細節。我們都專心聆聽，我沒發現任何跡象顯示他在說謊。

然後換第二位刑警進教室說故事。他也詳細描述埃及之旅，一樣的景點，連同金字塔。同樣的，他的說詞也沒什麼問題，他說的很可能也是實話，直到他提到某個小細節。

「然後呢，我們走進一座墓穴，」他邊說邊做手勢，彷彿回到金字塔裡。「門口在這個位置，而柱子應該是在那個位置。」

在這一刻，我知道說謊的是他。

兩名洛杉磯警察局刑警都說完故事後，一名講師問我們認為誰說了謊。一開始沒人說話，過了片刻後，我舉起手。「第二個故事，」我說：「是謊話。」

「妳怎麼知道的？」講師問我。

「他的用詞。他說的不是『柱子在那個位置』，而是『柱子應該是在那個位置』。」他在說話的同時想像金字塔的柱子應該在哪，而不是憑記憶回想出柱子的位置。雖然一般人都沒注意到這個微妙的差異，但就是用詞出錯讓他露了餡。

言語警訊

在這個章節，我將描述並分析一些在日常談話中常見的言語警訊。請注意：這些警訊並不是絕對的謊言指標。每個人對壓力的肢體反應都不同，言語反應也是，所以，請不要單憑一句可疑的話語或評論而妄下定論，而是注意就好。

這就是為什麼觀察一個人的基線反應非常重要，也就是一個人在進入敏感話題前的平時就有的言語習慣。然後，當你注意到他們在某一刻出現以下這類句子的時候，就該特別注意。你可能已經對其中一些說法感到熟悉。

你真的很笨。

「你問的真是蠢問題。」

「我已經跟某某某說過答案了。」

「我必須再回答一次？」

「你已經問過我了。」

「你已經知道答案。」

人們會用這類臺詞來中斷你提出的一連串詢問，用意是如果讓你覺得這麼問很愚蠢，或批評你提出問題，你就會放棄詢問。但我希望你能認得這類「避談策略」，而且繼續追問下去。

你應該早就知道。

「我相信你已經知道……」

「你應該已經知道……」

「應該已經有人跟你說了，不過……」

我最近收到某位製作人寄給我的電子郵件，她在一開始兩個段落都是以「我相信妳已經知道……」開頭。然而該製作人接下來說明了幾件事，我根本沒聽說過。

用這種臺詞開頭，通常是為了把「我早就向你說明了這件事」的責任丟在對方的頭上。簡單來說，如果你並非已經知道我現在跟你說的事，那你要麼是笨蛋，要麼就是沒在聽。如果某人用這類臺詞跟你溝通，並說些你並不是已經知道的事，那你可以直接回一句：「我怎麼可能已經知道這件事？」而如此一來，你就把說明事情原委的責任丟回對方身上，而非自己暗自吃了一記悶虧。

你在跟我說話？

「誰？我嗎？」

「你在問我？」

對方也可能把你提出的疑問重複一次，像是：

「我昨晚做了什麼？」

「我有沒有錯過截止日？」

對方如果用問題來回答你的問題，這麼做通常是為了拖延時間，以便有時間想出如何答覆。他們的用意是，如果他們看起來像是被提問混淆，或表現得不喜歡聽見這個問題，你就會重複問一次，不然就是換個方式問，而這能讓他們有寶貴的幾秒鐘思考。

下一次有人做出這種答覆時，你可以自問：「我有結巴嗎？還是現場有我應該提問的其他對象？」如果你覺得對方在拖延時間，而且你知道自己把話說得很清楚，那我建議你回個簡單的「是的」，來表明這就是你想問的問題。

如果對方的壓力程度還不夠高，他們在看著你耐心地等候答覆時，他們感受到的壓力會更大。

我有更重要的事要忙。

「這要花我多少時間？」

「我有更重要的事要做。」

「我沒時間應付這種事。」

「我們談完了嗎？」

有罪的嫌犯常常會對我說這種話，想讓我覺得自己在浪費他們的時間。你回想一下第十章提到的母親虐童案，讓我意識到少婦有罪的線索之一，就是她表現得好像有更重要的事要忙。

雖然不是每個情況都會跟那個案子一樣極端，但如果某人進行「浪費時間」這種策略，這通常表示你提出了他們覺得不自在、不想討論的話題。發生這種狀況的時候，你慢慢來，提出適合的疑問，別覺得時間很趕。

有什麼大不了？

「這件事真的很了不起嗎？」

「我不認為這件事很重要。」

「我們就別把這件事鬧大吧。」

「你誇大了這件事的重要性。」

這種策略是為了壓低某個狀況的重要性或嚴重性。對方知道這件事很重要，所以不想討論你問起的事情。如此一來，他們會表現得是你誇大了，而事實是，他們只是希望你換個話題。別被他們說服，別以為你的提問並不重要。你的提問很重要，所以繼續問下去。

拒絕投入

「我只知道這麼多。」
「大概就這些。」
「我不認為我還有別的能說的。」
「我現在只想得起這些。」
「我現在想不到別的答案。」
「我相當確定我已經什麼都跟你說了。」

受訪者使用這種言語策略，是為了表現得「把知道的都說了」，不然就是想不出還能說什麼。但是「相當確定」「我現在只能想到這些」「大概就這些」之類的臺詞，是為了給自己臺階下，以防之後又出現更多情報。如果出現更多情報，他們可以對你說「啊，是的，現在我想起來了」，或是「你提到這件事的時候，我才想起來」。如果對方給你非常含糊不清的答覆，你就該追問下去，逼他們做出堅定的答覆。如果他們不願意這麼做，就表示有所隱瞞。

隱瞞真相的謊話

「我不知道。」

「我不記得。」

「我忘了。」

「我毫無頭緒。」

人在不想討論某件事時，最常做出這種答覆，我六歲的姪女成了這種策略的專家，因為她發現這麼做能讓人們不再騷擾她。只要她想避開一連串追問，就會端出這句臺詞。

一個人如果想讓你知道部分真相而非完整真相，也會做出這種答覆。他們的記憶力會突然變得模糊又混亂。我有時候把這種策略稱作「我好像得了失憶症」。

雖然偶爾聽見某人說「我不知道」是稀鬆平常的一件事，但請特別注意對方**什麼時候**說這句話。問自己：「他們是真的不知道，還是假裝不知道？」如果他們的失憶症狀是在談到某個令人不自在的話題時發生，你就該提高警覺。

不是答案的答案

問：「你昨晚幾點鐘到家？」

答：「我通常晚上六點左右到家。」

在上述的對話中，答覆者真的有回答問題嗎？一個人如果做出這種答覆，是為了避免給你完整的真相或露骨的謊言。他們雖然回答了你的提問，但其實並沒有做出答覆。他們對你說的是他們平時怎麼做。你如果不仔細聆聽，就可能不會注意到蹊蹺，還以為他們說的就是答案，但以上的例子顯然是避而不答。發問者不是問你**平時幾點到家**，而是明確地問你**昨晚幾點到家**。適合的答覆應該是「我昨晚六點到家」。

假神聖之名

「我向上帝發誓。」

「我以我孩子的名義發誓。」

「我以我已故母親的名義發誓。」

「上帝可鑒。」

重點來了：真相本身是很簡單的東西。但某人試著讓你相信謊話的時候，會付出極大努力。為了幫自己脫罪，他們會訴諸天神、已故的父母或任何親人。老實人並不需要這麼做，而是會給你直截了當的真相。所以，你聽見這些過度推銷時，問你自己：「這個人為什麼這麼努力地試著說服我？」

遭逢巨變

「教授，很抱歉，我沒寫完報告，因為我姨媽死了。」

「我爺爺家失火。」

「我的狗被車撞。」

為了逃避截止日或責任，有些人可能會瞎掰一些重大災變，這種藉口也能讓發問者感到愧疚而不再追問。

親戚過世是常見的藉口，而且通常是遠親，因為說謊者不會想扯到近親，否則這會與自己太密切相關。另一個藉口是得了流感而躺在家裡、病得半死。我早已記不清我有多少學生突然失去親戚，不然就是在即將考試或交研究報告前生了重病。

當然，悲劇真的會發生，但就和所有的言語線索一樣，請務必注意一個人是用什麼方式、在什麼時候說出某句話。

你難道不知道我把自己當成什麼樣的人？

「我可是有婦之夫，才不會劈腿！」

「我可是醫生，才不會拿自己的職業身分冒險。」

「我可是公司總裁，才不需要偷竊。」

「我可是虔誠信徒，才不會背叛任何人。」

一個人覺得你應該考慮到他們的地位、別再追問時，就可能端出這類的藉口。他們可能會把自己的身分當成免死金牌，要你別給他們冠上罪名。

咱們再回顧一下第一個例子：「我可是有婦之夫，才不會劈腿。」就因為某人結了婚，並不表示他們絕不會劈腿，有些人結了婚還是天天偷吃，這兩者之間並沒有因果關係。你聽見某人拿自己的身分來說服你相信某件事時，請務必問你自己「為什麼」，然後問對方「你的身分為何重要？」。

你在找我麻煩。

「你在找我麻煩，因為你不喜歡我。」（小孩子最愛用這招。）

「你在騷擾我。」

「你這麼做，是因為我的種族／性別／宗教／性傾向。」

對方可能會用這種策略來嚇退你。有些人是在即將遭到懲罰或責備時說出這種話，來避免面對後果或敏感談話。很多人確實因為一些因素，而在公私兩方面遭到歧視，但事實是，**任何性別、種族、宗教的人都可能犯錯並說謊**。「指控某人犯錯」是很常見的事，所以有人用這種策略來操弄你時，請多加注意。

強力否認

「我在回家的路上絕對沒有去酒館喝一杯！」
「才沒有！我絕不可能做這種事！你竟敢這麼問我！」
「絕對沒有！我才沒做出那種事！」
「我鄭重否認你剛剛說的一切。」

對方強力否認，是為了猛烈又戲劇性地消除你對他的任何懷疑。但別忘了，真相向來簡單。人在說實話時，通常會直截了當，而且就事論事。

問：「你在回家的路上有沒有去酒館喝一杯？」

答：「不，我沒有。」

老實人知道自己有做什麼、沒做什麼，所以不認為需要努力說服你相信真相。

表達誠實的修飾語

「說真的，我在那裡沒看到她。」
「老實說，我從沒去過那個地方。」
「這個嘛，我跟你講真的……」

除非某人平時就很愛用這類修飾語，否則你應該把「說真的」和「坦白說」這類言詞視為警訊。這種字句基本上是在說：「別相信我在這一秒之前說的任何話，我是從這一秒開始才對你說實話。」這種臺詞是過度努力的反應。實話並不需要修飾語。

別相信我。

「說出來你也不會信。」

「你一定會覺得這聽起來很瘋狂，不過……」

這也是那種沒必要的強力推銷手法。你一聽見這類臺詞，就該懷疑對方接下來的說詞有多可信。如果事情真的有發生，我為什麼不會信？你為什麼認為我不會信？以這種臺詞開頭的故事八成有問題，所以你最好抱持懷疑態度。

「相信我。我知道我在做什麼。」

你每次聽見有人說出這種話，無論對方是理財顧問、汽車推銷員，還是來幫你修理水管漏水的親戚，你最不該做的就是信任他們。例如，你問理財顧問打算怎樣為你的金錢做投資安排，他沒說明投資策略，而是回你一句「相信我，我知道我在做什麼」，那你最好帶著你的錢快逃。

噢，順道一提……

「噢，順道一提，那份報告的截止日是明天。」

「噢，忘了告訴你，我下星期需要請幾天假。」
「噢，在你離開之前，我能不能借你的車？」

你如果跟某人聊了一段時間，他們在談話即將結束前說起別的話題，那你可以認定這才是他們最想跟你討論的話題。有些人利用這種策略，在最後一分鐘塞進一項請求，或趁你卸下心防的時候揭露某個重要情報。如果某個同事或朋友習慣這麼做，你可千萬要堅持聽到最後一句，別中途就卸下心防。

第三人稱

「喬・史密斯是個老實人。」
「貝蒂・瓊斯才不會做那種事。」
「約翰・戴維斯已經不是那種人了。」

如果某人用第三人稱來稱呼自己，這就是所謂的「第三人稱自稱」（illeism）。在我的經驗裡，這通常有兩種可能：

1. 這個人是自戀狂。自戀狂常常會用浮誇、戲劇化的方式來談論自己，而使用第三人稱來自稱，絕對屬於這種行為。

2.這種人是為了推卸責任，在「自己」和「自己的行為」之間拉開距離。想像一下，某個劈腿狂說：「約翰・戴維斯已經不是那種人了。那傢伙偷吃過，可是那個人不是我。」首先，他還是那個人，他並沒有變成別人，只是希望你這麼相信。再來，他試著操弄你對「現況」以及「他扮演的角色」的理解。別上當。

這裡的結論很簡單：如果有任何人用第三人稱來談論自己，那你最好離他們及其「第二自我」（alter ego）遠一點。

動詞時態

「結果，我撿到這個皮夾，裡頭沒錢。」

「這傢伙走到我面前，開始朝我揮拳。」

「我走路去上學的時候，突然吹來一陣風，把我的作業全吹走了。」

真實的故事活在過去。我這麼說的意思是，一個人在回想已經發生的事情時，會使用過去式。所謂的回想，是我們描述在腦海中回憶起來的事件順序。

你在捏造謊言的時候，是在「現在」這麼做。如果某人說故事時，從過去式切換成現在式，請提高警覺。「我撿到（find）」vs.「我撿到了（found）」、「走來朝我揮拳（walks up and starts punching）」vs.「走來朝我揮了拳（walked up and punched）」、「吹來一陣風（wind blows）」vs.「吹來了一陣風（wind blew）」。如果動詞時態不是過去式或是描述的方式不像已發生的事，就可能是警訊，因為敘述者是邊說邊捏造細節。你這時候該提出詳細的疑問，來判斷敘述者回想的是不是實際發生過的事件。

為什麼「我」很重要

「愛你。」

「要去買東西。」

「八點左右到家。」

一般人在描述自己的時候，都會用到「我」這個字，這是為了表達對自己的行為的所有權。一個人如果避免使用「我」，就可能是為了跟自己在說的話語拉開距離。想想「愛你」和「我愛你」之間的差異。少了「我」，這句話聽起來就缺乏誠意。當然，這年頭傳簡訊常常這樣省略，但在對話或長篇信件中，如果對方不使用「我」，你就該提高警覺。

事實上，「我」應該每十六個字左右就會出現一次，所以請留意這個字的過度使用或不足。一般來說，過度使用意味著這個人可能是自戀狂或憂鬱症（滿腦子想著自己），而過少使用則表示缺乏投入感。

沒有答覆也是答覆

「……」

你如果問某人一個很直接的疑問，像是「你有沒有偷我皮夾裡的錢？」，對方卻明顯延遲答覆，這就可能是重大警訊。F3反應啟動時，人可能會僵住而沉默不語。這意味著這個話題給他們造成了重大影響，他們可能無法思考，更無法做出言語答覆。說實話應該不需要多加思索，所以如果對方有所停頓，請多加注意。

第十三章

人們如何判讀你

想獲得好名聲，辦法就是努力成為你想呈現的那種人。

——蘇格拉底

第一印象不會來兩次

「重要的不是外表，而是內在。」我雖然同意真正的力量來自內在，但人們第一眼見到的還是我們的外表。話雖如此，你如果看見自己走進某個場合，你會怎麼想？你認為人們看到你的時候會做何感想？在這個章節，我們將探討如何讓你顯得更坦率、敏銳又自信。

你每天都在控制自己的形象。辦法可能很簡單，像是你有沒有梳頭？有沒有把襯衫燙平？你的鞋子是否閃閃發亮？你的牙齒是否乾乾淨淨？你站在鏡子前，看起來是儀容端莊還是儀容不整？

研究發現，人們只花幾秒鐘就會對你的能力和成熟度形成看法。你是他們能信賴還是想避開的人？第一印象形成後，就幾乎不可能改變。你如果明白這點，就請花些心力和時間來塑造你給世人的第一印象，這會讓你的人生輕鬆許多。

我開始上電視後，才明白髮型師和化妝師要花多少時間在我的造型上。我不禁心想：老天，我今天出門的時候看起來真有那麼糟？但我意識到，這不是問題所在。幾縷頭髮亂翹，這在日常生活中也許不算什麼，但在電視上就會讓觀眾覺得你很邋遢、準備不周。重點不是讓我變得美美的，而是確保電視機前的觀眾不會被我的外表影響，而是能專心聽我要說什麼。

話雖如此，我們也應該注意我們在旁人眼中的形象。這不表示你應該在去附近的咖啡館前花一小時為妝容做準備，至少我絕不會這麼做，而是表示，當我們知道自己的外表會成為目光焦點的時候，例如參加董事會議、面試，或上臺演講，也許這種時候不適合嘗試新時尚、化妝風格，或誇張的領帶。我們的外表能吸引大量注意力，但不一定都是好的注意力。

你的衣服能讓人們對你的觀點造成強大影響，所以選衣服時，請務必考慮到你的觀眾。例如，你準備對一群高級經理發言，你如果選擇一身鮮豔衣服，這可能會影響你的專業形象，也降低你對他們的影響力。但在另一方面，如果你是小學老師，鮮豔衣物大概是好選擇，因為孩童就是喜歡五顏六色。隨著場合不同，也會有不同版本的你，每一個的外型可能都不一樣。

我們擔任護衛部特務時，通常都穿西裝。但不是什麼西裝都行，而必須是深灰色、深藍色或黑色，襯衫則不是白色就是淺藍色。我們的外表沒有任何浮誇之處，而這就是重點。我們出任務，不是為了吸引目光，而是融入背景，卻還是要讓人們知道我們的存在，更重要的是**感覺到**我們的存在。深色西裝和素色襯衫讓我們顯得專業、嚴肅而且強大，再加上一副黑框墨鏡，就成了經典的特勤局造型。這種造型並非偶然，而是為了產生威嚇效果。特勤局知道我們的外表會對民眾產生直接的心理影響，而若使用得當，這就能成為對抗大量潛在威脅的另一層保護措施。

我們身為探員，總是在扮演某種角色，也需要用最有效的方式來傳達這個角色。因為特勤局的訓練，我不用說一個字，就能透過衣著和儀容來強烈地傳達我是誰、我不是誰。在那個角色裡，我強大又令人生畏，我不好惹。

每個版本的**你**，都傳達出不同的訊息。你能夠（也應該）影響自己的外表，來反映你想傳達的訊息。你在決定外型時，問你自己：「我的觀眾是誰，我試著表達什麼？」

掌握你的撲克臉

你在試著判讀人心時，會希望對方侃侃而談，所以就算你不喜歡對方說些什麼，也最好不要公然批評。人在覺得受到批判時，就會豎起高牆，開始過濾自己的言行舉止，小心選擇應該對你說什麼、不該說什麼。在某些狀況下，他們可能會完全封閉，而如此一來，你就沒辦法準確地判讀他們、蒐集需要的情報。

我最早學到的一個談話技巧，是隨時注意自己的表情和肢體語言。因為我知道我溝通的對象也在判讀我，所以我必須維持這種自我認知。他們不需要知道我在想什麼，但我需要知道他們在想什麼。

擁有一張高明的撲克臉，重點不只是在談話時毫無情緒地坐在那兒，而是掩蓋自己真實的感受，同時蒐集你需要的細節。所以，請專心聆聽，並禮貌地點頭，鼓勵對方說下去。

確保你全程都在專心聽，並注意你的表情和姿勢可能洩漏什麼訊息。不要翻白眼，不要咬牙，不要雙臂抱胸。這些微妙的舉動都可能讓人們停止溝通。你該做的，是維持柔和的表情，放鬆的姿態，而且俯身向前，表現得你真的很在乎他們在說什麼、你真的很想在這裡，就算你其實不想。確保自己顯得積極、對對方感興趣，但不洩漏任何跡象，而是邀請對方對你推心置腹。

不只我這種專業訪談者，許多重要人物也使用這種策略，《時尚》雜誌的主編安娜·溫特就是一例，她只要一道眼神就能建立或破壞某人的職業生涯。她坐在時裝秀的前排座位時，都會戴著墨鏡，這麼做是因為她不想讓人們知道她在看什麼、她對模特兒身上的衣服有什麼反應。

你的肢體語言＝人們對你做何感想

坦率

試著透過別人的眼睛來想像你現在的姿勢。你看起來坦然？友善？自信？你可以做些什麼樣的調整來改善？

先讓自己看起來更坦然，別雙臂抱胸，別蹺二郎腿，別闔起掌心。手別插進口袋；你如果坐在某人對面，可以把雙手放在桌上。抬頭挺胸，別駝背。你如果顯得友善又放鬆，你的談話對象就會自然而然地發覺這點，而且應該會模仿你（我會在第二十一章詳細說明）。因為你在試著判讀某人之前，會先觀察對方的基線反應，所以能讓人放鬆是個重要技巧。

目光接觸

你看著對方的眼睛時，對方也更可能信賴你，這麼做表示你投入這場談話，對談話對象想說的事很感興趣，而且他們值得你的時間和精神。請讓你在判讀的那人覺得，他在你眼中很重要。而看著對方的眼睛，你就能有效傳達這個訊息。

康乃爾大學曾進行一項研究，研究人員觀察玉米片紙盒上的卡通人物如何影響消費者對該品牌的感受。該研究使用了「Trix」玉米片的吉祥物「兔寶寶」，一共有兩種版本。

第一個版本，兔寶寶低頭看著一旁的玉米片。第二個版本，兔寶寶直接看著消費者。研究發現，兔寶寶看著消費者的版本，讓消費者覺得更值得信賴、產生默契，這表示我們多麼重視目光接觸。

坐立不安

你如果發現某人坐立不安，這可能表示對方感到焦慮或緊張，同樣的，這個道理也適用在你身上。你如果注意到，你在即將進入一場談話時很緊張，試著深呼吸或冥想，先讓自己冷靜下來。你的目標是傳達輕鬆又坦然的姿態，所以談話時別扭來扭去，別摳衣服上的線頭，別拉扯勾轉頭髮，不管是頭上還是臉前的髮絲。別玩筆或手邊的其他東西。這些行為不只表達緊張，也讓人分心，甚至可能惹惱你談話的對象。

屏障

如果可以，請移除你跟別人之間所有的物理屏障。桌椅不僅讓你難以判讀談話對象下半身的肢體動作，也讓你和你的觀眾之間產生隔閡。我每次要教課，或受邀對一大群人演講，我做的第一件事就是從講臺後面走出來，因為我知道講臺會形成「我對抗他們」的氣氛。我希望我的話語能觸及聽眾，好讓他們覺得跟我產生了默契、我們是合作關係。

對很多人來說，公眾演說會造成相當大的壓力。他們會花幾小時甚至幾天時間，記住無數事實和資料，希望這能讓他們顯得能力充分。但你知道嗎？一般人在聽演講時，會因為分神或覺得無聊，而聽個三分鐘就不再聽了。想維持人們的注意力很長一段時間，是個挑戰。這就是為什麼「跟你的觀眾建立默契」，其實就跟「你擁有多少學識」一樣重要。

就算在較為私下的場合，人們還是喜歡用屏障來遮住自己的身體。有些人會把手提包放在膝上，有些人會使用筆記簿、履歷表或板夾。這些物體都會產生距離感，甚至讓人覺得你好像在隱藏什麼。無論你是在面試、推銷還是初次跟某人見面，請記得讓對方能看見你整個人。

仔細考慮一下，你試著透過自己的外表來傳達什麼，還有這將如何強烈地影響你的訊息的有效性。

第十四章

重點不是說什麼，而是怎麼說

你希望人們把你當成哪種人，你就該表現得像哪種人。

——蘇格拉底

別端出錯誤版本的「我」

我在離開特勤局後，最先獲得的工作面試之一，是福斯新聞臺給的。當時的我對電視臺了解得不多，也不太懂得如何推銷自己的貢獻能力。我那時候是有點天真，以為自己的履歷表和專業經驗就夠吸引人。

我的受訓方式接近軍事文化，以近乎恭敬的態度對待上級，遵循指揮，我被訓練得尊敬階級制度，避免暢所欲言，在工作時大多數的臺詞都是「是，長官」「不，長官」「我會的，長官」。我剛卸下總統護衛的身分後，更是放大了這種行為。身為探員，我應該融入背景，所以我說話輕聲細語。總統接受拍照時，我會刻意避開鏡頭，以免跟總統出現在同一幅畫面上。我的職責是保護、捍衛總統，但同時盡量低調。我的存在應該是能被感覺到，但不該被看到。

所以，當我遇到比爾．夏恩，福斯新聞臺當時的高階主管時，我還是保持這種心態。我豎耳聆聽，態度恭敬，說話淡然又平靜。我以沉著的態度和清晰的口齒來展示我所有的成就時，像是我的學位、我會說的語言、我是受過訓練的偵訊員。這一定是很受歡迎的記者能力吧？

結果事實證明，特勤局人格不太適合電視臺。

面試結束的一星期後，我的經紀人告訴我，福斯電視臺沒選我。我問為什麼，她說他們沒說明原因。我困惑不已。我哪裡做錯了？

我想找出原因，加上反正這份工作已經泡湯了，所以去問清楚應該也無妨。我決定打電話去，直接跟他問清楚。

「喂？夏恩先生，我是伊芙．波普拉斯，您曾代表貴電視臺面試我。」

「是的……」他顯然因為我突然打來而有點不安。

「先生，我的經紀人說您沒選我。」

「是的，正確。」

「我能不能問為什麼？」

他沉默片刻。「我們只是覺得妳可能不適合這裡。」

「夏恩先生，我能體諒您的外交辭令，但這對我來說沒幫助。我需要知道自己哪裡可能做錯了。您沒選我是有原因的，而我想知道原因。」對方沒說話，所以我說下去：「如果能知道原因，我以後去其他地方面試時，就能糾正或調整我表現自己的方式。我會很感激您的意見回饋。」

「聽著，」他說：「我相信妳很堅強。妳曾是探員，做過很多了不起的事，可是妳並沒有散發這種特質。妳表現自己的方式並不符合妳的身分，而這在電視上會是個大問題。妳看起來很……『demure』（一個我沒聽過的詞），而且……妳的聲音，妳必須改善這方面，妳的聲音需要更堅強、更低沉，妳需要聽起來像知道自己在說什麼，這樣才能抓住觀眾的注意力。人們不只聽妳在說什麼，也在聽妳怎麼說。噢，還有妳說話的方式。」

「我說話的方式？」

「妳從哪來的？」他問。

「我來自皇后區。」

「嗯，聽口音也像，但我有聽見另一種腔調。」

「我是希臘裔。」

「妳必須解決這兩個問題。妳的腔調對電視來說太重了，妳需要學會沒有腔調的美式發音，這樣才能讓全國各地的觀眾願意聽妳說話。」

「好，」我說：「謝謝您的誠實意見。」

「不客氣。」他回話。

我立刻掛了電話，打去威廉埃斯柏工作室，我在那裡上過戲劇課。我向來熱愛藝術，我在大學時副修美術，在紐約市擔任探員時，曾參加一個為期兩年的專業演員課程。這個學校不只提升了我的演技，也讓我更擅長臥底工作。接電話的是萊斯，是我的好朋友，也是個演員，負責工作室的營運。

「Habibti！」他朝電話呼喊。這個字在阿拉伯語的意思是親愛的。

「嗨，Habibi。」我回話。這個字的意思也是親愛的。「萊斯，我需要你幫忙。」

「儘管說。」

「我得改善我的聲音，還有我的腔調。」

「沒問題。我花了好幾年的時間消除自己的腔調，我會幫妳，親愛的。我會跟這裡的正音老師談談，請人家給妳上幾堂課。」

「Shukran，萊斯。」這個字的意思是謝謝你。

「Afuan，親愛的。」意思是不客氣。

我掛了電話後，上Google搜尋「demure」這個字。和比爾·夏恩通了電話後，我就一直在想著這個字，就算我根本不知道這個字是什麼意思。從來沒人用這個單字形容我。

我找到的是：

Demure（形容詞）矜持

（形容女子的姿態或行為）保守、端莊、害羞。

同義字：莊重、不出風頭、柔順、溫和、文靜、局促不安，羞怯、膽小、戰戰兢兢、怕羞。

搞屁啊！我才不是這種人。他竟敢說我是這種人？

但是……我回想那場面試，試著透過他的眼睛來看我自己。我當時確實很文靜，過度恭敬，依然把自己當成部屬。他對我說的話雖然令我心煩，但確實是實話，那就是他看到、聽見的真相。

我慢慢意識到自己犯了兩個大錯：

1. 我把錯誤版本的「我」帶去這場面試。「在特勤局服務的伊芙」不是我該在電視上呈現的自己。
2. 我的聲音。我在特勤局時，除了保持鎮定又文靜的舉止外，從沒認真想過自己的聲音和說話方式。我不僅從沒試著練出更有力的嗓音，還收斂了說話的方式。

因為特勤局吸引的大多是所謂的A型人格，而且絕大多數都是男性，再加上徽章和佩槍，你能想像大家的競爭意識有多激烈；此外，在當時的總統護衛隊當中，大概只有百分之二是女性。跟這個圈子打交道很不容易，更別提面對其他執法人員或軍事人員時，尤其考慮到有些任務是由我發號施令，我不想成為男同事眼裡的母老虎（他們就是這樣看待一些更為強悍的女同事），所以我養成習慣，說話輕聲細語，以免激怒同事。很遺憾的，身為這個圈子的女性，「態度堅定」就會被當成「凶巴巴的婊子」。

我雖然是出於具策略性的合理原因採取這種工作性格，但是福斯新聞臺的面試教了我，我這種「矜持」個性對我的電視生涯沒幫助。重點不是改變個性，而是強化我真正的聲音。

找到你真正的聲音

我們說話時會發出聲音，但我們也另外有個「真正的聲音」。

你正在使用的聲音，可能不是你真正的聲音，而是你隨著成長而採用的聲音。這個聲音能表達你多麼充滿（或缺乏）自信，你的不安、恐懼和擔憂。塑造這個聲音的因素，大概是你的種族、文化、民族背景和性別。例如，女孩子的聲音通常會被塑造得更柔和羞怯；相反的，男孩子會被教導成說話大聲點。塑造我們聲音的人事物，包括我們的父母、我們從小生長的街坊、我們去的學校，還有我們周圍的人是關愛還是欺凌我們。影響我們聲音的，甚至可能是社會經濟因素，或是我們正在經歷的沉重壓力。

你使用的聲音，集合了塑造你的不同因素。正如你的身心靈，你的聲音也需要營養，但這通常是我們最容易忽略的部分。一般人更注意自己的話語和外表。我們在寫演講稿時，會重複練習每個句子，並記住重點。我們會注意自己的衣著，注意我們在世人眼中的形象，卻很少注意到我們是用什麼「方式」來讓自己被世人聽見。而我們的副語言就是在這時候發揮重要性。

副語言是什麼？基本上，這個領域是研究「文字」以外的言語溝通方式。重點不是我們說什麼，而是怎麼說。副語言包括我們使用的腔調、曲折變化、音高、音調、說話的速度，還有音量。一般人很少訓練自己的聲音，所以我們在這方面養成的習慣大多出於潛意識。

研究自己的副語言，是自我評估的大好機會。你如果開始分析自己的「聲音習慣」如何反映自己的人生或經驗，就能有意識地選擇想保留其中哪些要素，想改變哪些要素，無論內外。

你有沒有試過把自己的聲音錄下來，聽的時候覺得「我的聲音聽起來才不像這樣……吧？」。你如果覺得「你聽見的聲音」跟「你認為自己該有的聲音」不一樣，這表示「你使用的聲音」跟「你本人」之間有差異。這不是你真正的聲音，而可能是你從小被教導該使用的聲音，可能是你為了因應有施虐傾向的父母，或令人焦慮的兄弟姊妹，而學習使用的聲音。

你有沒有聽過某人說起傷心的童年往事時，聲音突然變得更高、更年輕？這種事可能發生在小時候經歷過創傷的人們身上。這些人無法控制自己的副語言，所以在非常脆弱的時候，會表現出年輕、受傷的那一面。他們是透過「年輕的自己」的眼睛（和聲音）來回溯那一刻。

我們也深受周圍的人影響。我們會從別人身上學到習慣，包括音調、音高、曲折變化和速度。我和母親相處時，注意到自己會模仿她的一些說話方式，這完全是本能，而且我丈夫常常指出這點。但我們每個人偶爾都會這麼做。你如果想讓同事或朋友對你刮目相看，可以試著模仿他們的說話模式或風格。

你如果想更注意到周圍的副語言，該做的第一件事，就是判定你說話的習慣是從哪裡發聲。講話帶有鼻音的人，通常是從鼻孔發音。如果是從喉嚨深處發出聲音，聽起來會比較低沉，也比較壓抑。如果是從胸腔發聲，聽起來會比較高，而且帶有呼吸聲。有些人是從腹腔發聲，聽起來更低沉響亮，共鳴也更強勁。

我原本習慣從喉嚨出聲，後來訓練自己從腹腔發聲，這讓我覺得更能表達自己的力量。

你可以試試看以下的練習：分別從鼻腔、喉嚨、胸腔、腹腔說話，並判斷哪種聽起來最像你平時的聲音，然後判斷你覺得哪種音調感覺最好，並練習從那個部位說話，好讓你傳達最有力的聲音。

旁人對你的聲音做何感想

邁阿密大學的凱西．克羅斯塔教授，曾研究二〇一二年的總統大選，勝選者和敗選者的聲音特質有什麼樣的差異。該研究發現，在參選的四百三十五名候選人當中，音高較低的人更可能勝選。在另一項研究中，克羅斯塔發現研究對象比較喜歡音高較低的候選人，音高較低的女性聽起來更堅強自信，也更值得獲得你這一票。

幾所大學在二〇〇二年合力進行一項研究，調查「外科醫師的說話音調」如何影響外科醫師因醫療過失而被控告的可能性。研究人員聆聽了每一名外科醫師四十秒長的說話片段，發現音調聽起來較為強勢、冷淡或欠缺同理心的人，會被當成冷漠的人，也更可能挨告。相反的，外科醫師的音調如果聽起來更為溫暖，溝通方式更專業，挨告的機率也比較低。

很顯然的，聲音和說話方式扮演重要角色，會決定世人如何看待我們，也能決定我們能否成功。我們常常不知道自己的副語言揭露了什麼，不知道我們的聲音在別人心目中留下什麼樣的印象。為了讓你在這方面更了解自己，我們現在來分析一些最常見的說話習慣，這些習慣能削弱或改善你的說話效果。

說話速度：快vs.慢

說得快：傳達「緊張」

你如果發現自己說話很快，聽起來就會像你急著把話說出來。這會讓人們以為你不想占據他們太多時間，因為你覺得自己想說的事情不是很重要。

說話快，就更可能說錯話。你可能會說出你沒事先想好的字句，結果說出來之後才後悔。

總之，說話快可能讓人覺得你很緊張、口條不夠流利。

說得慢：傳達「力量」

我指的不是美國南方那種慢條斯理的腔調（無意冒犯南方的朋友），但你如果放慢說話速度，就能讓自己有時間思考。這不僅能讓聆聽者跟上、消化你說話的內容，也能讓你有時間整理自己的想法，並有條有理地說出來。

說得慢，也能傳達出「我這個人和我的想法很重要」這個訊息，能傳達自信，讓人覺得你想說的話很重要，而且你值得聆聽者付出時間。歐巴馬總統在這方面是個好榜樣。受護者從某個地點移向另一個地點時，探員會透過無線電通知全員，確保護衛隊的每個成員都知道。但在保護歐巴馬總統時，這麼做幾乎沒意義，因為我們總是能聽見他的聲音。例如，他從白宮的西廂辦公室走回居住區時，他的嗓音會響遍迴廊。

他在演講或進行任何談話時，說話從不急躁。你覺得歐巴馬總統在黃金時段的電視上演講時，會擔心「我最好說快一點，以免妨礙電視臺播放《實習醫生》」嗎？當然不會。他會慢慢來，因為他知道他的話語很重要，而且值得說出來，而這種心態讓他成了非常強而有力的演說家。是的，我知道他當時貴為美國總統，他想說的話當然重要，但重點不是**他是誰**，而是他選擇**用什麼方式說話**。你不需要成為世界級領袖，也能在說話時表達決心。

宣言式演講

一段聲明的意義和力量，不是由聲明中的文字來決定，而是說出來的方式。人在感到不確定或不安時，常常會在句尾提高音調，簡直就像在問問題，而不是做出宣言性質的聲明。我用一句強力、廣為人知的話來舉例，回想一下這句話原本是怎麼說的：「我有一個夢想。」

現在，想像一下，如果句尾提高，這句話的份量會不會改變：「我有一個夢想？」不再那麼有力了。

這就是宣言式演講的力量。這表示你有話要對這個世界宣布。你如果在說出口的時候充滿自我懷疑，就會破壞這句話的份量。請賦予你的話語值得擁有的價值和份量，帶著力量和決心把話說出來。我們常常會害怕說錯話或犯錯，結果不敢為自己的想法和構想負責。

常常有女性朋友跟我說，她們在會議中分享某個想法，結果男同事當場奪走這個點子，後來搶了功勞。想解決這種問題，你就該用發表宣言的熱忱態度把話說出來，在說話時表達為這個宣言負責的決心。

少用填補詞

呃。就像。所以。你懂的。算是。這個嘛。

這些是填補詞。我們在不知道該說什麼的時候會使用它們，以便爭取時間。沒錯，這能有效地讓你在思考時爭取時間，但也會減少你話語的份量。

無論你說了什麼，幾乎都會被填補詞削弱重要性。請不要倚賴它們來爭取時間思考，而是善用有效傳達想法所需要的時間。

你如果希望人們尊重你，就該發出值得他們尊重的聲音，別使用「呃」和「就像」之類的填補詞。

順道一提，你如果放慢說話的速度，大概就不會需要填補詞。

沉默

一般人都對沉默感到不自在。美國人似乎尤其如此，我們把沉默視為必須消除的問題，而非可以使用的工具；我們認為一場談話中所有的空白片段，都必須塞滿字句。所以我們隨口說幾句，說些不太重要的字句，重複剛剛說過的東西，或是使用更多填補詞。

但如果使用得當，沉默也能成為最有效的工具之一。它有兩個功能：首先，它讓你在開口前有時間思考，好讓你能有效地停頓、選擇字句。這會讓你的演講聽起來更經過深思熟慮、仔細推敲。第二項功能，是讓聆聽者有時間吸收你說的話，而不是被你的隨機思緒淹沒。你給他們的，是一個充滿意義、經過整理的想法，而不是想到什麼就說什麼。這表示你的訊息能引起更好的共鳴。你如果說出某個想法後，先放置一段時間，聆聽者就能體會到你說出這段話的重要性。相反的，你如果滔滔不絕，重複同一句話多次，或是加入不必要的細節或評論，這會讓你的發言減輕份量。

大聲說出來

如果你在說話，但沒人聽得見你的聲音，那你開口還有什麼意義？嗓門太小，會讓人覺得你忐忑不安，或是你害怕說出自己的想法。相反的，你如果說得大聲又清晰，傳達出來的訊息就是「我值得被聆聽」。請三不五時檢查一下自己的嗓門，尋找當中的規律，像是你在跟某些人說話的時候，是不是嗓門特別小？這些人是不是曾經傷害過你，還是對你造成威嚇感？你在某些狀況下是不是會變得比較沉默？我們不敢大聲說話，很多時候是因為情緒方面的阻礙，所以你如果覺得這一直是個挑戰，也許該花點時間查明你不敢大聲說話的原因，看能不能解決情緒方面的問題。

你的聲音聽起來究竟像什麼

你在談話（或是演講、朗讀新聞或書籍）的時候，把自己的聲音錄下來，然後聆聽。你的聲音聽起來如何？有沒有太高？太輕柔？你是不是每句話的句尾都有提高語調？你說話是否散發熱忱和威嚴？你聽起來是否散發自信，還是顯得不安？

如果你的反應是我討厭我的聲音，我聽起來真糟，我沒辦法聽我自己的聲音，那你就該開始修正這個問題。

如果你的聲音裡有什麼是你不喜歡的，請把它記錄下來，然後試著換個方式說。

找出你想改變的部分，但一步一步來。例如，如果說話速度太快，使用很多填補詞，而且音高太高，請不要試著同時解決所有問題。改變說話的聲音其實需要耗費大量心力，因為這些行為大多出自本能或潛意識，而且你大概已經維持這種說話方式很久了。

所以，先挑一項開始著手，例如，試著放慢說話速度，花一個月的時間專心調整。養成習慣需要二十八天左右，而這就是我們的用意：改變你的副語言習慣。在你有效改變其中一個習慣後，再開始改變下一個。

有準備，就有自信

身為教育者，我希望我的學生不只在學業方面有所表現，也能在大學畢業後的人生有所成就。所以，我不是叫他們寫研究報告，而是要他們在全班面前做口頭報告。

我的每堂課長三小時，班上平均有三十五個學生，所以每個人有五分鐘的時間演講。大部分的學生都對在同學面前演講這件事感到不自在，但我知道，幫助他們培養演講能力，對他們的未來大有幫助。在演講時，我很快就能看出哪些學生有做好準備。他們在表達想法時，聲音是否充滿信心，一聽就聽得出來。學生如果熟悉自己的資料，就會說得比較慢，揭露內容的方式也更為有條不紊，會讓你覺得他們就是演講某個話題的專家；他們就算覺得緊張，也依然散發自信。

準備較差的學生，在演講時會比較匆促，因為說話太快而結巴，會使用許多填補字來隱瞞自己的準備不足。他們的句子聽起來像問句，演講充滿不安，這就證明了他們準備得不夠充分。

我通常能在每個學生演講結束後的「問答時間」確認這點。說話說得快的，在回答問題時通常會掙扎一番，因為他們對研究項目不夠熟悉。同樣的，準備充分的學生，作答時通常更詳盡又自信。

少就是多

很多人常常跑來問我，怎樣才能讓他們在辦公室的發言更有份量。他們認為，如果在每一場會議上都開口說話，在同事當中就更能取得存在感。

但有個問題：人們只在你言之有物時才會聆聽。如果你說話只是因為你覺得應該要說話，這麼做還有什麼意義？說話其實並不會讓你的話語更顯得重要。如果你提供的不是重要又珍貴的訊息，同事就會發現你說話純粹因為自大或不安。你說話是為了自己，不是為大夥討論的話題做出貢獻。

就我個人而言，我參加會議時，大部分的時間都沒開口，而是聆聽。有時候我沒有什麼話想說，沒有什麼要貢獻，不然就是已經有人說出了我想說的話，這種事會發生。我在離開會議室時，不會覺得生氣或惱火。記住，你走進會議室，是為了學習、取得情報，這才是最重要的。我再重複一次：你聆聽的時候，學得更多。之後，當你決定說話的時候，就能用更睿智的方式表達。況且，平時寡言的你，一旦開了金口，其他人就會越看重你的貢獻。

第十五章

偵測謊言

星辰從不說謊，但是占星師會拿它們對你胡說八道。

——古希臘吟遊詩人，荷馬

說謊很辛苦

自古以來，人類就一直在尋找揭穿謊言、得知真相的辦法。例如，在西元前五百年的印度，祭司會要求嫌犯進入一座昏暗的帳篷、拉扯一頭驢子的尾巴。祭司認為，驢子被拉扯尾巴時如果發出叫聲，就表示嫌犯有說謊；如果沒發出叫聲，就表示嫌犯說的是實話。但嫌犯不知道的是，驢子的尾巴上沾滿煤灰，所以如果嫌犯走出帳篷後，被發現雙手依然乾淨，祭司就會知道嫌犯未曾拉扯驢子的尾巴，也會因此判定嫌犯有罪。

現代的測謊技術，則是透過測謊機以及評估非語言行為之類的技巧。

這幾年，透過社會、心理和神經學領域的持續努力，研究人員有了重大發現：透過人們使用的語言來測謊。這項發現很少被討論，更沒人發表相關文章，直到最近。

我在這裡不僅會討論這項發現，也會詳細說明這套辦法的原理與效果，還有你能如何使用這套測謊技術。

我們已經探討了讓人們自由談話、不予干擾的重要性。避免打擾說話者，是為了避免干擾他們「邊思考邊說話」的認知能力。每個人都有認知能力，但這是一項有限的資源。想像一下往浴缸裡放水，浴缸雖然能裝很多水，但你如果放太多，水遲早會滿出來而濺到地板上。大腦承載資料的方式也一樣。認知能力，就是我們能接受並了解知識的能力。我們能同時吸收並處理一定數量的資料，但就跟浴缸一樣有限制。接收的資訊量一旦過載，我們處理多筆資料並同時執行某些工作的能力就會消失。

舉個例子：一般人在上小學一年級的時候，都能順利地背誦英文字母表。那麼，我請你進行一個小小實驗，能讓你更了解「認知負荷過載」是什麼感覺。

請你站起來，大聲從A到Z背誦英文字母。

還挺簡單的吧？這是很簡單的認知工作，你很熟悉英文字母表，以前應該背過很多次，這對你的大腦來說不算複雜。以一到十分的難度來說（十分最困難），一般人會覺得難度大概是一或二。

接下來，我要你邊走邊背誦英文字母。稍微難一點了嗎？也許對某些人來說是比較難。你有沒有聽過「人沒辦法邊走路邊嚼口香糖」這句話？這句話其實是指笨手笨腳、欠缺協調能力的人，這種人的認知能力在一心多用這方面相對較弱。

你如果覺得邊走路邊背誦英文字母很簡單，那我現在提升難度。請你走路，大聲背誦英文字母，同時不斷拍手。比較難了？是比較難，但也沒難如登天。走路、拍手、背誦英文字母，這三樣都是你從小就能分別執行的項目，所以，雖然你平時不會合併這三樣（除非你是幼稚園老師），但同時執行也不會太過困難。這在認知難度上大概五分。

接下來的部分很有趣，而且跟測謊有關：我要你再次進行這個測驗，但這次邊走路邊拍手，同時試著「倒背」英文字母，也就是從Z開始背到A……慢慢來，我等你。

比較難？沒錯，難很多。為什麼？英文字母還是那二十六個，只是順序反過來。認知難度大概八、九分。如果你跟一般人一樣，你會發現你走路、拍手的速度變慢很多，或在試著想起X前面是哪個字母的時候停下腳步。我們在這項挑戰上表現不佳，是因為我們在學習英文字母的時候，只有一個方向，也就是從A開始，這是所謂的線性記憶。被要求倒背時，我們就是做不到，或至少沒辦法跟從頭背誦一樣快。這就是認知負荷過載。你的大腦忙著處理新挑戰，因此失去了同時處理其他事情的能力。你的心智頻寬就是不足以讓你在走路和拍手的同時倒背英文字母。

既然你了解了認知負荷過載的原理，我們現在把這個原理套用在知道對方有沒有在說謊上。

線性說謊

一般人說謊都是「線性」的。他們會編個故事，然後按照假想的發生順序描述，例如：「我先做了這個，然後做了那個，再來做了這個。」這是按照時間順序。

因為說謊在認知方面很累人，所以大多數的騙子會把謊言說得越簡單越好。他們不會加入太多細節，以免日後必須回想起太多資料。他們也會避免說出不必要說的話，意思就是他們的故事聽起來很簡單，沒有很多動作、情緒或複雜情節，也就是真實故事應該會有的細節。

舉個例子：你十幾歲的兒子剛回到家，他星期六晚上在朋友比利家住一晚，舉行一場睡衣派對。因為你是好奇心旺盛的父母，所以你要他跟你一起坐在廚房餐桌旁，描述一切。他開口：「你傍晚五點把我放在他家之後，我和比利在他鄰居家裡的泳池游了大概一小時。後來，我們回到比利家，因為我們兩個都餓壞了，就叫了披薩。比利提議跟我比飛鏢，所以我們下樓玩了一會兒，覺得無聊後就開始玩起桌上足球。我原本一直領先，直到比利把球打進熱水器底下，我們找不到球。所以我們回到樓上，決定試著看完所有《復仇者聯盟》系列電影，我們用比利他媽媽的iTunes帳號租了電影《鋼鐵人2》；看到一半的時候，比利想吃冰淇淋。我們走到比利家附近的甜點店，在店裡吃掉，以免走回家的路上冰淇淋融化。我們回到家後，開始看《雷神索爾3》，直到我們倆都在沙發上睡著。」

你看到這兒可能會想：不可能，青少年才不會這麼詳細地描述過夜派對的內容。你原本會這麼想是應該的……因為你還沒看過本作。在第三部，我會教你如何從守口如瓶的對象身上問出更多情報，包括青少年。但我們就先專注在眼前這個故事上吧。他的故事聽起來很合理，不是嗎？是很合理，但也可能全是胡扯。接下來有幾件事是你能做的，以便判斷他這個「在比利家度過平靜之夜」的故事會不會開始瓦解。

你回想一下你昨天是怎麼過的。我敢打賭，如果我要你描述你在睡前的一小時做了什麼，你一定做得到。也許你冥想了二十分鐘，然後用了牙線，刷了牙，後來上床看了一會兒書。接下來，回想一下你在那之前的一小時做了什麼。也許你吃了晚餐，或從健身房回到家，沖了個澡。在那之前的一小時呢？重點是，你雖然原本沒打算用顛倒的順序描述你昨天做了什麼，但你還是做得到，因為那是真實回憶。你並沒有事先排練，只是回想自己做過什麼，也自然地想起那些活動的順序。

你如果想判斷敘事者是否也能倒敘事件，只需靜靜地聽他們說完故事，然後請他們描述在某個時間點之前做了什麼，這很像倒背英文字母。

例如：

問：「你剛說你和比利玩飛鏢之前做了什麼？」

答：「叫了披薩。」

問：「你和比利決定去吃冰淇淋之前，當時在看什麼電影？」

答：「《鋼鐵人2》。」

如果他說的都是事實，他就能順利地回答這個疑問。但他如果做不到，你大概就會發現他的說詞出現一些漏洞。他可能會開始結巴，試著回想自己對你說過什麼，而且是用什麼順序。也請留意他的非語言行為，你可能會注意到他開始迴避，像是轉身避開你，中斷目光接觸，在椅子上扭捏不安，總之就是出現一些原本沒有的微妙變化。如果是這樣，也許你該把他送進帳篷，看驢子會不會叫。

自發性的糾正

另一個好辦法，是觀察他們在描述事發經過時，會不會做出任何自發性的糾正。這違背一般人的想法，因為你可能會以為，如果一個人半途改變原本的說詞，就可能是在說謊。我現在來解釋這為什麼不是事實。

研究發現，一個人在說故事說到一半時糾正自己，這反而表示他們說的可能是實話，因為騙子會認為這麼做會顯示自己在說謊，所以會避免做出糾正。這裡的關鍵是，自我糾正必須是自發性的，意思就是由敘事者本人自行做出糾正，而不是因為你請他們澄清細節。

按照上述案例，如果你兒子在描述玩了什麼遊戲時，對你說「不，等等，我們是先玩了桌上足球，然後才玩飛鏢」，這就是自發性的糾正。特別有意思的是，他們玩遊戲的順序對故事本身並沒有什麼影響，但在他的腦海中，他正在回想事發經過，想起了事情發生的順序。所以，當那個順序出錯的時候，老實人就會想糾正細節，而騙子不會這麼做。

還記得我們提到的認知負荷過載嗎？人在說謊的時候，會盡量簡化謊言，以免為了記住太多細節而累死自己。在這個例子中，想在故事說到一半時做出自發性糾正，並同時試著記住謊言的其他部分，這在認知層面上有相當難度。

然而，如果故事本身是真實的，就不會有認知負荷過載，因為當中沒有任何虛假或捏造的情節。敘事者只是回想起真實的回憶，這對他們的認知能力來說負擔很小。這就是為什麼自發性糾正很重要，因為這表示敘事者正在試著誠實地回想事情經過。

他說了什麼

如果故事中出現「引述」，那麼這個故事，或至少這部分的故事，是真實的。換言之，如果敘事者一字一句地重複某人說過的話，而不只是說個大略，那這應該是實話。

如果你兒子只是說「比利說了一個關於北極熊的笑話」，這個效果就遠遜於他清楚描述比利如何說這個笑話，例如「比利說：『爸，我覺得我不是真正的北極熊，因為我他媽的快凍死了！』」

如果這個故事是捏造的，加入引述的句子就會造成認知方面的負荷加重，因為這個騙子現在必須在被問起時回想起引述的內容。但如果故事是真的，加入引述只會讓故事的細節更豐富，並表明這是一件令人印象深刻的事。

但請注意，故事裡沒有引述，也不一定表示故事就是假的，兩者並非一定有關聯。

複雜因素

請舉手讓我知道你這輩子是否有過一切順利的一天：通勤的路上沒有塞車，沒有討人厭的電話，開啟檔案時電腦螢幕上沒出現死亡藍屏，而是一切都很順利，就像被彩虹和獨角獸包圍。

沒人舉手？我想也是。

我自己也沒有這種經歷。無論你是誰、日子是否忙碌，你遲早會碰上麻煩事。那個麻煩事甚至不需要改變你的人生，可能只是讓你心情不好。

還記得你兒子那個故事裡的複雜因素嗎？比利把桌上足球打進熱水器底下。研究顯示，一個故事裡如果出現複雜因素，就更可能是真實故事。

我再重複一次：騙子不會自找麻煩、記住不必要的細節，像是某一天裡出現什麼麻煩事。所以，敘事者在故事裡加入越多複雜因素，故事就越可能是真的。

盟友還是共犯

如果你懷疑兩個人合作說謊，那你可以試一個很有意思的辦法：同時盤問這兩人。大多數的刑警都知道，你如果有兩名嫌犯，就該分開盤問，比對雙方的說詞是否一致，也許其中一人遲早會願意說實話、供出關於另一人的真相。這確實是個好辦法，但如果你不是執法人員，就未必能分別偵訊兩個人。所以，你如果懷疑兩個人可能對你說謊，可以這麼做：請他們倆並肩坐著，面對你，然後請其中一人說出你想知道的事情。沿用剛剛那個例子，你如果懷疑你兒子的說詞有造假成分，可以請他和比利說出那晚的細節。

其中一人開始後，讓他說一、兩分鐘，然後突然阻止他（我知道我說過別打擾人家說話，但這次例外），然後叫另一人說完剩下的部分。如果他們倆說的都是實話，那麼故事應該前後一致，因為他們以大略同樣的方式經歷了那個晚上。他們中途可能會糾正彼此的說詞，甚至離題、討論究竟是誰贏了桌上足球。但如果他們對你說謊，你很快就會發現他們根本不知道對方打算如何說謊。輪到他們說話時，會試著為夥伴的說詞增添一些內容，但還是會盡量說得含糊不清，以免故事變得太複雜。

因為認知負荷過載的原理，大多數的人根本沒厲害到能同時製造謊言，確保說詞聽來可信，還得聆聽並記住共犯說了什麼。

拿出真憑實據

如果你還是不相信兒子的說詞，可以試試看這個辦法：確認細節。

訓練有素的執法人員幾乎都知道，良好偵訊的關鍵是不只專注於取得認罪，而是獲得足夠的細節，來確認或否決嫌犯的說詞。所以請提出良好的開放式疑問，並允許對方說話。因為你兒子說出了很多細節，任何敏銳的父母都應該能迅速確認：

1. 讓你兒子去家裡游泳的那個鄰居叫什麼名字？你兒子幾點在那裡游泳？
2. 你兒子和比利是跟哪家餐廳叫了披薩？
3. 請比利的母親提供他們透過 iTunes 租借《復仇者聯盟》系列電影的電子收據。
4. 他們吃冰淇淋的收據，或是被店裡的監視器拍下的畫面。

當然，你可能覺得其中某些部分是無法確認的，但如果夠重要，就值得你去問，或至少讓你兒子知道你會調查。更重要的是，你下次就會知道該問什麼樣的問題，能讓你獲得足夠的細節來確認他的下落。

第三部

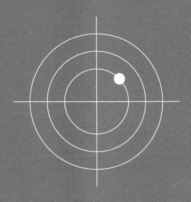

影響他人

第十六章
如何產生影響力

人品幾乎是最有效的說服手段。

——古希臘哲學家，亞里斯多德

什麼才是真正的影響力

我清楚記得，第一次有人對我說「我的話語多麼重要」的那一天。那是我在紐約市警校上的警察學課程，名叫科里根的小隊長教我們，在跟人們打交道時，如何運用自己的品格和溝通能力。我永遠忘不了他說過什麼。

「你的話語就是最強大的武器。你如果學會如何慎重用字，就能說服人們給你想要的東西。你如果能有效地與人溝通，他們就會聆聽。他們如果聆聽，就會照你說的去做，你就不需要威脅利誘或使用武力。如果你到退休那天都未曾需要開槍，那代表你當警察當得非常出色。」

之後的那幾年，我成為聯邦探員，工作項目包括逮捕、盤問、測謊和保護人們，我意識到我的話語確實是最強大的武器。

我有個朋友名叫李，也是個偵訊員，他曾把語言和金錢貨幣做比較，他把這稱作「語言經濟學」（verbal economics）。根據該理論，我們的話語就跟金錢一樣有價值，花用話語的方式會影響我們的投資。如果亂花一通，投資報酬就會缺乏份量和價值；如果花得小心翼翼，努力就會換來成果。

很不幸的，我們通常都不是小心花用，而是亂花一通，沒仔細盤算這麼做的意圖，而且常常沒注意後果。我們為了說話而說話，只滿足了自己的自尊或情緒衝動。我們如果沒能拿出任何有價值的東西給聆聽者，對方就可能失去興趣，甚至會認為我們根本毫無價值。

想成為話語的交易者，你首先必須明白，選擇話語的重點不是自己，而是聽見這些話的人。別試著強迫聆聽者透過你的眼睛來看待這個世界，而是試著透過他們的眼睛來看待世界，用對方能理解的方式溝通。一個例子是成年人如何跟新生兒互動。一般人毋須指點，都會換上輕柔的高音，伴隨輕鬆的微笑。為什麼？因為他們知道嬰兒就是這樣跟世界溝通的。

你如果能放下自己的觀點，專注在想要的結果上，就會想辦法在心理上影響他人。

你進入了某人的腦海後，就能開始影響他們看待你的方式，以及他們如何溝通的方式。記住，每個字都有定義，每個定義都有意義，每個意義都會對你的聆聽者造成影響。你說出口的每個字都該有用意，都該依據某個策略來把談話導往某個方向。你如果能掌控自己說什麼，就能掌控自己的未來。

所以，我們在討論「影響力」時，究竟是指什麼？影響力是運用微妙的策略來影響某人的心態或行為，讓你在不偏離本性的情況下達成目的，這也仰賴跟聆聽者建立真實的連結。**你想在心理上影響某人，就必須讓對方先願意信賴你**。而信賴來自建立友好關係，彼此都願意投入時間、注意力和心力。

影響力並不是霸凌或恫嚇別人，不是強迫他們屈從你的意志，更不是扮演你不是的那種人，不是操弄，不是說謊。很多人以為影響力就是心理操弄，但事實是，你如果不夠誠懇，就沒辦法有效地影響某人。當人們發現你說了謊、你只是假裝對他們感興趣（他們遲早會發現），你就會失去所有可信度。你的人品將遭到質疑，你的名譽將逐漸敗壞，人們會永遠對你抱持懷疑態度。

你如果運用得當，聆聽者會察覺不到你在施展影響力。它能改善你的人際關係，帶來良好的個人機會。

但切記，你如果想掌握這一部提到的微妙技巧和策略，就必須真心願意了解他人。你在了解並欣賞某人的時候，就會給他們的生活帶來價值，這也會為你的生活帶來價值。這就是影響力的典型效用。

別再試著改變他人

我先澄清一點，「試著讓某人拿出某種成果」跟「試著改變這個人」完全是兩回事。影響力的重點是，在某個狀況中，轉移某人的特定心態。例如，你試著說服孩子寫功課；你如果使用正確的策略，就能在相對短的時間裡達成這個短期目標。然而，這完全不同於試著讓孩子了解教育的重要性、學業成績將如何影響他們未來的生活。這是在試著改變他們與生俱來的價值觀，這樣長期的過程，需要大量的時間和心力。

我在偵訊意圖對美國不利的恐怖分子或恐怖組織支持者時，重點不是試著說服他們相信美國才是好人，而是從他們嘴裡問出特定情報，像是他們有的計畫、情報或聯絡人。他們還是可能痛恨美國（大部分至今依然沒變），但我不會浪費時間和心力試著改變他們的想法，而是把自己的想法擱在一邊，從他們的觀點來看待這個世界，以取得我想要的成果。

影響力並非永久改變某人的性格或長期信念。人們改變，是因為他們想改變，不是因為你希望他們改變。如果你真的想影響某人，必須先自己敞開心胸，明白他們的觀點。

運用策略

利用對方的觀點來達成你的目的，最好的例子就是漢斯・約阿希姆・沙爾夫的故事。沙爾夫是德國軍官，在二次大戰期間審訊了五百多名被俘的同盟國飛行員。他說服戰俘說出情報的技巧極為有效，後來成了頂尖的偵訊訓練課教材。

沙爾夫並沒有使用你在新聞或電視上見過的那種殘酷審訊技巧，反而態度友善，彬彬有禮，而且說話輕聲細語。他不是靠疼痛或羞辱之類的手段來強迫俘虜坦白，而是透過俘虜的眼睛來看待他們的處境，試著了解對方拒絕配合的原因，然後找出微妙的辦法來說服他們配合。

舉例來說，沙爾夫不是在審訊室裡審問戰俘，而是帶他們散步，看電影，喝茶，同時聊些看似瑣碎之事。他從不追問情報，而只是談話聆聽，讓對方覺得放鬆。於是這些俘虜漸漸願意敞開心胸，談起自己、同袍和戰爭，但也懂得避免說出他們認為沙爾夫還不知道的事情。每天的「訪談」結束後，沙爾夫會回到房間，寫下今天得知的每件事，然後在訪談第二個俘虜的時候使用這些資料。第二個戰俘會以為沙爾夫已經知道話題的所有答案，因此願意坦承一切，常常不自覺地多提供了幾條線索，方便沙爾夫拼湊出答案。

為了達成這個目的，沙爾夫使用了五種彼此相關的策略：

1.他採取了友善態度，花時間跟戰俘上咖啡館，或在林中散步。
2.他從不直接追問情報，而是讓談話順其自然。
3.他說話時散發「我什麼都知道」的自信，這讓俘虜覺得沒必要始終提高戒備。
4.他刻意說錯一些事實，看戰俘會不會糾正他或補充其他細節。
5.俘虜每次提到新線索時，他從不表現得驚訝，而總是保持冷靜沉著，維持撲克臉（我很快會詳細說明這部分）。

到頭來，沙爾夫整理出關於盟軍的大批情報，就算俘虜根本不知道自己對他透露了什麼。他換上戰俘的觀點，並利用這個知識來影響戰俘，他根本不需要動怒動粗，就獲得了情報。

事實上，二次大戰結束後，沙爾夫受邀來到美國，在當時的美國戰爭部演講，說明自己使用的策略。後來他獲得了移民資格，搬去加州，於一九九二年以八十四歲高齡過世。他在審訊生涯結束後的嗜好是什麼？製作馬賽克藝術。他把無數片彩色玻璃、石塊或瓷磚拼湊出精美畫作，就像把從戰俘嘴裡獲得的無數線索拼湊成更大的情報。他最著名的一幅作品，就掛在華特迪士尼樂園的灰姑娘城堡裡。

快轉至二〇〇九年，為了因應美國對恐怖分子採用高壓審訊的問題，歐巴馬政府成立了「高價值被拘留者審訊小組」（以下簡稱高價值審訊小組）。高價值審訊小組由高階審訊員、行為分析師和科學家組成，負責監督被美國逮捕的高價值目標所接受的審訊，並找出既人道又有效的好辦法讓嫌犯願意招供。

不同於傳統的執法審訊策略，高價值審訊小組使用的辦法是依據科學成果，這些成果是經過數十年的研究實證，而這些研究領域要求絕對正確又完整的資料，包括偵訊室、情報簡報、銷售研討會，以及心理學家的諮商室。雖然非常多人有此需求，但是高價值審訊小組只為執法和情報機構訓練菁英專家。

使用溝通策略就能取得大量可靠的情報，而不需要動用威脅逼迫之類的手段，這成了幾個菁英政府機構的基石，包括美國國土安全部、司法部以及國防部。他們現在開始使用的偵訊方式（我稱之為「軟性溝通技巧」）是來自社會和行為科學的領域。我們即將深入探討的這些策略，不只適用於偵訊室，也適合用在你家臥室、辦公室，以及任何需要你發揮影響力的地方。無論我們的談話對象是同事、伴侶，還是不熟的人，這些技巧都非常有效。你如果想知道頂尖的談判大師如何說服人們開口，翻到下一章就會知道答案。

第十七章 全然的注意力

求知乃人之天性。

——亞里斯多德

讓每個人都覺得自己很特別

我雖然是在柯林頓總統的任期尾聲才成為近身特務，但我有很多年的時間十分接近他，至今他仍是我見過最高明的溝通者和影響者之一。人們愛戴他，也喜愛跟他說話。他就是有辦法讓人暢所欲言，讓他們覺得自己有資格獲得他全然的注意力。

但這不是魔法，而是一門技巧。柯林頓總統身處數百人的現場時，對任何一人說話，哪怕只是幾秒鐘或幾分鐘，也能讓對方覺得周圍彷彿沒有別人在。

我曾經為一場很重要的「柯林頓全球計畫大會」負責維安行動。宴會廳擠滿了數百人，都等著柯林頓總統的到來。問題是，他當時遲到了二十分鐘。一大堆探員的聲音從我的耳機傳來，追問他在哪。我焦急地在路邊等他時，他的車隊終於出現。他下了車，走向我為他安排好的側面入口，我也安心地吐了一口氣。

但就是在這時候，我發現我吐氣吐得太早。有許多人在我們豎起的屏障兩側徘徊，我看到一群旁觀者離入口不遠，雖然已經知道接下來會發生什麼事，畢竟他是柯林頓總統，但我記得當時心想：老天，拜託別跟他們說話。但對柯林頓總統來說，他對人們的興趣，總是比「標準程序」或「守時」之類的事情更重要。

果不其然，柯林頓總統直接走向旁觀者，而且不只是打招呼、拍個照而已，而是跟每個人握手，跟人群裡的每個人談了話，問他們叫什麼名字、來自哪裡，提出任何引發他好奇心的疑問。

柯林頓總統不只願意跟人們說話，也願意聆聽。他想知道他們想說什麼。位高權重之人，很容易失去對人們的好奇心或興趣，但他不一樣。人們總是說他迷人、魅力十足，而原因就在於，他讓每個人都覺得自己很特別。

全然的注意力

我在進行任何一場訪談、談判或商業會議之前，會做的第一件事，就是關掉手機。

我不僅關掉手機，也會確保談話對象看到我把手機關機、放進手提包裡。

你如果想破壞自己與某人的關係，最快的辦法就是一直拿著手機。我見過有些人雖然努力試著跟別人建立關係，卻總是把手機拿在手裡，不然就是放在辦公桌或餐桌上，等於昭告天下：我正在等一個更重要的人。這也傳達出另一個訊息：你面前的那人比較沒資格獲得你的時間，而且你心不在焉。

你可以把手機想像成不速之客，它總是趁你跟客人談話時在你耳邊呢喃，很煩人吧？把手機螢幕朝下放著也沒用，因為只要看得見，它就是會轉移注意力。

在這個時代，我們的注意力時時刻刻都被拉往無數方向。我們可能在工作時煩惱女兒在學校的成績不好；在家裡陪伴家人時，心思回到辦公室，想著辦公桌上的待辦事項；開車去健身房時，則被世界大事和政治口水影響情緒。我們晚上躺在床上，試著摒除這一切煩惱時，卻擔心自己的健康和飲食問題。我們很少真的**活在當下**。

別忘了，關掉手機不只是表示尊重，也是為了發揮影響力。人們看到你將手機關機、收起，對方就明白你多麼看重他們，這進而表達了這場互動、你們倆之間的關聯，有多麼重要。更重要的是，你如果給他們你所有的注意力，你就更能細心觀察並判讀他們，而這也能讓你發現更多自己原本可能會錯過的行為線索。

研究指出，我們的大腦其實並不擅長一心多用。我們改變話題時，哪怕只是暫時，大腦也必須為此做出努力，而且很可能忘掉剛剛說過什麼。意思就是，你如果正在跟某人討論某件事，而你突然瞥見收到簡訊的手機，就可能會沒注意到談話對象的表情或肢體變化，錯過了「這場談話進行得並不順利」的相關線索。

諷刺的是，我每次提出「收起手機」的建議，一般人的反應是「我不能放下手機。要是發生了什麼大事、有人急著找我怎麼辦？」然而，除非你期待接到緊急電話，像是關於重病的家人，那麼你個人的世界末日會在你關機的這半小時裡降臨的機率……可說是非常之低。

我在擔任特務時，從沒見過哪位總統或第一夫人，在跟某人談話時會把手機拿在手裡或放在桌上。無論他們是跟世界級領袖商談，跟咖啡師閒聊，還是詢問白宮管家週末過得如何，他們都明白**把所有注意力放在談話對象身上**的力量。

因為我知道手機（不管是我自己的還是別人的）多麼容易令人分心，我每學期開學時，都會先花半小時討論手機這個話題。我向學生說明，研究證實手機會影響學業表現，而且社群媒體和憂鬱症有非常密切的關聯。也許聽起來很沒必要，但從長遠來看，這麼做幫我省下了大把時間和頭痛，因為我不用一再叫學生把手機收起來。此外，因為我解釋了背後的理由，學生也更可能配合我這個請求。我告訴他們，雖然有些教授不在乎學生在課堂上使用手機，但我的想法不一樣。我認為自己有義務把他們教好，給他們一個能專心學習、不會分心的環境。所以我不是為我自己訂下手機規則（雖然我確實從中獲利），而是為了學生，也為了教室的神聖地位。

我也允許學生隨時都可以走出教室、使用手機，我絕不多問。學生因此對這個情況有自主權，這是另一個「影響策略」（我會在第二十一章詳細說明），因為我讓他們在使用手機這件事上有所選擇。

記住人們的名字

戴爾・卡內基說過：「無論什麼語言，對一個人來說，自己的名字就是世界上最優美、最重要的聲音。」他說得對。因為我們的名字跟個人身分有直接關係，所以我們喜歡聽見自己的名字。有學者曾研究我們在聽見自己或別人的名字時，我們的大腦會如何反應。我們聽見自己的名字時，大腦的內側額葉皮質和顳上葉皮質就會開始活動，我們會感到心情愉快，而這兩個區域也跟我們如何評論自己的特點有關。

柯林頓總統的諸多才華之一，就是有辦法記住人們的名字。他在談話時會重複提到對方的名字，讓人覺得自己很重要。

「鮑伯，你來自阿肯色州的哪個區域？」

「你上過哪所學校，鮑伯？」

「鮑伯，你這個問題問得很好，我來向你詳加說明。」

想像一下，如果美國總統，堪稱全世界最重要的人物，對你說話的方式就像老友促膝長談，你會覺得自己多麼特別？這就是記住名字的效果。

但如果你跟一般人一樣，你八成會認為「我在記名字方面超弱的」，那也沒關係，可以想辦法改善。有什麼好辦法呢？只要每天加入一些小小的行為，持續一段時間，就會變成習慣。

你在跟新認識的人互動，或在第一次見到對方時，請刻意要求自己用他們的名字來稱呼他們。

「嗨，我叫馬修。」

「馬修，很高興見到你，我叫伊芙。」

然後在談話中至少重複對方的名字兩次。

光是大聲重複某人的名字，就能讓你把對方的名字烙在記憶裡。另一個好處是，這能讓他們覺得跟你之間的距離變得更近。

「那麼，馬修，你打哪來？」

在實際應用方面，你下次在茶館裡可以念出店員名牌上的名字：「嗨，安妮，麻煩給我兩杯綠茶。」你在跟客服人員通電話時，如果對方有自我介紹，你可以說出他們的名字：「早安，瑪麗，我想檢查一下我的帳戶。」你也許會注意到，只要你做出這麼簡單的舉動，你獲得的服務品質就會高過你的預期。

另一個記住名字的辦法，尤其在會議場合，你可以畫個臨時的座位表，寫下每個人的名字。如果你不太會念某人的名字，可以念給對方聽，或請教對方該怎麼念。我記不清有多少次，必須把我的名字「伊芙．波普拉斯」重複念給剛認識的人聽，但我可以告訴你，我非常感激人們為了念對我的名字而付出的努力。

第十八章

贏得尊重

言談要謙虛，但行動要出色。

——奧古斯都時期著名詩人，賀拉斯

贏得尊重，而不是要求人家尊重你

九一一事件後，特勤局紐約辦事處的技術維安人員做出決定：我們需要做好更多準備。

他們要求我們，不僅能在確保受護者毫髮無傷的情況下殺出生路，還要我們在著火的建築物裡也能這麼做。因為這些情況隨時可能發生，所以我們被訓練要從一片火海的建築物裡逃生，沒有呼吸器，沒有護具。我看不見眼前景象，沒辦法呼吸，建築物裡熱得讓我以為自己的皮膚真的在燃燒。假子彈衝撞周圍的牆壁，而我們在近乎盲目的狀態下，還得拚了命地保護受護者，試著逃出生天。

因為這種戰術訓練對我們很多人來說都是新鮮事，所以十分需要熟悉「火」的個性，例如，火勢如何蔓延移動，在不同情況下如何反應，如何被水和氧氣影響，還有什麼是對抗火勢的最佳辦法；但我們也必須看得出來，什麼時候無法擊退大火。

在其中一門訓練課程裡，我所屬的辦事處同事和紐約一所消防局合作，學習如何操作消防水帶。因為水壓強勁，操作水帶需要技巧和力氣，而且至少需要兩個人。在第一場演習中，我負責抓住水帶前側，兩名同事在我後面支援。我緊抓住水帶，學習如何把噴嘴對準地面。

消防教官轉向我，對我說：「務必像這樣抓住管子。不管發生什麼事，千萬別丟下水帶。明白嗎？」

我點頭。

大夥就定位後，消防員打開門，讓氧氣灌入用於演習的這棟失火房屋。火勢立刻增強，烈焰噴發，以強烈高溫將我包圍。幾秒後，大量的水從噴嘴激射而出。我站在原地，把水帶緊緊地抱在懷裡，按照教官的指示，把噴嘴對準火源。高壓水流觸及烈火的瞬間，火焰捲起，強勁的高溫和濃煙從我周圍席捲而過。

這種體驗既恐怖又不真實，但我只記得教官給我的指示：「別丟下水帶。」

我為了保護臉部而低下頭，緊抓消防水帶，好奇自己的眉毛是不是已經被燒掉。我在努力試著滅火時，感覺到後面出現某種騷動，但我沒轉移注意力。過了幾分鐘，水帶不再噴水。消防員關上失火房屋的門扉，演習結束了。

消防教官對我微笑。「妳讓我刮目相看，」他說：「妳守住了陣地，但妳身後的兩個夥伴沒做到。」我納悶地查看身後。奉命支援我的兩名男探員已經不見蹤影，他們丟下了我。

消防教官說下去：「其實，我們是故意教妳用錯誤的方式握住水帶。把噴嘴對準火焰底部，這麼做其實是錯的，這樣不僅滅不了火，水流反而會把火勢推到妳頭上，火焰會朝妳而去，但妳堅守在原地。幹得好。」

訓練結束時，幫忙安排這場演習的一名同事把我拉到一邊。「嘿，」他說：「我只是想跟妳說一聲，我以妳為榮。」

「為什麼？」我問。

「因為妳沒丟下水帶。」他說。

「我以為這就是重點。他們叫我不能丟下，所以我怎麼會丟下？」

「我不該讓妳知道，但其實那些男生是刻意選妳抓住水帶，因為他們以為妳辦不到。他們想利用妳來證明男人比女人強。我們已經做了三天的消防演習，水帶演習的部分每次都是選最強壯的探員，因為抓住水帶需要很大的力氣。在今天之前，我們選的每一個探員都丟下了水帶，逃離了崗位。他們原本認定妳也一樣。我這麼說也許是廢話，但我很高興妳給了他們一次教訓。」

同事這樣稱讚了我，我卻沒覺得比較開心。那些男生選我，是因為他們以為我很弱，他們確信我會跟其他人一樣丟下水帶、逃之夭夭。

我當時雖然火大，但沒把同事跟我說的這件事說出去。我沒向上級反映我的惱火，也沒找任何同事對質。在特勤局，你必須打自己的仗；如果你跟哪個探員之間有什麼不愉快，你就必須親自跟對方說清楚。但更重要的是，我不需要對任何人耍狠，因為我在消防演習那天的行動比任何言語都有力。他們等著看我失敗，但我堅守在原地，用行動證明了自己。

「我該怎麼做才能讓某人尊重我？」

每次有人問我這個問題，我的答案都是「沒人做得到」。尊重這種東西，沒辦法透過強迫或要求得來，而是一份禮物。某人如果想給你尊重，就會拿出來，如果不願意就不會給你，就是這麼簡單。沒錯，你的話語是最強大的武器，但在贏得尊重這方面，有時候最好的辦法是保持沉默，透過行動來向世人證明你的本領。

但有些時候，無論我們做什麼，總有一些人不願意尊重我們。就算我們一再證明自己，他們也永遠不會改變看法。很不幸的，我們如果無法贏得自己覺得應有的尊重，就會把焦點全放在自己身上，覺得憤怒、受辱或困惑，因為我們的努力似乎永遠不夠。我們試著想出新辦法來讓人們尊重我們，卻忽略了某個事實：某個人不尊重我們，這完全是他們自己的問題，不管你是誰、你做什麼，他們都緊抓住原本的看法。也許你讓他們想到討厭的某人，不然就是他們討厭某種類型的人，而你湊巧屬於那一類。

無論理由是什麼，重點是記住一件事：**想贏得尊重，你必須先從自己做起**。我當了十二年的女特務，而那個工作環境是以男性為主。我也希望我在職業生涯中遇到的一切都很平和、每個人都公正又公平地對待我，但這不是事實。我走的這條路有時候很難走，也在路上遇過許多逆境，但我在職業生涯中學到：我沒辦法強迫別人尊重我、平等地看待我。接受了這點後，我就不再讓「別人對我的看法」來決定我的自我價值、舉止和表現。我用自己想要的方式做到了想做的事，然後讓我的成果來替自己說話。

你衡量成功的準則，不該是「尊重」，而應該是你有決心來履行自己的使命或任務，並獲得自豪和滿足感。因為到頭來，你對自己的看法最重要。

有了這個覺悟後，就不會再那麼在乎別人對你的看法。你也許會「想要」得到某人的尊重，但事實是你並不「需要」它。

顧及隱私

你有沒有在公眾場合遭人詆毀的經驗？也許你小時候在擠滿人的餐廳裡打翻了巧克力牛奶，結果被你爸媽大聲責罵。也許某個老師在發回考卷時，讓全班都知道你考得很爛，例如：「幹得好，波普拉斯小姐，妳的期中考不及格。」又或許，你的老闆因為你沒趕上截止日，而在會議上公開責備你。無論是哪種狀況，你應該都會覺得受辱又生氣，而且對公然指出你缺點的那人有所埋怨。

私下或是公開指出某人的缺點，這在改變對方的「行為」方面有著天壤之別，若是私下處理，對方可能因此更努力念書，把時間管理得更好，或是記住用兩隻手拿著兒童吸管杯，也可能順應你的需求。

有一天，我幫應徵者做完測謊後，走過紐約辦事處的走廊，聽見一名同事叫住我。

「嘿，吉妮，妳能不能幫我們一個忙？」他問：「我們想逼某個傢伙招供，但他就是什麼也不肯說。」

我跟著他進入小型偵訊室，發現門扉敞開，我看見嫌犯的手被銬在牆上。三名身穿全套警用戰術裝備的探員站在他周圍，另外還有十多個探員聚在走廊裡。我看了這個狀況一眼，就把同事拉到一邊。「他當然不會想招供。」我輕聲說：「他周圍至少有十五人能聽見他說的每個字。他是個危險人物嗎？」

「不，他不是。」探員答覆。

「那我建議你，幫他解開牆上的手銬，請其他人都到一邊去，然後你跟他在房間裡私下談話。」

我明白發生了什麼事。身為探員的我們都太習慣逮捕和偵訊，有時候忘了嫌犯在被我們逮捕的那一刻，人生就變了色。無論他們過去做了什麼，還是應該維護他的尊嚴，而其中之一就是顧及他們的隱私。這也是個很好的「影響策略」（influence strategy），顧及某人的隱私，他們就更願意對你坦白。你想想，如果有人要你說出非常私密的情報，你會想在哪種場合說出來？在繁忙餐廳裡的中央地帶，其他客人都聽得見你在說什麼？還是在靠近餐廳後側的偏僻包廂座位？我猜應該是第二種。

顧及隱私所帶來的善意和尊重不僅重要，而且能帶給你策略上的優勢。你在試著影響他人時，如果能讓場合的隱私度更高，就越可能成功。就算你不覺得談話的性質很敏感，但對方可能這麼覺得。受訪者如果覺得缺乏隱私或不夠安全，就可能得修改說詞，或乾脆閉嘴不言。相反的，如果置身於隱密環境，人就會覺得放鬆又坦然。保有隱私，是很有意義的尊重之舉，而且因為你讓對方免於在一群陌生人面前丟臉，他給你的答案就更可能既完整又真實。

維護尊嚴

我離開特勤局、成為兼職教授之後，就是使用我在擔任探員時學過的隱私權原則，來應付喜歡擾亂秩序的學生。

在某堂課上，有個學生讓我知道他曾被逮捕，所以我知道他有前科。令我心煩的不是這件事，而是他總是在課堂上擾亂秩序，他對每個人說話的方式都很沒禮貌，搞得我幾乎沒辦法把課上下去。訓導主任想把他叫去辦公室、討論他這些行為，但他拒絕配合。我跟他談了幾次後，也發現他這些行為很可能源自精神疾病。某次上課時，他搗亂得特別嚴重，我知道如果還想把課上下去，就必須先處理這個問題。

所以我叫全班休息一會兒，然後我跟那名學生私下談話。「訓導主任想在他的辦公室見你，他想討論你在班上的行為。」

「我哪也不去。」他頑固地坐在位子上。

看他如此反應，我來到走廊，報了警，讓警察知道我班上有個學生需要被帶離教室。幾分鐘後，警官們來到現場，準備進教室把學生拖出來，但我請他們在外面等。

「別擔心，」一名警官表示：「我們現在就能進去處理他，然後妳就能繼續上課。」

「不，」我說：「你們如果在全班面前把他拖出去，會令他顏面掃地。他個性衝動，很可能為了保住面子而做出負面甚至暴力的反應。」為了保護其他學生，也為了向搗亂的學生表示尊重，我知道我需要維護他的尊嚴，所以我想出了另一個辦法。「這樣吧，」我說：「我會讓全班提早下課，等其他學生都走了之後，你們就能進去帶走他。等每個人都離開之後，你們再接近他。帶走他之前，先跟他談談，好嗎？」

我讓學生提早下課，然後警官們走進教室，如我請求的對那名學生平靜地說話。這名學生乖乖起身離去。警官不需要對他動粗，他也沒造成任何騷動。

你在必須跟員工或同事進行重要或敏感談話時，請務必維護對方的尊嚴。我如果對哪個學生的表現感到關切，一定會請對方在下課後跟我談談，以便私下談話。我身為教育者，首要目標是幫助學生獲得成功，我知道如果讓他們覺得丟臉或在大庭廣眾下遭到羞辱，對他們不會有任何幫助。同樣的道理也適用在你的職員、同事和孩子身上。你如果公然責備某人，就算你有道理，對方也很可能為了維護尊嚴而做出抗拒的反應。

你如果想試著影響某人的行為，就像我應付那個搗亂的學生，請務必考慮到對方的尊嚴。

第十九章

懂得正確提問

正確的問題往往比正確的答案更重要。

——柏拉圖

提出正確的問題

人們在溝通時，如果想交換想法和資訊，最基本的一個辦法就是問問題。你提問的用字方式，會對你獲得的答案造成很大的影響。

隨著經驗，我很快就懂得該使用或避免哪些字句，以便獲得誠實的答覆，並取得我需要的情報，而不會造成受訪者保持緘默的局面。

提出正確的問題，其實相對來說是個很簡單的技巧，如果再搭配我們討論過的「積極聆聽」以及「看出警訊」，就能有效地影響並說服你周圍的人。

開放式提問

我在第十章說過，開放式提問很重要，這種提問能邀請受訪者給你更豐富也更貼切的答覆。例如：「跟我說說你的會議。」

相較之下，封閉式疑問通常用「是」或「否」來做出簡短又明確的答覆，例如：「你的會議還順利嗎？」

開放式疑問能鼓勵受訪者更詳細地描述開會經過，像是會議上討論了什麼，大夥有沒有完成什麼特定目標，或是大家對會議的成果有何感想。如果是封閉式疑問，受訪者只要回一句「嗯，還不錯」就行。對受訪者來說，這已經是對你的提問做出完整又明確的答覆，但實際上你根本沒獲得關於那場會議的有用情報。

開放式提問有四大優點：

1. 你不需要多加追問就能獲得情報。大多數的受訪者都會主動說出來。
2. 開放式提問是邀請某人按照他自己的思緒來作答，這能讓你看到他究竟有什麼想法。
3. 開放式提問讓你有時間在受訪者作答時評估並觀察這個人，而不是把談話的責任壓在你自己身上。

4.開放式提問邀請受訪者對你說故事，而「說故事」就能提供大量情報。

我每次做完測謊後，有時候會問受測者覺得自己表現得如何。幾乎毫無例外地，每個人最先想到的，就是自己最感到不自在或擔心的事情。他們通常會在這個話題上多談幾句，而這讓我能提出更深層、更明確的疑問。這不只讓我能對受測者取得更有用的觀察，也省了我猜想「他們最擔心什麼事」。

而他們擔心的事情，通常都反映了他們在測謊中被問到某些疑問時的表現。透過開放式疑問，我不用引導或影響受測者，他們就會主動告訴我，而這就能讓我獲得我需要的情報。我也發現，開放式疑問讓我更容易抓出騙子。開放式提問會鼓勵受訪者做出更詳細的描述，而不只是回以簡單的「是」或「否」。我們現在已經知道，想即席瞎掰故事並不容易，而這也讓你更能發現暗指謊言或隱瞞真相的警訊。記住，人說得越多，也會揭露越多，在言語和非言語兩方面都是。

開放式提問在工作場合上也非常有用。我在開始尋找誰有意願出版我這本書時，就想避免由自己來開啟談話。我根本不知道對方對我這個人、我這本書的構想有什麼看法，不知道他們喜歡或討厭什麼。所以，我和我的經紀人道格不是試著猜想他們在想什麼，而是鼓勵他們先開口。每個人都做了介紹後，我或道格會先開放式提問，例如「能不能跟我說說，你喜歡我提案的哪些部分？」

毫無例外的，對方的編輯會先描述他們對這本書哪部分真的感興趣，最喜歡哪些內容，對哪些主題最感到興奮。然後，他們通常會邀請自己團隊裡的一、兩名成員來分享感想。十五分鐘過去了，我或道格可能到現在還沒開口，就達成了四個目的：

1. 我完全不用猜測他們對我的提案有何感想。他們會描述最喜歡哪些部分、又對什麼有共鳴、覺得哪些主題很重要，以及他們對這本書的願景。在我開口之前，這些都是值得我知道的寶貴情報。

2. 這讓我能對他們的想法和願景做出答覆，以更有意義的方式進入這場談話，而不是茫然摸索該從哪裡開始推銷。我不需要在會議上猜測他們喜歡或不喜歡哪些部分。他們會主動告訴我，談話節奏也因此極為流暢。

3. 我能推動談話的流動。請注意，我們問的不是「告訴我們，你們對提案有何想法」，而是問他們「喜歡提案的哪些部分」。我想從正面話題開始這場談話，並鼓勵他們只給我正面的意見。我再重複一次：我的目標是把我這本書的構想賣出去。而且我想給每一位編輯「打底」，在最好的氣氛下討論這本書，這就是為什麼我避開負面的話題。我知道「建設性的批評」遲早會來，但我需要先確保這本書賣得出去（我會在第二十一章詳細討論何謂「打底」）。

4. 我能在每個人說話時觀察並了解每個人，也能判斷現場，並判定用什麼方式對他們的意見做出回應。（抱歉啦，西蒙與舒斯特出版社，你們也知道我很愛你們每一位。）

你在提問時，請注意你如何組成問句，也務必注意你如何開始每一場談話。盡量讓人們在說話時能保有彈性。你會希望他們感到自在，能坦然並輕鬆地順著思緒說話。給他們這個自由，也給你自己這份餘裕：你將能看到他們最關心的是什麼。

提出開放式疑問的最佳方式，是遵守我所謂的TED步驟。TED分別是：

T（Tell；**告知**）：「告訴我，你今天過得怎麼樣。」

「多跟我說說，你對這個合作案有什麼想法。」

E（Explain；**說明／解釋**）：「解釋事發經過。」

「向我說明，你覺得什麼事情對你和你公司來說很重要。」

D（Describe；**描述**）：「描述一下，你跟你老闆的會面進行得如何。」

「描述一下，你對這個狀況有什麼擔憂。」

TED是個很棒的工具，因為它能讓你在「不知道對方將如何答覆」的情況下，用中立的方式提問。這套步驟能讓你避免因為自己的偏好或期望而引導對方的答覆方向，而這就接到我們要討論的下一個重點：你該避免使用哪些提問法。

避免：引導式提問

顧名思義，引導式疑問就是引導受訪者說出你認為的真相，而不是他們自己認知中的真相。這聽起來似乎違反直覺，但你如果想發揮影響力，第一步就是積極聆聽、明白對方，所以請**不要引導對方說出他們認為你會想聽的話**。受訪者也許對你不懂得該問的事情有很多了解，所以如果你的提問只專注在自己的推測上，你獲得的情報就可能僅限於那些主題，如此一來，你可能看不見故事的全貌。

如果我想詢問一名看到嫌犯開什麼車的目擊者，我不會使用引導式提問（「那輛車是紅色還是棕色的雪佛蘭？」）。就算我事先知道嫌犯開什麼車，我還是會盡可能提出開放式提問，因為：

第一：引導式提問會讓目擊者認定嫌犯的車一定是雪佛蘭，但這未必是事實。我的猜測或事前的了解很有可能是錯的。

第二：引導式提問會讓目擊者認定，嫌犯的車不是紅色就是棕色。但顏色這種東西可能很主觀，你對紅色和棕色的定義搞不好跟我完全不一樣，你也許會看成褐紅色或米色。

更好的提問是「請你描述你看見的車」。這能讓對方提供關於那輛車的情報，免於不該有的影響，也能鼓勵他們說出我可能沒想到要問的細節。也許保險桿或車門上有凹痕或刮痕，或是哪部分的顏色跟車身不一樣。也許車窗有貼隔熱紙。也許那輛車不是轎車，而是休旅車或皮卡貨車。這一切對我鎖定嫌犯會大有幫助。

避免：複合式提問

如果一句提問裡其實包含好幾個問題，就是所謂的複合式提問。這種提問方式可能讓人很難了解或準確答覆。舉個例子：

「你是否很享受閱讀這本書的過程，而且覺得它內容豐富又實用？」

這種提問方式的問題在於，句子裡其實有三句疑問。

1. 你是否很享受閱讀這本書的過程？
2. 你覺得這本書的內容豐富嗎？
3. 你覺得這本書的內容實用嗎？

每句的提問都不一樣。所以，如果受訪者回答「是的」，你根本不知道對方是針對哪一個提問回答「是的」，是其中一句、兩句還是三句呢？把所有問句塞成一句，就可能讓受訪者無法仔細考慮這個提問、做出詳細答覆。如果受訪者聽得一頭霧水（這個可能性很高），就可能只回答其中一部分的疑問，而不是全部。

此外，如果有人想欺騙你，這種提問方式就能讓他們在不用說謊的情況下，不用做出完整答覆，或避免回答其中一部分的提問。

避免：假設式提問

顧名思義，假設式提問充滿了假設。刑警是惡名昭彰地喜歡提出這種疑問，不是為了誘騙嫌犯認罪，就是為了節省盤問時間。這種疑問的例子是「你進入屋子時，有沒有看到那筆錢？」提出這種提問，是認定受訪者有進入屋子。如果刑警已經知道你有進入屋子，這樣問就沒問題。但如果他們是試著讓你承認有進屋子，但你根本沒進去過，那麼刑警這麼做只是破壞了自己的可信度，連同你跟他建立的任何信賴關係。

以下是我們可能在日常生活中碰到的假設式提問。舉例來說，妳想查清楚妳的男友是不是在午餐時又跟前女友碰面。如果妳認定他跟平時一樣是跟兩個同事共進午餐，妳問他：「你跟喬和克里斯去吃午餐的時候，有沒有碰到珍？」但妳這種問法等於認定了三件事：

1. 妳男友有去吃午餐。
2. 他跟喬和克里斯去吃午餐。
3. 他**只**跟喬和克里斯去吃午餐。

妳如果已經知道妳男友確實是跟喬和克里斯共進午餐，這麼問就沒問題。但如果妳這麼問，是因為妳想更了解他的午餐細節，妳應該直接問：「跟我說說你的午餐吧？」如此一來，妳男友就必須說出細節，而不只是補充妳已經知道（或他認為妳已經知道）的細節。

又或許妳的假設是錯的，也許妳男友沒跟任何人共進午餐，既然如此，妳的提問就可能引來負面答覆，例如他會糾正妳，甚至指責妳管太多。

又或者他確實有碰到前女友，但當時喬和克里斯不在場，所以他如果對妳說「沒有」，他並不會覺得自己不誠實。無論如何，妳都離目標太遠，所以請保持簡單作風，使用開放式提問。

什麼時候使用封閉式提問

我們雖然已經確立了開放式提問的重要性，但在某些情況下，封閉式提問會比較方便。我再次說明兩者之間的差異：封閉式提問通常是用一、兩個字就能回答的那種問題。

問：「你有去吃午餐嗎？」

答：「有。」

問：「車子是紅色的嗎？」

答：「不是。」

問：「你想看電影嗎？」

答：「也許。」

如我們討論過的，你在開始任何對話之前，最好先使用開放式提問。等談話進行了一段時間，你想知道一些特定情報時，再開始使用封閉式提問。你如果一開始就問了太多封閉式提問，這麼做的效率遠不如讓受訪者自在地說出自己所知。更糟的是，封閉式提問等於能讓受訪者減少說話的機會。請記住，你如果想獲得情報，你的目標就是讓受訪者多說話。

封閉式提問通常是留到談話尾聲再用。受訪者在說話時，請不要打斷他們，而是好好記住他們可能漏掉什麼你想知道的細節。這能讓你發覺警訊，並在快結束時提出更多明確的提問。這麼做有三個優勢：

1. 你從一開始就得以盡可能獲得情報。
2. 你能思考並處理對方跟你分享的訊息。
3. 你能判讀對方在說話時使用的肢體語言和語言線索。

你如果想強化自己的溝通能力、盡可能取得情報，請多學習如何策略性地進行談話與提問，這會讓你更能取得想要的成果。

第二十章

如何建立友好關係

想深入了解一個人，與其跟他談話一整年，還不如跟他一起玩樂一小時。

——柏拉圖

友好關係是一切

你有沒有過這種經驗：你跟某個剛認識的人（或是認識很久但多年沒見）談話，而話匣子一下子就打開了？無論話題往什麼方向跑，你們倆似乎就是聊不完，就是能補充彼此的想法，有時候甚至幫對方說出想說的話。這就是**友好關係**（rapport）！在影響力這方面，友好關係是無比好用的成分。

友好關係是指兩個人默契十足的神奇狀態，簡直就像讀心術，能夠看出彼此的思緒。這在某方面是事實，研究發現，兩個人在溝通方面進入和諧狀態時，就會用同樣的方式解讀周圍環境，這種現象稱作神經耦合（neuro coupling）。這時兩人會以更深層的方式體驗所在的社會環境，比他們獨處時，或在群體中保持沉默的狀態下更深。這種差別就像「在派對上跟人進行有意義的談話」或是「在派對上當個沉默的旁觀者」。

你建立了友好關係，你談話的對象就會開始喜歡你，也會變得更願意對你吐露祕密。在影響行為這方面，「信賴」和「友好關係」可謂形影不離。

建立信賴關係，其實會在身體裡產生化學變化。某人如果信賴你，他體內就會分泌一種叫做催產素的荷爾蒙。催產素分泌於下視丘，與杏仁核的接收器互動，負責我們的情感連結（bonding），像是與人互動，產生集體回憶，以及建立關係。催產素也被稱作「愛的荷爾蒙」。這就是為什麼，如果我們和某人建立了很輕鬆的關係，就更容易看見對方的優點而非缺點。只有在默契瓦解時，我們才會換上較為客觀的觀點，更清楚地看見對方的缺點。

這一切的重點是，你如果想說服一個人，跟對方建立友好關係就是祕密調味料。然而，你建立了友好關係後，也必須努力維持，因為友好關係來得快，去得也快。

同理心乃王道

同理心是指能夠換上別人的觀點，在情緒上了解對方。但很多人把同理心跟軟弱畫上等號，認為有同理心的人容易被騙、被操弄。但根據我的經驗，這和事實完全相反。同理心其實是一種力量，運用的是你的辨別力和觀察力。你如果能換上別人的觀點，就能成為更好的商談者，而這就是為什麼同理心該是你最為仰賴的溝通工具。

我先做個區別：同理心跟同情心並不一樣。同理心也是友好關係之中很重要的一環，能讓人們覺得自己被人了解，例如：「聽起來，失去母親給你造成了很大的打擊。」相較之下，同情心是分享某人承受的痛苦和折磨，像是：「失去母親真的讓人很難過。」同情心的問題在於，如果你未曾親身體驗過對方表達的痛苦（例如你並沒有失去母親），那麼你的言論就會讓人覺得很假，你的真誠就成了矯情。如果發生這種狀況，你幾乎就會立即失去你跟對方建立起來的默契。

想像另一個情況：你的配偶在寄了電子郵件給某個客戶後，用力闔起筆記型電腦。你看到這一幕，回一句：「哇，有人心情不好哦。」你配偶如果原本心情還不差，聽到你這句鐵定心情惡劣！為什麼？因為你對他們的行為做出了評論，而不是透過同理心來了解他們究竟怎麼了。更明智的回應是：「看來你寄給客戶的信讓你心情很糟。」用這種方式說話，你就不是給他們貼標籤、批判他們的反應，而是透過同理心來了解他們的行為。

因為大多數的人只是希望能被了解，而向他們表達同理心，就能對他們的情緒帶來發洩作用。你越有同理心，人們就越容易被你吸引。他們會想成為你的朋友、同事，甚至你的另一半。你表達了理解和尊重的心態，就能以更深層的方式跟人們建立情感連結，而他們就會開始信賴並看重你的意見。

你的同理能力能開啟溝通線路。人們願意在偵訊室對我說出他們最黑暗的祕密、內心最深處的愧疚，因為他們相信我能理解他們的觀點，就算知道對我說出這些祕密，就表示他們可能必須坐牢。儘管如此，透過同理心，我能讓他們放下心防，獲得我需要的東西：真相。

別誤會，我不是說你一定能對每個人都由衷產生同理心。事實上，我有時候會感覺到相反的情緒，我只想指出對方的缺點，說明對方的思考模式有多扭曲。但我沒這麼做，而是閉上嘴，因為我知道這類行為只會破壞我為了影響他們而做的努力。你的同理心如果並不真誠，你至少也該裝得真誠，尤其在這麼做對你最有利的時候。

暢銷作家暨教育家史蒂芬．柯維在同理心議題上表示：「向別人展現深層的同理心，他們就會卸下心防，被正面的能量取而代之。而你在這時候就能用更具創意的方式解決問題。」

正如同理心是我特務生涯的基石，它在我目前的職業生涯和私人生活中也同樣重要。如果我能跟談話對象建立起輕鬆自在的氣氛，他們就會更樂意滿足我的需求。你會希望能深入對方的理性和感性面，讓他們看出你明白他們的感受。你如果能突破他們的屏障、卸下他們的防禦，他們就會向你揭露內心。

善用語言鏡像溝通策略

你下一次在社交場合，像是餐廳、咖啡店或朋友的派對上，觀察兩個談話者的站姿或坐姿。他們倆如果都很喜歡彼此的陪伴，你就會發現兩人的姿勢常常跟彼此完全一樣。他們倆可能都一手扠腰、俯身向前，不然就是手肘撐桌，甚至可能同時啜飲手中的飲料。你如果靠得夠近，甚至會發現兩人的說話方式和音量也彼此符合。

你目睹的這個現象叫做「鏡像」（mirroring），又稱「模仿」（mimicry）。兩個人在溝通方面同步時，語言和非語言行為就會一致。這種過程大多都是在潛意識中發生，兩位當事人往往不知道彼此出現這種默契。鏡像的發生是透過語言、副語言和肢體語言；許多研究指出，鏡像在促進友好關係方面，扮演重要角色。在某個實驗中，一組的女侍刻意重複顧客在點餐時說過的話（「兩顆荷包蛋配培根」），另一組女侍只是說聲「好」或「馬上來」。使用了語言鏡像的女侍，拿到的小費比較多。

我天天都在使用語言鏡像這種策略。如果我的談話對象習慣重複使用某個字，像是「酷」或「讚」，我就會使用這些字來建立情感連結。我在寫信或發簡訊時也一樣。如果我想在書面往來上建立友好關係，我會注意對方在信件上如何起頭、結尾。如果對方用「親愛的」起頭，我也用「親愛的」。如果對方用「您誠摯的」或是「祝安好」來結尾，我也如此模仿。書面語言很難表達情感，因為你看不見溝通的對象，所以像這樣模仿細節，對建立情感連結會大有幫助。

如果你參加一場重要會議，想發揮自己的影響力來產生正面成果，一個很好的策略是模仿談話對象的肢體語言。對方如果一手捧著下巴，你可以照做。對方如果俯身靠向你，你就該俯身靠向對方，這能清楚表示你跟對方站在同一邊。

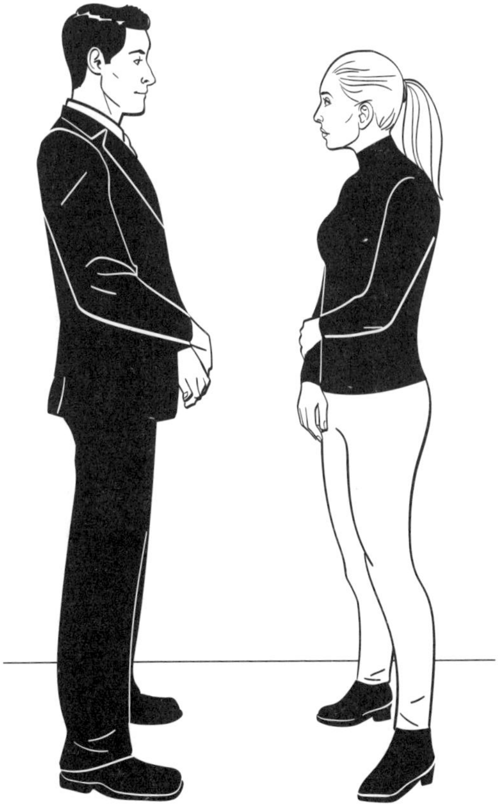

鏡像模仿對方

實測鏡像效果的一個最佳場合就是「快速約會」，有一群學者就對此做了研究。在快速約會實驗中，學者研究了兩群女子，看哪一邊更受男性青睞。其中一組女子，模仿眼前的男子的肢體語言和說話方式。另一組女子則沒這麼做。男子們後來被問起覺得哪一組女子更吸引人，鏡像組女子大獲全勝。

話雖如此，你如果被「抓到」是在刻意模仿對方，成果就會剛好相反，你會被視為不值得信賴，你刻意建立的友好關係很可能瞬間瓦解。

鏡像雖然影響力十足，但就和所有說服技巧一樣，必須小心使用，用得越巧妙越好。

還有，請別模仿對方的負面肢體語言和口頭語言。你如果模仿防禦性姿勢，像是雙臂抱胸、蹺二郎腿，這不僅無法促進友好關係，反而更可能傷害默契。如果某人對你使用羞辱的語言，而你模仿了只會有損自己的風度。

管住你的小我

我們之前討論過，有些人在談話時，就是覺得有必要拿瑣碎的思緒來填補沉默，有些人覺得有必要表達腦海中出現的每個想法。我們都認識「喜歡講個不停、卻從不花點時間聽人說話」的那種人。你有沒有在開會時，看得出某個人說話是因為愛上自己的聲音？這種人不僅沒有對談話帶來任何貢獻，而且常常讓人覺得浪費了每個人的時間。一個人如果霸占整場談話卻言之無物，往往代表這個人心中充滿不安。別當這種人。

人們問我怎樣才能讓自己說話有份量，我能給的最佳建議就是「言之有物」。你說的話有沒有提升任何價值？你有沒有貢獻任何想法或構想？更重要的是，你有沒有讓其他人說話、分享各自的觀點？還是你霸占整場談話，只是為了表示你自以為多聰明？有時候，知道何時該閉嘴，就跟知道何時該開口一樣重要。

我處理過一起虐童案，有個男嬰的一條胳臂骨折。還記得之前提過的那起類似案件嗎？這個案子也一樣，保姆也是主嫌，但這個保姆是真的有罪。州警當時已經偵訊這名保姆四次，她每次都堅稱沒傷害幼兒。

我在偵訊保姆時，奉命跟另一名也受過測謊訓練的特務合作。偵訊開始後的幾分鐘內，我就跟保姆建立了友好關係。我請她說明男嬰受傷當天的來龍去脈，從她起床到就寢之間發生過的一切。保姆說話時，我和搭檔都默默聆聽。

保姆開始描述那一天，而我立刻注意到，她用各種方式解釋那天多麼辛苦。那天壓力很大，她急著帶年幼的孩子們去工作地點。她描述那名幼童多麼難伺候、一直哭個不停。

別人可能覺得她講這些是在發牢騷，會試著要她描述幼童的遭遇，但我知道她對我說的事情很重要。她在詳細描述自己的沮喪心情，讓我得以窺見她那天的心境。簡單來說，她在對我說明她弄斷男嬰胳臂的動機。

我點頭表示理解，聽她描述嬰兒哭個不停讓她多難受，她試過所有辦法來安撫他、抱他、哄他睡覺。「我把他放在床上時，他變得很安靜。」她一說出「他變得很安靜」，我就意識到她是在那一刻弄斷了他的胳臂，嬰孩因此痛得昏了過去。我還沒開口問，她就已經說明了她那麼做的所有理由。接下來要她認罪就不困難了。

之後，我問她為什麼在這次偵訊認罪，而不是在之前的幾次，她告訴我：「因為妳對我很友善。」

更重要的是，我跟保姆建立了友好關係，讓她能在沒人批評她的環境下發洩情緒，而我的搭檔全程保持沉默。為什麼？因為他知道想獲得認罪的最佳辦法，就是靜靜聆聽，讓我來引導談話方向。

我們透過訓練和經驗得知，永遠別讓我們的「小我」來決定如何偵訊一個人。我和嫌犯建立了友好關係，她因此能公開又坦率地對我說話。我在偵訊中偶爾會詢問搭檔，看他有沒有什麼想問的，但他知道我們正在獲得所有需要的資料，所以只是搖頭，讓我繼續提問。他當時如果為了幫忙，或只是想找機會發聲，而加入那場談話，恐怕弊大於利。但他看重大局，也就是獲得真相，所以知道在過程一切順利時，最好的做法就是保持沉默。

很多時候，我和合作搭檔的角色會調轉過來，我懂得適時保持沉默，讓搭檔取得所需情報，因為我們倆在乎的都是大局。我們在偵訊室的目標，不是拿一連串犀利提問來證明自己多厲害聰明，不是試圖主導談話，而是使用我們擁有的所有技巧、訓練和知識來發現真相。為了大局，管住小我。

管住小我，對一般人來說都很困難，尤其對我這種人。我們「紐約客」常常相信自己就是最高標準，紐約外頭沒有新鮮事。加上我是希臘裔，我當然從小就被教導這世上的一切都是希臘人發明的。我們創建了文明、哲學、奧運、醫學、戲劇、藝術、雕塑、諸神、民主……你懂的。就連「小我」（ego）這個字都是希臘文，字面上的意思就是「自己」（self）。

而溝通最容易瓦解的原因，就是我們深陷於小我。我們把自己視為一切的重點，不從其他人的觀點來看待某件事，不在乎他們的價值觀、感受和處境。但你如果想有效溝通，並影響別人的行為，你就必須學會謙卑，因為這個世界並不是圍繞著你打轉。事實上，你如果先想達成目的，就必須放下小我，而這就跟下一個策略有關。

你喜歡我嗎？是／否／也許

問你一個問題：你在不在乎別人喜不喜歡你？我每次問一群人這個問題，通常會有不少人回答「不在乎」。這年頭，當個受人喜歡的人，已經不再是個受歡迎的努力目標。「被討厭」似乎要比「討人喜歡」更酷帥。

想想我們在真人秀上看到的那些陳腔濫調（「我可不是來這裡交朋友的！」），或在社群媒體上，人們炫耀自己被多少「黑特」騷擾。事實上，「不在乎人家喜不喜歡你」幾乎成了榮譽勳章。有些上司會說：「我不在乎員工喜不喜歡我，我只在乎他們有沒有把工作做好。」

如果你是不在乎人家喜不喜歡你的那種人……好吧，你其實應該在乎。你的人氣會影響你所有的關係，無論於公於私。研究也發現，人們如果喜歡你，就更樂意跟你合作，聽你說話。

回想一下剛剛那個故事，那名保姆對我認罪，純粹是因為我對她很友善，而且這絕非個案。事實上，我每次成功讓嫌犯認罪後，偵訊結束時總是會問他們：「你覺得我有沒有善待你？」毫無例外的，每個人都回答「有」。有些人在離開偵訊室之前甚至會給我一個擁抱，告訴我他們在談話結束後心情好轉許多，就算他們大多數很可能因為跟我談過而等著坐牢。這就是人氣的威力。

我記得我偵訊過的一名女子，她因為牽涉一起詐騙案而遭到調查。她是個公寓管理員，也是個單親媽媽，她盜領了社會安全局寄給幾名過世房客的支票，而這是犯罪行為。她這樣持續了好幾年，拿了不少錢，所以我們在整理了所有證據後，已有足夠罪證起訴她。

我逮捕她之後，盡一切力量善待她。我沒有在她兩個年幼的孩子面前給她上手銬，而是讓一切顯得低調，直到她跟著我走出她家。偵訊她之前，我看得出她餓了，所以買了東西給她吃。

一名探員看到我拿漢堡和薯條給她，對此大惑不解：「妳幹嘛給她東西吃？」

「因為她餓了。」我回話。

也因此，她對我敞開心胸，坦言自己與這起詐騙案有關，她有哪些共犯，其中一些甚至是她的家人。讓她認罪並不困難。偵訊結束後，她擁抱了我，淚眼汪汪地問我能不能陪她面對法官。

這起案件的調查就是由我負責。我親自調查這名女子，蒐集所有用於起訴她的罪證，現在要送她去坐牢。但她因為感覺得出來我在乎她，所以希望我能全程陪伴。

人如果喜歡你，就比較願意對你說話，對你說「我願意」。就算你不認為自己的人氣扮演了重要角色，那我問你：你喜歡跟你討厭的人相處嗎？我猜不喜歡。沒人喜歡。你想當人們在派對上避之唯恐不及的那種人？還是想方設法親近你？你希望人們會想對你傾訴他們的重要想法，因為他們知道你會樂意傾聽？還是你想當個他們因為害怕而不敢接近的人？

重點是，你沒辦法忽視人氣的重要性。你如果討人喜歡，人們就會被你吸引，機會自然到來，你的人生會變得更輕鬆。然而在此也提醒，在社群媒體上那種膚淺的「喜歡」並不是真正的人氣。當人們覺得你有聽他們說話，你在認真對待他們，你能理解他們的痛苦，願意了解他們……這才是真正的人氣。人們喜歡你，這是有價值的，無論對他們還是對你自己而言。

別誤會，我不是說你應該忙著討好每個人。我們常常把人氣想成「討喜」，但這絕對不是我在提倡的。重點不是討好世人，也不是過度有禮。就像我雖然跟嫌犯維持友好關係，但我還是會在偵訊時指出他們說詞中的漏洞。人們就算喜歡我，我還是看重他們的行為對錯。你在必要時還是可以說「不」。事實上，你如果在乎自己的人氣，而人們如果喜歡你，就會更尊重彼此間這條界線。

你講話的方式聽起來就跟我一樣

傾聽人們如何說話，想像一下他們是什麼樣的人，像是他們的年齡、文化、智力、情商，然後用他們能理解的方式對他們說話。

取得受訪者在副語言方面的基線反應至關重要，所以我會請他們在偵訊開始前先大聲朗讀同意書，就是為了觀察他們如何說話。我偵訊過的每個人都來自不同背景，他們表達自己的方式也截然不同。我對公司經理說話的方式，不會跟面對恐怖分子支持者或青少年嫌犯一樣。我會為了跟對方更有效溝通而調整說話方式。

但我也不想側寫受訪者，或依據我的所見來斷言。我仔細觀察受訪者，並透過積極聆聽來了解我面前的這個人。我會在合理範圍內盡量配合他們說話的方式。如果對方音調柔和，我也會讓自己的音調柔和下來；如果對方說話速度很快，我也照做。重點並不是模仿對方，因為模仿並不真誠，而且人看穿演技的能力和速度都比你想像的更厲害。但我找出怎樣調整最能配合受訪者，而這讓我更能有效地跟人建立友好關係。

你大概聽說過，紐約客是出了名的講話又快又大聲（我能證明這點）。我有個姻親名叫艾登，來自密蘇里州，說話方式較為慢條斯理。我很喜歡這傢伙，但他有時候要花四十分鐘時間來描述一件過程只有十分鐘的往事！所以，我跟他談話時，很像龜兔賽跑。我們倆雖然朝同一個方向前進，但這場比賽有點像一面倒。我等他說出下一句話等得很不耐煩，我相信他也受不了我滔滔不絕的大嗓門。我跟他並不同步。但重要的是，**我知道我們並不同步，而如果有必要，我能讓彼此同步**。

如果我想影響艾登，我會大幅減慢說話速度，也會把嗓門放輕到跟他一樣的程度。所以，他說話有多大聲或多輕柔，我就怎麼說。配合了他的說話方式後，我會等著看他會不會模仿我的動作，像是我的坐姿或站姿，我如何擺放雙腳或雙手，甚至他的整體姿勢是否跟我一致。彼此一致時，我知道他現在是以更深層的方式跟我溝通。還記得神經耦合嗎？等我們同步後，他就會不自覺地更像我。

但請不要試著模仿對方的口音。意思就是，他用慢條斯理的美國中西部腔調說話時，我不會為了配合他而說出「y'all」之類的地方口音。研究發現，我們試著模仿談話對象的口音時（無論是英國腔還是澳洲腔），對方會覺得我們這麼做太過戲謔，缺乏誠意，友好關係也就此瓦解。

請注意，你能如何透過副語言影響別人，別人也能如何影響你。意思就是，如果艾登說話變得又大聲又快，我就會考慮他是不是試著影響我！就跟我們在這本書裡討論過的其他原則一樣，副語言影響也是一條雙向道。所以，請仔細觀察，並時刻自問：「跟幾分鐘前相比，我現在是不是更喜歡這個人一點？」如果答案是「是的」，那你現在也比較容易受到對方的影響。

第二十一章

影響力的各種策略

我們的行為舉止，應當讓人人都想與我們為友，且都害怕與我們為敵。

——古希臘馬其頓王國國王，亞歷山大大帝

請先讓我為你打底

當你聽見「打底」（priming）這個字，會想到什麼？如果是板金行的師傅，應該會想到汽車用的「底漆」（priming coat）。槍械愛好者大概會想到子彈裡用於點燃火藥的「起爆劑」（priming charge）。財務顧問大概會想到政府為了刺激經濟所做的努力，稱作「刺激增長政策」（priming the pump）。無論用在什麼情況，「打底」這個字的意思都一樣，是為了讓第二個步驟效果更好而採取的第一個步驟，像是更好的漆色、更好的火力、更好的經濟成長。

無論是日常溝通、行銷策略，還是警方偵訊，「打底」都是為了把人們的心思引向你希望的方向。做法通常很微妙，接收者根本不知道曾發生過。

我舉個例子：你坐在一家大型科技公司的等候區，等著早上九點舉行的商業會議。如果一切順利，你和你的五人小公司就可能獲得可觀的成長。九點整，一名你從沒見過的年長紳士漫步出現，一手拿著不鏽鋼杯，另一手拿著塞滿紙張的文件夾。他呼喊你的名字，你站起。他禮貌地點頭，轉身面向大廳門扉。你跟著他出去。你們倆一起站在電梯前，他自我介紹叫吉姆，他請你幫他拿杯子，以便他把證件卡掃過讀卡機。你把杯子拿在手裡，覺得溫暖。杯子雖然有蓋子，但因為現在是早上九點，所以你猜想這是咖啡。電梯門打開，裡頭無人，你跟吉姆一起進去，同時把杯子還給他。他按下第十五樓。你們倆默默搭電梯時，你臉上微微綻放笑容。你喜歡吉姆。這場訪談一定會很順利。

其實……你被打底了。

你知道為什麼嗎？

學者曾研究過，溫度如何影響我們對一個人的感想。你如果感覺到溫暖的東西，像是一杯熱咖啡，就會在潛意識中覺得這道暖意的提供者更值得信賴、更友善、更值得喜歡。有意思的是，如果是冰咖啡，就會帶來相反的效果。如果吉姆遞給你的是一杯冰茶，你就不會覺得他友善，而認為他可能想阻礙你成功。

打底有很多方式。無論是透過言語、擺放家具，甚至所處空間打光的方式，都能影響「被打底者」對環境、自己，以及「打底者」的感受。

回到剛剛的例子。你和吉姆在十五樓走出電梯，來到採光充足的邊角辦公室，這裡擺放著一張厚沙發，落地窗外是城市景觀。會議桌上放著一大壺咖啡，兩瓶已經拿掉蓋子的瓶裝水，還有幾本雜誌，其中一本攤開，上頭的文章是關於你的新創公司。

看到雜誌上就是你的公司，你也許覺得有點受寵若驚，但這並不是打底的部分，而是雜誌是攤開的，而非闔起狀態。別忘了，打底是「你沒想到會影響你感知」的事物，但打底就是有這種效果。

例如，會議室裡的燈光會助長你原本的心情。如果燈光很亮，你的心情就會變得更好，如果很暗，就會提不起勁。因為你心情已經很好，你搭電梯上來時喜歡吉姆，所以你現在大概更喜歡他，就算他並沒做些什麼刻意討好你的事。

打開的瓶裝水、攤開的雜誌，還有好幾扇透亮的窗戶，都表達了什麼？沒錯，開放感。他們讓你看到這些打底安排，是為了讓你在思緒方面更開放，更願意考慮別人的觀點，而這可能會對你的談判功力帶來很有意思的影響。

吉姆在會議桌旁就座，示意你坐下，然後開口：「謝謝你接受我們的邀請，願意來見我們。我們覺得這是一個真正的機會。如果你樂意跟我們合作、分享想法，我確信我們能讓這個合作案對彼此的團隊帶來龐大利益。」

今天已經夠順利了，而這種開場白更是好上加好，不是嗎？吉姆抓住你的注意力了嗎？應該有，因為他的開場白塞滿了打底詞彙。你找出答案之前，先把吉姆那段話再看一遍，看你能不能找出來，一共有九個。

接受、**願意**、**機會**、**樂意**、**合作**、**分享**、**確信**、**合作**、**團隊**。這些詞彙把聆聽者的注意力集中在三個要素上：正面、公開、合作。簡單來說，你現在更樂意聽吉姆要說什麼，也更喜歡跟他合作。

研究發現，人們接觸擁有特定含意的文字時，就會接受那些文字的人格。在某個跟這現象有關的著名研究中，研究人員請兩群受訪者拆散一句話裡的單字。其中一組人不知道自己拿到的單字都是跟「老人」有關的刻板印象，例如：老、健忘、皺紋、佛羅里達州、依賴、無助、好騙、賓果。第二組人拿到的是跟刻板印象無關的中性字，例如：口渴、乾淨、私人。受訪者結束了實驗，在離開現場時，研究人員暗中計算他們走過走廊花了多少時間。第一組人走路的速度變得緩慢許多！這就是打底的威力。

既然你明白了打底的原理，就能透過幾種方式來運用它，而且你不需要到處請人幫你拿著熱咖啡。

你下次要進行一場很重要的商業會議時，可以考慮一個能透過窗戶看到戶外、充滿開放氣氛的場地。如果沒辦法取得這種場地，也可以在現場擺放一些拿掉蓋子的水瓶，或是攤開的書籍。當然照明也很重要，總之確保你開會的對象心情愉悅。

還有，就跟吉姆一樣，事先想好開場白真的很有幫助。一開始的幾句會奠定整場談話的方向。把開場白寫下來，多加練習，把它想成一本書；大多數的人決定要不要買一本書，就是看序章。我認識很多高階談判者會把開場白寫下來，跟同事練習，以確保能獲得良好的打底效果，而且對方聽得也覺得自然。

聽懂自己在說什麼

我們在影響力的脈絡下討論「權威」時，指的不是拿你的權威來壓人。這條原則是，你在自己談論的話題上必須是個權威，意思就是你必須做好準備。這表示你必須做足功課，能中肯地、慎重地針對某個話題發言，能激勵向你尋求建議的聽眾。簡單來說：別胡說八道。人們如果把你當成某個議題的權威，就會被你影響。

還有，請記住，這麼做並不等於炫耀或表現傲慢，沒人想聽你朗讀自己的履歷表或作品集。人們可能會認為你是因為缺乏知識或經驗而自大，所以你最好不要過度強調個人資歷。重點不是「說服」別人相信你是某領域的專家，而是向他們「示範」你是專家。

你如果在某個議題上發表有深度又睿智的言論，人們就會非常樂意信賴你。

但請小心：把權威當成影響策略，這麼做有利也有弊。

我見過人們聘僱財務顧問時在這方面出問題。有些人花了好幾年的時間，嘔心瀝血地存下一筆錢，結果毫不多問地就把辛苦錢全交給投資人，就因為他們認定這個人是專家。也許投資人對客戶說「我清楚知道自己在做什麼，你們應該『相信』我」（這就是警訊），而客戶未曾質疑他的投資方式。這在金融詐騙案中很常見。我問過一些詐騙案的受害者，有沒有請所謂的金融專家提出可靠的資歷證照或投資策略，他們大多說沒有，只是盲目聽從投資顧問的所有決策，因為他在投資方面表現得就像個權威、專家。人們也常以同樣方式看待其他的權威人物，像是醫師和律師，把這種人的話語視為聖旨，很少想到去尋求第二個看法。

多做功課。在選擇該相信誰、為何相信對方時，請小心謹慎。

你侵入我的空間

想像一下，你為了開會而必須早起。你還沒完全醒來，而且你家附近的咖啡店比平時繁忙。你耐心地排隊時，「感覺到」站在你身後的人有點太靠近你。他雖然沒碰到你，但你感覺自己的個人空間遭到侵犯。你心想「也許我只是心情不好，需要咖啡因」，同時往前一步，希望能跟「空間入侵者」拉開一點距離。但你這麼做的同時，他似乎也緊緊跟上。他要麼沒聽過「保持距離」這種不成文規定，不然就是有什麼企圖。

你感覺血壓連同惱火情緒一同攀升……而現在還不到早上七點。但你感到的內部壓力，不是因為缺乏咖啡因，而是很正常的反應，源自生物學。在本能驅使下，如果不認識或不歡迎的人太靠近我們，我們就會感到焦慮、不自在。多近才算太近？這完全取決於我們對這個人做何感想。

文化人類學者愛德華．霍爾指出，我們對一個人的感想，決定了我們允許對方進入哪個空間範圍。

1. 親密空間：零距離到半公尺。這個距離只留給跟我們最親近的人，像是愛人、親近的家人，還有孩子。
2. 個人空間：半公尺到一點二公尺。我們和親密的朋友和家人分享這種距離。
3. 社交空間：一點二公尺到三點六公尺。這個距離是留給陌生人、我們剛認識的人，或是交情淺薄的對象。
4. 公共空間：超過三點六公尺。這種距離最適合用於公眾演說，或與聽眾互動。

空間關係學（Proxemics）是一門重要學問，專門研究人與人之間的空間關係。因為我們在心理層面上「擁有」周圍的空間，如果有人闖進我們周身，我們是可以提出異議的。我並不是要你在這方面找人麻煩，而是你不該因為制止對方而感到內疚，尤其如果你這麼做是為了保護自己（你如果需要指點，可以回去參考本書第一部）。但規則也有例外，例如擁擠的地鐵列車，繁忙的機場，或人潮洶湧的演唱會。文化也會造成差異，所以請注意你的周圍，並做出適當反應。

既然你明白了大多數人（至少在西方文化）如何看待「距離」跟「親密度」之間的關係，我接下來要示範，如何運用（甚至跨越）這些緩衝區，來影響你所在的情境。

警察局的偵訊室內部大同小異，裡頭通常有幾張椅子、一張桌子、一面雙向鏡，除此之外沒多少擺設，而空間關係學就是在這裡派上用場。一般的偵訊中，調查員坐在受訪者的正對面，有時候彼此間有張桌子，有時候沒有。根據空間關係學，調查員應該坐多遠，好讓受訪者覺得最自在？假設這兩人以前從沒見過面，那麼適合的空間就是一點二公尺，也就是社交空間。隨著偵訊持續進行，偵訊員常常會越來越靠近受訪者。為什麼？

影響力。

還記得我們討論過影響者散發的權威嗎？在這個例子中，警方調查員就是現場的權威，所做出的行為會給受訪者帶來心理影響。假設偵訊員如果更靠近受訪者，拉到三十公分左右（個人空間），就會讓人覺得彼此間的關係從社交空間變得更為密切。一個人進入我們的個人空間時，我們就會把對方視為親密的友人或家人。這點為什麼很重要？因為我們更可能跟親友傾訴心事、分享祕密。

高明的談判者有辦法進入一個人的親密空間，像是把手放在對方的肩上，表示安撫，或輕觸對方的胳臂，把對方的注意力引向前方。這些專家明白「觸摸」的價值，這麼做能促使人們說出心裡話。當然，肢體上的接觸，應該在雙方都同意的情況下才能發生。

同樣的，如果優秀的談判者往後靠向椅背，這是為了表達剛剛說的話題並不重要，不然就是表示不贊同。別誤會，我不是說你每次拉近跟對方的距離，就會自動地強化你們倆之間的情感紐帶（並不會）。其實，我見過受訪者為了拉開距離而靠向椅背。如果發生這種狀況，請不要硬闖進對方的個人空間，而是等對方做出非語言邀請，像是目光接觸、正對對方、俯身向前。你如果闖進對方的個人空間，就會破壞建立起來的友好關係，而這是你想避免的。就跟鏡像一樣，你必須把空間關係學運用得極為巧妙，才能發揮影響力。

這種「距離策略」也能給你的日常生活帶來重大成果。你下次跟剛認識的人進行談話時，請注意彼此間自然形成的距離。隨著談話持續下去，如果對方似乎也投入這場談話，你也想更認識人家，就可以開始慢慢拉近彼此間的距離。這將巧妙地表達這段關係從「認識」發展到「友誼」，而且你是個值得信賴、可以有話直說的對象。

然而，如果你拉近距離，而對方似乎拉開距離，或是非語言行為變得更為冷淡，你就該稍微後退，回到原本的距離。

判斷空間關係需要時間，但如果使用得當，其影響力就能產生更強韌、更深層的默契。

接下來是另一個例子。想像一下你搬進某個街坊，第一次參加了鄰里的社交場合。你的計畫是成為社區董事會的一員，以便對土地區劃法表達意見，因為這可能影響你孩子的學區。你知道董事會的董事長到時候會出席，所以你做了一點功課，得知他熱愛高爾夫、聖路易紅雀棒球隊。你注意到他剛講完電話，此刻獨自站在角落。依據空間關係學，你該怎樣接近他？

策略性的辦法是，去跟他握手並自我介紹，這樣就能自然地把社交距離縮小到一點二公尺左右，然後你可以說明你剛搬來，問他從哪來，推薦哪些餐館，總之就是能幫助你建立友好關係的話題。

隨著談話演進，你可以運用本書中介紹過的讀人術，來判斷他對你有何感想。如果他看起來很投入這場談話，你就繼續。我建議你，找個時機說出他喜愛、你也最熟悉的話題，並盡量縮小彼此間的距離。別忘了，你走向他的時候，他站在角落，所以空間關係必須由你來調整。例如，他熱愛棒球，很可能在這個話題上侃侃而談，而這讓你有機會窺探他的個人生活。假設這場談話一直很順利，你們下次見面時，你在他的印象中就是「喜歡同一種美式運動的朋友」。你贏得了他的信賴，而且他在下一屆董事會選舉可能會投你一票。

我們有時會誤判最適合每一段關係的最佳距離。有些人很樂意擁抱你、在近距離談話，但有些人還是喜歡跟你保持一臂之遙。記住，因為你正在試著影響他們，所以請注意對方的非語言行為、目光接觸、身體姿勢，來判斷你該站近一點還是遠一點。

空間關係圖是很好的參考，但也請注意談話對象在過程中如何移動。對方離你越近，就表示對你的感覺越親密。同樣的，對方如果開始後退，那你可能太靠近他們了，不然就是他們對你說的東西不感興趣。

找出你和對方的相似處

想像一下，你跟某人第一次約會，對方說自己超迷影集《眼鏡蛇道館》。你立刻從椅子上跳起來，喊道：「我的天啊！我超愛那齣影集，我超愛《眼鏡蛇道館》！」然後你心想：**哇，這真酷**。至少某個同事對我坦承這件事時，我是這麼想的，我也立刻覺得跟她產生了默契。

我們遇到的人如果跟我們同一天生日，或喜歡同一支球隊，或在同一個城鎮長大，不是會很興奮嗎？為什麼我們很在乎這些共同點？

因為我們喜歡跟自己很像的人。

看看你的朋友，你跟他們之間應該有很多相似之處，像是喜歡類似的食物，有類似的價值觀。你們大概喜歡去類似的場合，做些類似的活動。我們喜歡接近「覺得跟自己很像」的人，跟他們在一起時感到無比自在。同樣的，「未知」或我們覺得「不一樣」的人事物會讓人覺得不自在。如果某個人在品味和興趣方面都跟我們不一樣，就會比較難跟對方建立默契。

搭建橋梁的一個辦法，是試著找出你跟對方的相似處，尤其如果你想在對方心中留下好印象。任何領域都可能有共同點，像是最喜愛的食物或音樂。我們喜歡「讓我們聯想到自己」的那種人。請盡可能找出你跟別人之間的相同之處，就算完全沒有，你也可以透過微妙的方式創造出來。

我參加重要的商務午餐或晚會時，若有需要，身旁的人點什麼食物，我就點什麼，甚至飲料也是。我在洛杉磯跟一群媒體經理共進午餐時，我會跟別人一樣點沙拉或蔬菜捲餅，就算我其實比較喜歡漢堡。跟別人產生了共同點，我傳達的訊息就是「我們站在同一邊，我們在很多方面都同步」，如此一來，我們就更可能在重要議題上取得共識，像是我想推銷的構想，或我希望某個商務安排能如何進行。

我曾經和某個地方刑警一起進行偵訊，嫌犯是個年輕人，很可能是一起謀殺案的共犯。我試著跟這個嫌犯找到共通點，但一無所獲。我們來自非常不同的世界，但我明白創造共同點的重要性，所以我決心找出來。在偵訊室待了一會兒後，我問年輕人渴不渴。他承認口渴，說想喝百事可樂。我起身離去，端了三杯百事可樂回來，一杯給年輕人，一杯給我自己，一杯給刑警。

我記得刑警狐疑地斜眼看我，低聲咕噥道：「我喝可口可樂。」

「今天不行，」我說：「今天你得喝百事可樂。」

就這樣，我們三個一起坐在偵訊室裡，喝百事可樂。一小時後，年輕人認罪了。

這並不表示你必須演戲。你不該為了配合別人而徹頭徹尾地改變自己的個性。但你如果覺得找不到任何共通點，用這種微妙的方式接觸對方就可能帶來幫助。

為自己犯的錯負責

我在擔任特務時，「問責」（accountability）對特勤局的人員如何看待彼此有重大的影響。

有一次，歐巴馬總統在美利堅大學公開演說，而我負責所有維安工作，也就是我負責規劃一切細節：總統如何抵達現場，我們如何帶他進出場地，有多少探員站崗，有多少出入點，用來區隔人群的繩線如何配置、如何控制人群，還有與白宮和支援人員的溝通。考慮到責任重大，他們也分配了一名現場探員給我，幫忙執行維安工作。

「我們需要兩個出入點，」在總統演說的兩天前，我們先行探訪現場，我對現場探員說：「最少要有兩條進出的路線。」

「這個嘛，工作人員跟我說這恐怕有難度。」

「他們得想辦法解決，」我說：「無論如何，都要有兩條進出路線。」

「了解。」

第二天晚上，我最後一次查看現場，工作人員正在搭建場地。「你有沒有確保納入兩個出入點？」我問：「你有準備好兩條路線吧？」

「嗯，我們都想好辦法了。」

所以你能想像，我在隔天早上跟著總統車隊來到現場，發現只有一條路線能進入會場時，我差點氣瘋了。

幸好演說活動一切順利，但我知道活動結束後一定會被痛罵一頓。果不其然，總統一離開會場、動身返回白宮，我就收到上級電話，命令我去他的辦公室，而且叫我把現場探員帶去。

我們回到白宮後，我老闆開始嚴厲指責我。他沒對我的同事說一個字，他罵的每個字都是針對我，這麼做也有道理，因為扛這個責任的人是我。我要為發生的一切負責，我也不打算推卸責任。我在被罵的期間只有說「是，長官」這幾個字。

現場探員則是默默站在我身旁，一次也沒插嘴。他沒向我老闆解釋，我曾多次命令他建立出入點，但他沒能照做。這對我來說看似不公平，但這並不是重點所在。

特勤局教導我們，不只為自己負責，也為別人負責。我認識的每個探員幾乎都跟我一樣勇於當責，這種人才不會被大夥唾棄。

人都會犯錯，有些是小錯，有些不算小，但事實是「人就是會犯錯」。社會教導我們：錯誤很可怕，還可能蒙羞一輩子。但事實是，會蒙羞一輩子，是因為你沒扛起責任。

重點來了：許多錯誤雖然避無可避，但是可以被原諒的；然而最嚴重的錯誤，是拒絕扛起責任。這關乎人品和正直。最好的榜樣，是一個人坦然面對錯誤，為自己的錯誤或一時不察而負起全責。

換作成就也一樣。為你做的事負責，無論好壞，概括承受。

也請記得，沒人想追隨推卸責任的人。人人都會犯錯，差別在於犯錯後如何恢復過來。

懂得適應

前重量級拳王泰森在某次比賽前接受訪問，記者問他擔不擔心他的對手為了這場比賽做足準備。泰森的答覆是：「人人都有計畫，直到臉上挨了一拳。」這是我最喜愛的名言之一，因為提醒了我一項事實：我可以把計畫想像得很完美，直到……砰！我慘遭迎面痛擊。人生就是會給我帶來打擊。

每個人都有計畫與事實相違背的經驗。假設你正在為一場會議或談判做準備，你把一切都想好了，知道自己要說的所有重點，在什麼時候要說什麼，現場會如何擺設，你會站在哪……一切設想周全。但在開會那天，所有環節都跟計畫的不一樣。你的汽車沒辦法發動。你叫了計程車，結果車子晚來了二十分鐘。你開會遲到，而且投影機出問題。你準備的投影片順序不對，你認定會出席、支援你的某人生病請假。你在這種情況下該怎麼辦？你會從容應對？還是不知所措，在演說時結結巴巴、忘掉所有重點？

我們都會事先猜測事情將如何發展，但有時候就是不順利。我們如果認定事情一定會怎樣發展，就會變得缺乏效率，很難解決問題，調整思考方式，因為我們被困於給自己設下的僵硬計畫。

在特勤局，我們在保護方面做的一切努力都經過大量演練。但我們知道，無論事先多麼小心安排，事情還是隨時可能出錯，這意味著我們必須盡快適應。這就是為什麼我們的應變計畫本身也有應變計畫。我們為一切做好準備，不管是炸彈、火災、暴動、生化武器，還是輻射武器。我們有A計畫、B計畫、C計畫，甚至更多。如此一來，當事情（遲早）出錯時，我們就能迅速適應新環境或新狀況。

無法變通的人是最危險的人，因為他們不知道如何適應，就會變得被自己想出來的唯一情境綁住，無法轉念，在遭遇打擊時幾乎無法穩住自己。如果碰上分手或失業之類的挫折，他們將不知如何是好，因為他們根本沒練就出適應力。別讓五分鐘的不順，像是車禍、跟朋友吵架，讓你一整天或一星期都心情惡劣。你有力量來決定如何對挫折做出反應，而越挫越勇是值得開發的能力。

給人們選擇

身為個體，我們喜歡做選擇的能力，這稱作「自主權」。

自主權是擁有個人選擇，讓你覺得自己能控制事物、擁有獨立地位。這類選擇在偵訊室雖然不多，但依然存在，像是「你想坐哪張椅子？」「你想不想喝點什麼？」。在我們的個人生活中，自主權的例子包括「你想去哪用餐？」「你想看什麼電影？」。這類選擇雖然看似不大，但在散發影響力方面，你如果讓談話對象有選擇權，會大有幫助。

我在跟製片人開會、推銷構想時，通常會有一些在意的目標，意思是我在某些層面上不願意妥協。但如果是我不在乎的東西，像是開會地點或時間，我就會把所有自主權讓給對方。我願意開一小時的車去更遠的會議室，或調整行程表，就為了讓對方擁有所需的彈性。然而，我們在會議室坐下來後，我會運用我所有的影響力，來讓對方感到興奮、對我看重的事情表達支持。

你下次跟同事或新客戶開會時，如果可以，給對方一個選擇吧：

「你想喝什麼？」

「你想坐哪都行。」

「你想去哪用餐？」

「什麼時候開會對你來說最方便？」

記住：你如果讓對方覺得你已經給了他善意和彈性，他就會更願意跟你合作。所以，你在「你願意放棄控制權的事物」上讓出自主權，就不用在「你真正在乎的事情」上讓步。你先多給一點，在不想給的時候才不用給。

第二十二章 別人如何影響你

即使對方口才欠佳，只要你懂得傾聽，也能從中獲益。

——羅馬時代希臘作家，普魯塔克

三人行必有我師

「導師」（mentor）這個字，對不同的人來說有不同意義。導師可能是你高中時鼓勵你、支持你的人，也可能是個總是提出巧妙建議的嬉皮叔叔，不然就是栽培你的好老闆。

導師這個字其實源自古希臘（我知道，還真令人震驚）。在荷馬所著的史詩《奧德賽》中，主人公奧德修斯為了參加特洛伊戰爭而離家的十年間，把年幼的兒子鐵拉馬庫斯託付給忠誠的良師益友「曼托爾」（Mentor）照顧。在英語中，導師一詞是指經驗豐富、值得信賴的指導者，這個人自願把知識傳授給學識較為淺薄的另一人。

導師觀念其實伴隨兩個迷思。首先，我們以為尋獲良師是獲致成功的關鍵，我們需要某人提供引導和建議，幫助自己聚焦於目標。你如果擁有這種導師，那你真的很幸運。可是沒有的人該怎麼辦？如果就是碰不到這種願意協助我們成長的人，豈不是完蛋了？

這種迷思會讓我們產生對導師的倚賴，以為如果想獲得成功，就需要別人的幫助。但事實是，你並不需要一個好老師、風趣的叔叔，或大方的老闆來幫助你達成目標。從某些方面來說，你身邊沒有這種人反而更好。你如果倚賴某人來幫助你避開人生的諸多陷阱，那你怎麼可能懂得從自己的錯誤中記取教訓？你怎麼可能學會越挫越勇，或在導師離去後能自行做決策？更糟的是，你怎麼知道腦子裡的想法真的屬於你，而不是複製導師？

既然如此，何必只尋求一人的忠告，而不尋求眾人的建言？只要你願意觀察、吸收人們的教訓，三人行必有我師。

人生裡的一些教訓，不一定來自你覺得值得欽佩的人身上。好榜樣和大爛人都能讓你學到很多東西。有些人擁有你欣賞的優點，而有些人會讓你看到你該小心避開的缺點。例如，優秀的上司讓你看到你想成為的那種領袖，而糟糕的父母讓你目睹育兒的錯誤示範。你可以把導師想成琳瑯滿目、五花八門的自助餐，你不需要每道都嚐一點，而是只把你想吃的菜餚放在你的盤子上就行。

第二個迷思是，我們必須能直接接觸到導師。這和第一個迷思一樣並非事實。在沒有網路或圖書館的古代，第二個迷思也許是事實，因為當時的社群很小，知識主要來自鎮上的長老。但在今天，我們能隨時隨地接觸任何對象。我所謂的「接觸」不是指面對面，而是我們能觀看、聆聽、向任何人學習，無論他們是住在隔壁、鄰州，還是世界的另一頭。

我在白宮工作的那些年裡，從沒私下跟任何一個受護者談過話、尋求他們的建議，畢竟我的職責是保護他們，不是向他們尋求建言，再加上他們正在忙著治理這個國家。在空軍一號上，歐巴馬總統從沒在我身旁坐下、親口分享他對「總統風範」的定義，但我能向你保證，看著他每天如何踏著穩健步伐走過混亂場面，我學到了這四個字的真諦。在下一章裡，我將與你分享我從他那裡，連同我保護過的其他領袖身上，學到的寶貴經驗。

在我的人生裡，我從沒把**哪一個人**視為我的個人導師。我和很多人一樣，在成長階段並無法享有「擁有個人導師」的特權。我在很多事上必須自己想辦法，有些時候這很困難，而且令人無比沮喪。但現在回想起來，我意識到這反而造就了我，讓我學會獨立精神、獨立思考，如何有效解決問題；更好的是，我學會在任何環境都能成長，以便持續發展我的人格，並懂得避免變成我討厭的那種人。

所以，你下次看到欣賞或甚至唾棄的人，不妨自問：「我能從這個人身上學到什麼？」也許是自信的模樣，或友善的微笑。也可能這個人對自己妻子講話很不客氣，或看什麼都不順眼。每一個觀察，無論好壞，都可能為你指點迷津。

孤獨其實充滿力量

我們的文化把「孤獨」視為洪水猛獸。有一種先入為主的觀念是，我們的朋友越多，對自己的感受就會更良好，所以很多人成天忙著跟其他人攪和。問題是，周圍其他人的聲音可能會淹沒我們自己的聲音，而我們必須能聽見自己的聲音，聽見需要也想要的目標。出於這些理由，我們每天都需要定期遠離周圍的雜音，尋求獨處的時間。

人類是社交動物，乃有其必要。我們這個物種之所以能生存，是因為建立了部族，促進了彼此合作。但在今天，我們常常覺得為了提高生產力，就需要跟其他人在一起。如果工作是認知類型，一群人集思廣益、整理出大量想法，那麼這個想法也許是正確的。但在「個人生產力」方面，我們如果獨處，遠離其他人造成的干擾，反而更有利。

研究指出，我們在獨處時，更能深度運用大腦的創造力，想法如泉湧。簡單來說，孤獨能讓我們排除吵雜的外界聲浪和意見，把精神集中於個人真相，並獲得獨立思考所需的清晰狀態。

花點時間獨處也能提升個人努力。我們在屬於某個團體時，做出的努力其實會比獨自作業時更少，這個現象稱作「社會性懈怠」（social loafing）。在一項名為「林格曼效應」的研究中，研究人員用布條蒙住受試者的眼睛，要求他們全力拉扯一條繩索，並將他們輸出的力量記錄下來。接著，研究人員請同一名受試者再次拉扯繩索，但說明他們會跟另一群人一起這麼做，人數介於兩人到六人之間。研究人員發現，受試者在「集體」拉扯時，輸出的力量變少了。我們如果倚賴其他人幫忙達成某個目標，所付出的心力其實會比孤軍奮戰時更少。

所謂的掌控影響力，就是懂得什麼時候該遠離他人。我們有時會很容易被旁人的意見影響，讓我們不知如何是好，甚至懷疑起自己，或使得我們完全偏離軌道、無法達成目標。有時候，我們不自覺地允許自己被身旁的人影響。父母、配偶、手足、好友的批評和態度，都會對我們的抉擇帶來重大影響，就算自己可能並沒有發現這點。而解決之道就是獨處和自我反省。獨處能幫助你判斷，你心中的想法和情緒是不是真的屬於你，還是你是從周圍的人們或文化接受了這些態度、想法和偏見。

別忘了，就連超人也有一座「孤獨堡壘」，所以你可以考慮一下如何打造自己的孤堡，像是獨自出門散步；比其他人更早起床；趁家裡安靜時花點時間寫日記，或啜飲咖啡；找個偏僻的角落冥想；在公園找張椅子坐下，凝視人群；在週末獨自度個假。重點是，在一天當中騰出時間，就算只是幾分鐘也好，遠離塵世喧囂，找到內心平靜。

避免自我編輯

你開始明白其他人可能如何影響你之後，接下來要做的，是判斷你可能如何影響你自己。負面的自我信念，能輕易阻止我們冒險或追求想要的事物。

不久前，我和一位訓練課程設計師談過。她負責的課程，是訓練美國陸軍特種作戰司令部在北卡羅來納州布拉格堡分部的新兵。我問她，特種部隊是怎樣把一般人訓練成菁英戰士，她只是說聲：「我們並沒有這麼做。」

「什麼意思？」我問。

「一般人根本不會來應徵這麼困難的工作，會來的都是自我挑選過的。所以我們招募到的是本來就相信自己辦得到的堅強新兵。」

「自我編輯」這個觀念，和我們「害怕失敗」息息相關。我們選擇不加入某個團隊，是因為覺得自己不夠格，但有時候不只如此。我們也可能開始編輯我們在人生其他領域上做的選擇。

我們任憑自我信念（我們是誰、我們做不到什麼）來決定要走哪條路。就算我們如果給自己嘗試的機會，說不定就能拿出優秀表現，但我們可能因為極度害怕冒險，而不願嘗試追尋想要的事物。我們在創造出一個夢想的同時殺掉它。我們說服自己相信，我們缺乏相關技能、才華或自我價值，認定其他人絕對比我們更夠格。我們找出「做不到」

的原因，而不是把精神集中於「怎樣才能做到」。

就像美國陸軍特種部隊的應徵者，特勤局特務的應徵者也經歷過同樣的自我挑選。只有充滿自信、精神強韌的人，才會以應徵者的身分站出來。自我懷疑的那些人根本不會應徵，而這就意味著，他們永遠不會知道自己究竟能不能成功。在人生和職涯中，這種自我編輯的心態將時刻牽制我們。你不是克服它一次就夠，而是要跟它拚搏一輩子，幸好，這方面練習得越多，就會越順手。

在選擇要不要冒險的那一刻，你必須推開的第一個障礙物，必定是你自己。先看看你的思考模式和態度，是不是讓你限制了自己？你是不是說服自己相信路上有太多障礙物，結果怯於邁向目標？你是不是專注於「我不能達成某個目標」的所有藉口，而非「我能達成某個目標」的理由？

你在考慮要不要冒險時，心中一定會出現自疑之聲。批評的聲音永遠會躲在你心裡，向你指出所有的缺點和不足。你如果把每個障礙物都當成無法跨越的高牆，就等於讓「你自己」成為失敗的原因。

嘗試和不嘗試，成功和不成功，差別就在於，你是否懂得如何注意並走過自我編輯的試煉。**你聽到的第一個「不」字，永遠不該來自你自己。**

停止比較

一九五四年，英國的羅傑．班尼斯特和澳洲的約翰．蘭迪，被視為世界上最快的兩名跑者。那年的五月六日，班尼斯特創下世界紀錄，在四分鐘內跑完一英哩（約一點六公里），所用的時間是三分五十九點零四秒。不到兩個月後，蘭迪創下比班尼斯特快一點四秒的紀錄，成了新的世界紀錄持有者。同年夏季，兩名男子第一次聚首，一同參加大英國協運動會，而他們倆一決勝負的田徑賽事，後來被稱作「奇蹟之哩」。

在那場比賽中，蘭迪一開始領先不少，但班尼斯特拚命拉近距離。兩名男子衝向終點線時，領先的蘭迪做出了不可思議的舉動：他稍微分了心，把注意力從終點線移向班尼斯特。蘭迪回頭尋找對手時，班尼斯特從旁飛奔而過，贏得比賽。蘭迪在激戰中太在意對手，結果沒能集中精神，因而敗北。

無論我們承不承認，很多人其實是「跟別人做比較」來定義自己的地位。我們把個人成就建立在別人的失敗上，拿自己的缺點跟別人的成功比。我們把別人當成氣壓計，來評估自己的力量、容貌、智慧和機智。競爭意識本身不是問題，我們其實從小就在經歷個人競爭，無論是小學成績、舞會人氣票數，還是大學入學考試。競爭給我們帶來了動力，但競爭的方式會決定我們變得更好，還是變得心神不寧。

以前在特勤局的靶場練槍時，教官總是提醒我們：把注意力放在自己的槍靶上。我們幾個人會並肩而立，彼此間只相隔六十公分左右。在這種距離下，我會很想偷瞄其他人的槍靶，看他們的射擊準頭如何。而我每次只要偷瞄別人的槍靶，我自己的準頭就會大受影響，我擊出的子彈會四散於靶心周圍，而不是像原本那樣落點集中。

你仔細想想，會覺得這其實有點荒唐，因為別人的射擊竟然大大影響了我的子彈落點，但這真的發生了。我原本很清楚怎樣開槍（站穩，對齊準星，平穩地扣板機），但只要我把自己的成績跟別人做比較，我的準確度就會下降。這是因為旁人讓我分了神，我的注意力不再專注於眼前的工作上。

蘭迪想成為「地球上最快跑者」這項畢生志願，就是賜予他動力的健康競爭心態，但他因為憂慮對手在做什麼而輸掉了這個頭銜。

你浪費一分心力去擔心別人的成果或表現，就等於少一分心力用在你自己身上、提升自己的能力、大步往前走。

懶得管那麼多

你如果願意投入時間和心力，從零開始學習一門技藝，就能獲得無比的成長機會。但你如果想這麼做，就不能在意別人怎麼看你，而是必須完全專注在你自己的學習和進步的目標上。

我和我先生在倫佐·格雷西的道館學習巴西柔術和泰拳，這是紐約最好的道館之一。我丈夫已經練過很多年，如今迫不及待地重返訓練，而我則是徹頭徹尾的初學者。

你如果以為我學柔術應該很簡單，畢竟我受過特勤局的訓練，那你就大錯特錯了，特勤學院根本沒教過我們這種戰鬥方式。相反的，我們學過的技巧是專注於維安與生存。徒手對付來犯，這麼做不僅對襲擊者來說很危險，對我自己來說也是，因為你根本不知道對方身上有沒有武器，心智是否正常，是否酒醉，有沒有殺人意圖。你不能，也不應該把自己跟那種對手放上同一個擂臺。我們身為執法人員，學的是如何迅速又有效地解決問題，只使用必要程度的武力，不多不少。

相較之下，跟一個手無寸鐵、沒打算要我命的訓練搭檔在地墊上抓來抓去，完全是另一回事。柔術這門武術，著眼於如何運用寢技和關節技來讓對手屈服，而我目前的段位是白帶，白得幾乎透明。我上課時常常覺得一頭霧水，不知該如何是好。被稱作「教授」的柔術教練才示範過某個招式，我過了三十秒就忘了。我試著用蠻力壓制對手，而不是智取。總而言之，我很遜……有夠遜。

話雖如此，我只要撥得出時間，就會去上課，無論我心情多麼低落，覺得自己多麼邋遢。

你知道為什麼嗎？

因為我懶得管那麼多。

我不在乎自己沒化妝，頭髮看起來就像野鼠之窩。我不在乎我在地板上滾來滾去時表情就像猙獰野獸，我不在乎我的道服大了兩號，套在我的矮小身軀上看起來一點也不美觀。我是可以花錢弄一件更酷帥的道服，不過這就違背了我去上課的目的。

因為，如果我在乎自己的模樣，在乎同學怎麼看我，我根本不會去上課。我會一直覺得自己很沒用，擔心我拖累了其他更有經驗的同學。如果我一直拿自己跟能力更強的做比較，就會羞愧得根本不敢進教室。出於這個理由，我沒讓任何人知道我曾是特勤局特務，因為我不想給自己壓力、覺得必須向他們證明什麼。

我去上課，是為了我自己，為了變強，為了學習不同類型的格鬥方式，為了保護自己，為了學習新的方式來移動並運用身體，為了在讓我不自在的場合感到自在，好讓我能繼續強化「心理韌性」這個永無止境的任務。我去道館是為了我自己，不是別人。

我這輩子很少不考慮自己的外表、以什麼樣子向世人呈現自己，但在健身或上柔術課時，我的重點不是世人的目光，而是我自己，還有我內心裡的專注力，我看重的是仔細觀察身心靈的變化。我去道館，是為了找到最強的我。說真的，我是為了這種時刻而活，處於全神貫注的境界，不再在乎誰在看我、看到什麼，而是只專注於我自己的成長。在人生中找到一個「懶得管那麼多」的領域，是我給自己最棒的禮物。

我知道自己會隨著時間和練習而進步，會學到更多，變得更自信，而且我遲早能提升段位，只要我選擇這麼做。我去上課不是為了獲得其他人的讚賞，甚至包括我丈夫的讚賞，就算我很愛他。我去上課時，不與任何人競爭，只跟我自己較量。

打造防彈心態

精神狀態會影響我們如何跟這個世界互動。你可以培養出堅強的心靈，也可以培養出軟弱的心靈。但就算你投入心力維持，還是會碰上低潮。每個人都會碰上高潮和低潮，無可避免，而且很遺憾地，我們不可能每一刻都在現實中或心態上保持堅強。這就像在海裡，不管你多擅長游泳，潮浪還是可能把你拖進水底下，但這不要緊。

當你覺得難以承擔負荷，絕望地想浮上水面換氣，可以做些簡單的事情來幫助自己。無論你是每天，還是在重要場合的前一晚，以下幾種「影響機制」都可以為自己打氣，賜予你所需的力量和勇氣。

看防彈電影

有沒有哪部電影讓你熱血沸騰？研究發現，電影能在你的大腦裡產生複雜的變化，進而改變你的心理狀態，所以我們在看電影時潸然淚下，深刻體會主人公的掙扎，對他們的勝利感到喜悅。

就我個人而言，《神鬼戰士》和《洛基》是我的首選。我每次看這兩部電影，就會覺得在精神上受到激勵，在肉體上覺得更堅強。我的心靈韌性獲得補充，讓我能勇於面對充滿挑戰的局勢。

心理學家伯吉特．沃茲研究電影的治療效果，著有《電影在情感方面的魔力》（中文書名暫譯，*E-motion Picture Magic*），曾解釋：「因為許多電影是透過感性面而非理性面來傳達想法，這能中和我們想壓抑感受的本能，並啟動情緒宣洩……看電影能觸動情緒，所以能打開平時緊閉的門扉。」如果看了激勵人心的電影，在電影結束後自然會影響你的心境。

選一部能反映你面對的困境的電影吧（希望你選的不是《鐵達尼號》）。電影不僅能提供情緒宣洩，也能鼓勵你採取行動。

聽防彈歌曲

你也能利用音樂這種工具，來把心理狀態帶往更正面的方向。我們在滿足了進食、睡覺或生育的欲望後，大腦會分泌多巴胺，這種「安樂」神經化學物質能讓我們感到快感和獲得獎勵，而最近有個關於「大腦如何處理音樂」的研究發現，聽音樂也能激發這種化學物質。

我曾經跟一名測謊員合作，他每次進行偵訊前都會聽同一首歌。我忙著複習提問項目、擺放桌椅時，他會坐在角落裡，聆聽能激勵他的音樂。我們當時常常處理一些令人緊張兮兮的大案子，而他知道自己如果從一開始就覺得強大又有自信，在偵訊方面就會有更好的表現。

找一首讓你覺得自己天下無敵的歌，試著每天早上都聽，無論在上班上學的路上，還是在重要場合揭幕之前都可以。如果你在開會演說前都會緊張不安，那麼挑一首適合的歌曲，說不定能給你帶來足夠的激勵，讓你抬頭挺胸走進會場。

改善體適能

規律運動也能給你的心理狀態帶來重大影響。健身不僅能強化身體，也能強化心靈。此外，健身也會釋放腦內啡，給心情帶來正向影響。請試著每天撥點時間用於改善體適能和心理狀態。

此外，我們的姿勢也會影響心情。你如果一整天都彎腰駝背，你的心情可能也好不起來。檢查姿勢，就能有效地確保你在站立或坐著時都抬頭挺胸。心靈會受身體所影響，意思就是我們如果改變姿勢，也就能改變心境。

我有戴一條手鐲，上頭寫著「檢查姿勢」。每次看到這條手鐲，就會記得調整姿勢，而事實證明我一天內要調整幾十次。研究發現，某些「威力姿勢」能讓我們覺得更堅強。你可以試試看超人或神力女超人的站姿：擺開雙腳，穩穩站立，雙手扠腰，抬頭挺胸。

極限體驗

你如果正在面對非常嚇人的情境，像是即將提出辭呈，或離開一段很糟的人際關係，或任何讓你覺得恐懼、不知所措的局面，可以試試看另一種工具。

顧名思義，極限體驗包括跳傘、高空彈跳或賽車之類的活動，都能有效地幫助你克服人生中的其他恐懼。在半空中跳出飛機，一定會引發強烈恐懼，不管你跳過多少次。

但同樣的，你刻意對抗跳機所引發的F3反應，就能讓你充滿力量。

就算你需要克服的障礙跟飛機或墜落的恐懼無關，研究也發現，你如果克服了某種恐懼，就能降低其他方面的恐懼。這些體驗也能幫助你在解決問題方面變得更積極、更有創意。

第二十三章 你也能展現總統風範

最好的美德，會給旁人帶來最大的益處。

——亞里斯多德

總統和第一夫人的美德

在美德方面，最好的榜樣莫過於美國這個泱泱大國的歷代總統和第一夫人。我在特勤局那些年，見識過這些先生和女士天天飽受抨擊，一言一行都受到外界的嚴格審查，他們做的每個抉擇都會被詳加分析，任憑全世界批評。如果說美國總統和第一夫人必須韌性十足，這種說法其實略嫌保守。

很多人常常忘記一件事，就是總統和第一夫人跟我們一樣也是人，心也是肉做的，也有心神不寧、身心憔悴的時候，但他們承受的痛苦和折磨沒比一般人少。但我保護過的總統或第一夫人，未曾以殘酷行為來回敬外界的殘酷，而總是試著做出光榮的行為，維持優雅與鎮定。簡單來說，他們堅守「總統風範」。

我第一次了解「美德」這種觀念，是接觸了古希臘哲學家亞里斯多德的著作。他說道德良好的人擁有十二種美德：勇氣、節制、慷慨、莊嚴、雅量、雄心、耐心、友善、誠懇、機智、謙遜，以及公正。我成為特勤局的新人時，學到另一組稍微有點不同的美德。特勤局的徽章是五芒星，五個尖角分別象徵特勤局探員該擁有的五種美德：公正、責任、勇氣、誠實、忠誠。

我想先從忠誠開始講起。我身為探員，能接觸許多重要的人物和地點。我保護過總統及其家人、外國元首，還有來自伊斯蘭教國家的酋長。我見證過歷史，也慶幸得以目睹這些重要場面背後的花絮。

人們常問我「妳最喜歡哪個總統？」「蜜雪兒．歐巴馬究竟是什麼樣的人？」，要我澄清傳言的真偽，透露祕辛，揭露我曾發誓保護的那些人的切身祕密。然而，我在成為探員時，曾發誓奉行五芒星上的五大美德。時至今日，我依然信守這個誓言。此外，他們的故事屬於他們，我沒資格多說。人們要我說出關於歐巴馬夫人的祕密時，我叫他們自己去問她。

我發誓保護的那些人是「人」，是我的人，我曾發誓保護的人，而且不只是人身安全方面。他們對我這個探員投入大量信任，願意讓我接近他們。所以，如果你想要的是關於某任總統的辛辣祕聞，那你找錯地方了。你在這本書裡找不到那類故事，我也不打算告訴你。

但我能夠分享，也想要分享的，是我從這些偉大的人物身上學習到的美德，因為他們每個人都有與眾不同的特色。無論你的政治立場是偏左、右、上下顛倒還是怎樣，想成為美國總統或第一夫人都不簡單，這絕非輕鬆差事。

我站在陰影中的那些年裡，觀察並從他們身上學了很多東西。我注意到我的受護者擁有的強項和優點，我也盡可能仿效我最欣賞的那些人。因為這個原因，連同其他理由，我永遠慶幸我曾與他們共處。雖然他們自己並不知道，但其實他們每個人都是我的導師。

柯林頓總統：大方

如果要我從保護過的歷代美國總統當中，挑幾個出來組樂團，我一定先挑柯林頓總統，不只是因為他很會吹薩克斯風，更因為他堪稱美國總統當中的搖滾巨星。人們很愛他，他也很愛人們。無論他去哪裡，仰慕他的大批粉絲會圍上來尋求他的關注。他是發自內心地對人們感到好奇，這表示他絕不會錯過任何與民眾談話的機會。你如果是柯林頓的粉絲，而你獲得了總統的注意力，哪怕只是片刻，也是令人難忘的經驗。但對負責保護他的特勤局探員來說，他這樣即興談天，真的把我們搞得緊張兮兮。

我能指出我臉上被柯林頓總統嚇出來的皺紋有多少。

有一次，我在紐約市希爾頓酒店擔任現場探員，柯林頓總統在一場年度教師大會上演講。這家希爾頓位於曼哈頓中城區，是紐約市最大的酒店，擁有一千九百多間客房，一萬四千平方公尺的集會空間，還有三家大型餐廳。意思就是，這家酒店一直都很繁忙，而我不僅必須找出讓總統往返於防彈禮車和講臺的安全路線，也不能對酒店的營業造成嚴重干擾。這可不簡單。

為了讓總統進入酒店室內，我選了一道通往廚房、不起眼的側門。這雖然不是最理想的路線，畢竟廚房裡到處都是尖刀、沉重的鍋子，還有員工，但在當時是最合理的選擇。我們和酒店達成的條件之一，是他們會確保員工避開總統行經的路線，我則保證會盡快縮短穿行於酒店的時間。我們通過某個區域後，酒店員工就能繼續進行原本的工作。

柯林頓總統的車隊抵達後，我在門口跟護衛隊隊長會合，並帶領探員們、總統和支援人員穿過錯綜複雜的維安廊道，前往後臺入口，一切就像鐘錶齒輪般順利運作。他走進會場，群眾發出歡呼，我目前為止的維安計畫毫無瑕疵……然後他提前結束了演講。

總統隔著繩線跟群眾握手時，我快步跑過走廊，清空路線，確認所有出入點，然後我進入廚房。糕點師、洗碗工和廚師在我眼前來來去去，都在忙著滿足酒店客人的飲食需求。我知道總統如果看見這些員工，一定會停下來跟他們談話，而這並不是維安計畫的一部分。如果要讓這些員工跟總統互動，就必須事先對他們進行安全檢查，但我們並沒有做好這種準備。我急忙試著召集這些人，但感覺就像召集一大堆貓一般徒勞。

「我們正朝妳的方向過去，波普拉斯，」護衛隊隊長的大嗓門從我的耳機傳來：「確保路線安全。」

「你們必須在裡頭等一會兒。」我對員工說，同時指向左手邊的大型衣帽間。「一、兩分鐘就好。他從旁經過後，我就讓你們出來。」

十五名員工魚貫進入衣帽間，各個面帶微笑，毫無抗拒之意。我總覺得他們因為知道總統會從旁經過而感到開心，就算彼此相隔一小段距離、以不鏽鋼門板阻隔。最後一個員工走進衣帽間後，我立即關門上鎖，然後我立刻聽見裡頭的騷動。我抬起頭，發現他們把笑嘻嘻的臉龐壓在門板的玻璃窗上，看著我。他們十五人幾乎全擠在門板的小圓窗上，希望能目睹搖滾巨星。

我焦急地在周圍尋找東西，想把圓窗蓋起來，像是紙張、鋁箔紙，甚至鍋蓋也好，但一無所獲，也沒時間了。在這一刻，廚房門敞開，柯林頓總統走進，一臉開心燦笑。我做出最後努力：我整個人擋在門板前，盡可能站直，把身子像海星那樣呈「大」字形伸展。我希望自己的腦袋能遮住門上的圓窗，但我連窗框底部都碰不到。這扇門太大了。

拜託別看，拜託別看，拜託別看，我在心中默念。然後……媽的！他朝我這兒看來。

「嘿！」柯林頓總統在我面前停步，問道：「是誰在裡頭啊？」

跟總統走在一起的護衛隊隊長狠狠瞪我一眼，彷彿想把我抓去做成串燒。果不其然，柯林頓總統伸手打開了衣帽間的門，廚房員工就像原本被塞在小丑盒裡那樣，從門裡蜂擁而出，每個都因為能見到總統而興奮得笑容滿面。

我急忙引導他們排隊，讓總統有走動的空間，也讓我們能在他身後組成維安緩衝區。柯林頓總統一一跟每個人打招呼，員工各個興高采烈。他問他們叫什麼名字、來自哪、在酒店裡做什麼工作。他提問時不疾不徐，而且也不只是隨便寒暄兩句而已。

時至今日，他對人們的大方態度依然令我驚奇。我們在日常生活中，常常被自己的個人興趣或時程轉移注意力，但是柯林頓總統教會我「慢下來」。我因為觀察他而明白，我的時間並沒有珍貴到不能跟我每天見到的人們分享。想建立同理心和愛心，我們就必須真誠地對別人感到好奇，並了解他們的經驗和人生。

我們常常把「大方」跟金錢聯想在一起，但我從柯林頓總統身上學到的大方，是時間上的大方。

第一夫人希拉蕊．柯林頓：毅力

此刻，我們大夥，包括特勤局、紐約市警局，還有希拉蕊．柯林頓的隨從，都聚在紐約市一條小路邊，討論即將進行的「移動」。

「移動」是指特勤局保護的對象從某個地點前往另一處，像是從住處走向車隊，從東廂辦公室走向西廂辦公室，或行走於如繩線般的小徑之間。但這次的移動不太一樣，而且意義非凡。當時的美國第一夫人希拉蕊・柯林頓，將參加紐約市的同志遊行。據我所知，在所有特勤局受護者當中，只有她參加這場遊行。

我們最後一次複習維安計畫，然後就要進入遊行路線。我被指派為支援司機，負責保護她的六點鐘方向，也就是她的背後，我將駕駛特勤局的卡車緊跟在她身後。如果發生任何事，我將把卡車當成盾牌，讓柯林頓夫人上車，逃離危險區。

大夥不自在地面面相覷。我們真的要把她放在遊行路線裡？在紐約市？被數以千計……不，是數以萬計的人們包圍？我們根本不知道威脅會從哪來，誰會攜帶武器，而且如果出了事，我們要如何控制那麼多與會者？

我們探員就這麼幾個，而且跟往常一樣需要大力借助紐約市警察局的人力。我們力挺柯林頓夫人，而紐約市警察局力挺我們。

我們雖然都很想說服她打消念頭，但也知道這麼做只是白費力氣。她一定會參加遊行。

我的老天爺，我心想，這下子鐵定很有趣。

我穿上防彈衣，跳上黑色的雪佛蘭薩博班休旅車的駕駛座，發動引擎，低聲咕噥：「開始了。」

她走在遊行隊伍當中；我緊跟在她身後，掃視人群，尋找任何可能傷害她的威脅。我處於高度警戒又緊繃的狀態，柯林頓夫人卻跟平時一樣沉著冷靜、心平氣和。

她走動時笑容可掬，在歡鬧氣氛中對眼前每個人揮手，人們也朝她揮手歡呼。身穿閃亮禮服、披戴華麗假髮的變裝皇后對她喊道「妳太棒了，女士！」，並三不五時喊她「女王！」。希拉蕊顯然樂此不疲，周圍的人群也是。

這件往事發生在二〇〇〇年代初期。在當時，這種遊行還不是政治人物「常」做的事，同性戀的身分依然遭到許多人抨擊或避而不談，同志遊行也還沒成為主流文化的一部分。

但希拉蕊就是做了她相信該做的事。

她在場，因為她想參與，因為她覺得有必要表達這個社群需要的支持和團結。

我雖然因為置身於無法預測的人群而憂心忡忡，但這也是我參加過最酷的任務之一。圍觀者也注意到我緊跟在她身後，立刻對我發出歡呼。

「女孩妳太酷了！」

「加油啊，特勤小姐！」

「好好保護我們的希拉蕊啊！」

我雖然維持面無表情，但心裡忍不住微笑。能參與這項任務、她的行動力、她透過參加遊行所傳達的訊息，我深感驕傲。

想做到她做到的，就需要毅力，而且我指的不只是她那天參加遊行，而是她做過的一切。

她從第一夫人成為參議員、國務卿，之後成了總統候選人，承受了政治界的壓力，還有這個世界對勇敢的女性提出的所有挑戰。我從沒見過有誰比希拉蕊承受過更多不友善的公眾目光。一般人會想逃回家去，躲在毛毯底下，拿一大桶冰淇淋撫平心中痛苦，但希拉蕊做出相反舉動，甚至走上講臺，在成千上萬人面前演說。我從沒見過有誰擁有她這種堅定不移的對抗力量。

我每次面對抨擊、指責和批評時，就會想到她。

她是我見過最有毅力的女人……不，是最有毅力的「人」，而且我在保護她的那些年間，不只見識過一、兩次。她在任何場合，就像在暴雪中屹立不搖的泰山。我知道這種世界級領袖也會被羞辱和誹謗所影響，但希拉蕊似乎就是有辦法控制好自己，變得刀槍不入。希拉蕊的韌性，不是被擊倒後再爬起來的那種，而比較像是「我從沒被擊倒過」。

老布希總統：感恩

當時是二〇〇四年八月，在希臘舉行的夏季奧運即將落幕。

這一個月來，我在雅典和希臘官員合作，因為布希家族來這裡看奧運。特勤局人員把老布希總統稱作「四十一號」，因為他是美國第四十一屆總統。這樣稱呼他，是為了區分他和兒子小布希，也就是第四十三屆美國總統。

四十一號在返回美國前參加了最後一場正式活動，地點是停靠於比雷埃夫斯港的一艘大型私人遊艇。這裡是希臘最大的海港，位於愛琴海的西海岸。賓客名單上都是名人、希臘富商、政府官員，以及運動選手。

這場集會活動過程平淡無奇，而這按特勤局的標準來說是好事。既然賓客僅限大人物，加上進出遊艇的出入口很少，所以我們對四十一號的人身安全的擔憂程度很低。

派對進入尾聲時，老布希總統在遊艇甲板上散步，走向用於準備食物的船上廚房。我們行走時，他會停下腳步，跟每個讓他今晚過得很愉快的人員打招呼。我指的不是他在派對上與之互動的其他貴賓，而是船員、水手長、服務生和酒保。

甲板上有一名身穿女侍制服的女子，正在整理廚房櫥櫃裡的毛巾。老布希總統停步對她打招呼時，她愣住，彷彿不太確定他為什麼對她說話，但接著害羞地回個笑容。我們每次經過服務員、甲板水手和廚房人員，四十一號就會停下來，對他們由衷表示謝意，讓他們知道是他們讓今晚的宴會大獲成功。

這就是老布希總統的本色。他無論身處何方、與誰作伴，總是會確保向對方表達感恩。而我所謂的「對方」，是指一般的大人物常會忽視或忽略的那種人。但四十一號不是一般的大人物，他會讓你知道他滿懷感激，不只透過言語，也透過行動。

每年聖誕夜，老布希總統都會待在白宮，好讓負責保護他的探員能先跟家人相處一天，之後才陪他前往位於緬因州肯納邦克波特鎮的老家度假。他兒子小布希在成為總統後也繼續維持這貼心的舉動。

在得知一名護衛的兩歲大兒子得了白血病後，四十一號和其他探員都剃了光頭，只為了向那名父親表達支持。

這些年來，我很努力學習這種程度的體貼。我一直在尋求各種方式，向讓我的生活變得更美好的人們表達感激之意。

小布希總統：真誠

對一些人來說，德州的韋科市象徵貝勒大學。對另一些人來說，韋科市是因為電視節目《待修閣樓》而聲名大噪的小鎮。對特勤局來說，韋科市算是小布希總統的第二個家。

小布希總統在身為美國第四十三屆總統的那八年間，經常前往稱作「草原教堂」的牧場；在那裡值勤的探員就叫它「牧場」，而當地也成了小布希總統的「西部白宮」。他幾乎所有假期都耗在那兒。意思就是，他在韋科的時候，我們就在韋科，看守他那座將近六百五十公頃的農場，無論外圍防線還是內部每一寸土地。

我承認，我第一次去牧場時，並不喜歡那裡。我們留宿護衛任務的其中一環，是在牧場外圍的幾間棚屋外頭站崗十二小時。偏偏在我站崗的位置，有隻斑貓和牠的小貓決定把棚屋外頭的灌木叢當成窩，我只好整晚都站在破舊的木屋裡。我寧可應付紐約地鐵的老鼠。

太陽升起後，牧場是另一種面貌，變得美麗、靜謐又祥和。正如典型的中德州地形，這裡四散著成熟的橡樹和榆樹、形似波浪的茂密野牛草、帶刺的白色罌粟花，還有長達六十多公里的自行車道交錯於這塊大地。就是這片土地讓小布希總統有家的感覺，跟我從小生長的皇后區那種都市叢林截然不同。

總統待在牧場的這段時間絕不輕鬆，尤其對探員來說。總統熱愛戶外活動，這就是為什麼特勤局給他的代號是「拓荒者」。他如果沒在鄉間土地開闢新的步道，就是忙著在布拉索斯河釣魚。但我相信，他最喜愛的消遣活動，是在農場周圍「輕鬆」騎車時甩掉特勤局探員。我只見過最勇敢的探員膽敢自願接下這項任務，因為總統不只擅長騎登山車，而且騎得很快，真的、真的很快。許多特勤局探員在大學曾是運動健將，卻都在小布希總統這種臨時起意的競速中敗下陣來。這些落後的探員最後只好跳上跟在後頭的車輛，逼得剩餘的「單車衛士」騎得更用力，而這幅畫面總是逗得總統咯咯笑。這就是為什麼我未曾自願接下這項任務，因為我懂得量力而為。跟代號「四十三號」的小布希總統一起騎登山車，只是這種辛苦任務的其中一項。

無論是走過牧場新開闢出來的步道，還是白宮的南草坪，小布希總統最大的優點在於他還是同一個人。政治界雖然充滿爾虞我詐，但我從沒見過他的人格有所改變，無論在韋科還是在白宮，無論有沒有攝影機對準他，他都依然忠於自我。他前後一致又誠懇，這在華盛頓的上流社會很少見，因為每個人都忙著戴上面具演戲、給別人留下好印象。

我常常想到布希總統的真誠。我是女性，但在男性主導的職場擔任探員，也因此在「順應主流」這方面遇上多次考驗。沒錯，有些工作需求是無論男女都必須遵守的，像是穿什麼衣服、攜帶什麼護具和裝備，還有何時何地站崗。但除了遵守這些規定之外，我選擇忠於自我。我搭乘空軍一號時，看的雜誌不是《槍支與彈藥》，而是《時尚》。我會化妝，把長髮綁成馬尾，而且每星期至少做一次美甲（有幾個男探員好像也有做指甲）。我想表達的是，我當時很可能順應典型的男性探員刻板印象，我也見過其他女探員這麼做。但我知道自己如果這麼做，就會失去一部分的真我。

擔任特勤局探員，是我謀生的方式，而非我這個人唯一的身分。

小布希總統的工作，是當了八年的國家元首。他卸任時六十三歲，意思就是，他的任期只占了他人生的百分之十三。在另外百分之八十七的時間裡，他擁有別的身分：州長、德州棒球隊的老闆、丈夫、兒子、父親，現在還成了畫家。他清楚知道自己是誰，也絕不讓任何人改變他的真我。

第一夫人蘿拉．布希：優雅

肯納邦克波特鎮位於緬因州的大西洋海岸，距離波特蘭大約四十八公里。在這個擁有三千六百名居民的小鎮上，有一大塊稱作「華克角」（Walker's Point）的裸岩，這裡從一九七〇年代開始就是老布希總統的家。除了在華盛頓特區的官方住處之外，這裡是布希家族的第二個家，他們會在這景致美得令人豔羨的地方休憩，暫時放下治理自由世界所伴隨的壓力。

某一年陣亡將士紀念日的週末，我和整個布希家族一起在華克角，包括老布希總統和妻子芭芭拉，兒子小布希總統和妻子蘿拉，以及小布希的孿生千金芭芭拉和珍娜，還有諸多堂親、叔叔、嬸嬸……基本上整個家族樹上還健在的成員都出席了。

因為總統的第二個住處幾乎就跟白宮一樣安全，所以特勤人員會盡量待在陰影中，讓受護者盡可能享有隱私。也因為有這麼多重要人物齊聚一堂，這裡幾乎到處都是戴著墨鏡的探員與私人護衛。說真的，看起來很像雷朋太陽眼鏡的時尚集會。

我的黑莓機發出鈴聲時，我坐在指揮中心裡，這是一棟獨棟建築，充當我們探員們的總部。我拿起手機查看，發現是芭芭拉通知我：她要跟母親蘿拉去散步。所以我告知其他探員：「藍玉要跟她母親去散步。」（我之前說過，藍玉是小布希總統千金芭芭拉的代號。）

我抓起裝備，調整防彈衣的繫帶，然後跟小布希夫人的護衛隊隊長一起出門。遇上這種計畫之外的移動，護衛隊隊長通常會走在受護者身後幾步之處，而另一隊探員會以徒步或乘車的方式跟在前方和後方。

我們在房子的門階前遇到那兩位女士。小布希夫人告訴我們：「我們只是想稍微走走。」

「沒問題，夫人。」她的護衛隊隊長回話。

芭芭拉和第一夫人沿著華克角漫步時，看起來就像一對出門運動的尋常母女，只是肯納邦克波特鎮是個小鎮，每個人都知道她們是誰，更何況身邊跟著兩名武裝護衛，後面幾公尺跟著幾輛緩緩行進的黑色休旅車。

「布希夫人！布希夫人！可以拍張照嗎？」

我們離開大門才幾分鐘，夫人已經被當地人包圍，有一對母女湊巧在同一條路上朝我們走來。我上前想制止對方，但夫人以眼神對我示意「沒關係」。

「沒問題。」小布希夫人對那對母女說。

芭芭拉走向我時，小布希夫人站在那名陌生女子身旁，面對微笑，任憑女子的女兒拍照。拍照結束了，女子卻立刻興奮地滔滔不絕，發表長篇大論。芭芭拉終於抓起母親的胳臂，示意她離開這裡。「謝謝妳。」小布希夫人向女子道別後，我們繼續沿人行道前進……走了差不多三分鐘就被攔住。

這次是一名帶著幾個幼童的女子，她喊道：「布希夫人！布希夫人！」我和護衛隊隊長再次看著代號「寧靜」的小布希夫人。一般來說，我們會用身體擋在受護者和任何不請自來的人事物之間。

「沒關係。」小布希夫人又說出這幾個字。

和幾分鐘前一樣，她對這群人寒暄，合影留念，然後我們繼續前進，直到攔路客再次出現……而且是接連不斷。幾輛車對我們按鳴喇叭，人們對我們揮手。就連我也開始覺得惱火。

但就算第一夫人覺得不高興，也未曾表現出來。她雖然連跟女兒共享幾分鐘的平靜都沒機會，但她對第一組母女，還有其他我已經數不清多少的路人，都以同樣的耐性和友善回應，從沒表現出焦躁或惱怒，「寧靜」就是最適合她的代號。

眼見民眾的人數開始演變成遊行規模，小布希夫人看著我們，說道：「看來出來走走應該是行不通了。我們回去吧。」

我因為成了芭芭拉的護衛隊副隊長，所以經常跟小布希夫人共處。她的姿態和說話方式就是很特別，像是她移動的方式，如何對人們說話，還有友善又大方的態度。

我從沒見過她拒絕跟誰互動幾分鐘，或拒絕微笑與合照。一般的受護者都拿我們探員來隔絕過度熱情的群眾，這麼做當然也情有可原，但寧靜不會這麼做。她明白向她尋求關注的民眾多麼想跟她互動，她也完全願意配合。

若你要我描述小布希夫人，我只想得到一個詞彙：優雅。她的一言一行都散發優雅氣息。我的名字伊芙（Evy）是伊芙妮雅（Evyenia）的縮寫，而諷刺的是，伊芙妮雅在希臘文的意思就是「優雅」。無論是動作還是習性，我一直覺得這兩個字超不適合我，從小就跟優雅沾不上邊。我小時候做過最優雅的舉動，就是用摔角技「背摔」把我弟漂亮地砸在沙發上。

但我在那些年裡，觀察了小布希夫人如何與自己的家人、民眾、員工和探員互動後，開始明白優雅的真正定義。優雅的意思是，對你見到的每個人和顏悅色，說話時先經過大腦，而且心中充滿感激。我原本不知道優雅為何物，直到我遇見小布希夫人。

我每次覺得有太多人、疑問或信件提出的要求令我不知所措時，就會想到那位寧靜夫人。我試著身體力行，表現出她讓人喜愛的耐性和說話方式。她是你一定會想親近的那種人。我每次離開她身邊時，都成了更好的人。

第一夫人蜜雪兒．歐巴馬：自我價值

在白宮值早班大概是我最不喜歡的值班時間。我必須凌晨三點半就起床，梳洗更衣，做好準備，以便早上五點在白宮報到。

輪班之所以麻煩，是因為每兩週就會換時間。例如，你這兩週值白天的班，之後的兩週值下午的班，再來是兩週的晚班，接著是兩週的訓練或旅行，然後從頭來過。除了在寒天中站崗之外，這份工作讓我覺得最辛苦的就是這種輪班。

你在翻閱《富比士》或《Inc.》之類的生活雜誌時，應該偶爾會看到這種文章：為了維持效率，世界上最成功的人士在起床後會遵守同樣的步驟。我就是從第一夫人蜜雪兒．歐巴馬身上學到這個這寶貴的一課。

她的早晨活動是經過精心編排的。她會早早起床，給兩個女兒瑪莉亞和莎夏做好準備，送她們倆上學，然後開始自己一整天的工作。首先是早晨運動；每一天，毫無例外，她會花一小時專注在自己的體適能上。然後她會弄頭髮、化妝。我親眼目睹她如何細心呈現自己，為每一天的活動做好準備。

歐巴馬夫人來自芝加哥南區，明白「以自己為榮」的重要性。她花很多精神維持身體健壯，連同外表和口才。她的「晨間例行公事」不是出於虛榮心，而是因為自我尊重和自我價值。也因此，她全身會散發一種光彩，言行舉止都傳達出光芒和莊嚴感。她來到任何一個場合時，每個人都會注意到她。

歐巴馬夫人無論做什麼事，都會表現出令人欽佩的堅強和自信。身為美國史上第一位非裔第一夫人，歐巴馬夫人必須承受其他第一夫人未曾面對過的鄙視。有一次，她要去某所學校演講，我擔任她的護衛；我們乘車過橋時，看到有人對她舉著一面看板，上面是令人震驚的種族歧視訊息。我記得當時看了火冒三丈，畢竟我們的職責不只是保護第一家庭的人身安全，也要顧及他們在精神方面的狀態。但就算第一夫人看到了那面看板，也絲毫不動聲色。我們抵達學校後，她抬頭挺胸地走進會場，準備激勵所有正在等待她的學生。

歐巴馬夫人教會我：你的自我價值不是來自其他人的看法，不是湊巧撿到，而是必須培養、看重、天天演練。她的例行作息就是其中一部分，而且不容替換。她看重身為母親的時間，也看重照顧自己。

這讓我聯想到飛機上的指示：先給自己戴上氧氣面罩，再幫別人戴上。把自己照顧好，才能鞏固自己，並有能力照顧別人。

我從她身上學到這寶貴的一課：自我價值，甚至莊重感，是來自我們每天做的一些小事情，而我們去做這些事，是因為我們看重自己。

歐巴馬總統：氣度

有一次，我護送歐巴馬總統走過橢圓形柱廊，前往東廂辦公室，這時一名眾議員帶著妻小走向我們。他們來白宮參加國會野餐，這場一年一度的盛會在白宮的南草坪舉行，招待國會所有的成員及其家人。

歐巴馬總統當時在橢圓形辦公室忙了一天，正匆忙返回住處，以便和第一夫人一起參加野餐。那名眾議員走向歐巴馬總統，熱情地伸手過來，臉上掛著開心的微笑，總統同樣回禮。眾議員接著一一介紹了自己的家人，並請求合照，總統也禮貌地配合。眾議員和總統進行一場看似熱烈的談話時，我不禁注意到前者的行為有點古怪，不太像民眾票選出來的官員，比較像青少年粉絲。兩人在互動時，總統始終禮貌又友善，彷彿彼此是老友。歐巴馬總統雖然需要回住處去見第一夫人，但還是選擇跟男子的孩子談話，討論學校和參觀白宮的心得。

談話稍微停頓時，總統終於禮貌地告退，我們繼續走向東廂辦公室，進入由白宮管家操作的電梯。

門關上時，總統看著我和管家，開口道：「我們剛剛見到的那位，急著把家人介紹給我認識的那人？打從我第一天上任，他就一直公開嚴厲批評我。」我看著總統臉上出現沮喪的表情，他顯然想起那名眾議員對他的每一次羞辱。

每當我思索什麼才是真正的「總統風範」時，就會想起這件往事。歐巴馬總統在碰上最嚴苛的批評者時，明明有理由避免跟那名眾議員談話，拒絕跟他的家人合影，卻向那人表達了最寬容的氣度。

無論這些領袖面對多大的壓力，我都一再見識到他們展現出來的強大自制力。正如我們期望這個偉大國家的領袖是好榜樣，我們也應該對自己有同樣的期許。表現出「總統風範」，並不局限於身處高位、掌握大權。那天在橢圓形柱廊，總統展現的是個人美德，而不是政治權威。他當時明明可以對自己承受過的批評做出相應回禮，表達看法，而那種反應也絕對合情合理，但選擇那種滿足一時、稍縱即逝的報復，只會有損他的氣度。所以他在那一刻做了決定：他不報仇，而是放下情緒。

我們有時候會遭到取笑、批評，甚至公然羞辱。雖然我們最首要也最強烈的心態是「還手」，但這對我們的品格來說未必是最好的選擇。保護我們的「尊嚴」，並不等於保護我們的「小我」。

後記

恐懼也是因為愛

到頭來，當一切落幕時，真正重要的是你做了什麼。

——亞歷山大大帝

「我想讓妳看個東西。」父親停車時對我說。

我們剛剛開過一趟漫長的蜿蜒山路，繼續沿著希臘希俄斯島的山徑穿行。時值盛夏，天氣酷熱，在我們出發處的附近，許多孩子在湛藍的愛琴海裡戲水，從岩床上剝下蛤蜊，不然就是在吃冰淇淋。我這時才九歲，最想做的事就是跟那些孩子一起玩，今天卻被父親帶到山上一座古老的修道院。

「我們來這裡做什麼？」我問。

父親沒吭聲，只是下了車，走向高牆林立的中庭。我跟著他。

這裡的坡地變得平緩，成為高原。我們眼前是一座大型的石砌大院，建築物和高牆都漆成樸素的白色，和藍天以及粗糙的瓷磚屋頂形成鮮明對比。大院的入口是龐大的不鏽鋼門扉，上頭刻著許多黑色十字架。

我們走進敞開的門扉時，我換個方式問父親：「這是什麼地方？」彷彿為了回答我的疑問，一名修女走來，跟我父親寒暄幾句後，示意我們跟她走向處於中央地帶的一棟建築物，是一座小教堂。我們跟著修女前進時，我總覺得這裡跟我去過的地方都不一樣。我們走進小教堂時，我沉默又恭敬。

修女走向聖壇，指向白色大理石地板，上頭有一塊深棕紅色的汙漬。

「他們就是在這裡被殺的。」她說。

聖米納斯修道院（Agios Minas Monastery）俯視希俄斯島上的尼歐克里村，那座小村子就是我父親的老家。這座修道院建造於十五世紀，是一八二二年的「希俄斯大屠殺」的地點，成千上萬名希臘人為了逃難而躲進這修道院，結果被入侵的土耳其軍隊包圍。在那幾天裡，三千多名希臘人在這裡慘遭屠殺或活埋。

我低頭看腳邊的地面，然後回頭看著父親，他只是點頭。修女站在一段距離外，看見我臉上出現恍然大悟的表情。接著，她緩緩轉身，帶我們進入聖壇旁的小房間。我們走進其中，我嗅到牆壁夾雜某種怪異氣味，但我無法確認究竟是什麼味道，這個空間很像鑿岩而建的濕冷洞穴。

我的瞳孔慢慢調整後，看到「他們」各個都以灰黃色的眼窩瞪著我。無數顱骨堆疊在無數骸骨之上。我這才意識到這裡不是洞穴，而是墓穴。

「這些顱骨，是被土耳其人屠殺的男男女女、孩童和嬰兒。」修女的語氣既沒有憤怒，也沒有悲痛，彷彿她很久以前已經接受了這場人間悲劇，如今只是陳述事實。

我這時候還小，很難理解這一切。怎麼會有人想殺嬰兒？怎麼會有人想殺希臘人？希臘人究竟做了什麼，怎麼會引發這麼強烈的仇恨？招來這種滅族大屠殺？

我們眼前就是那場大屠殺的遺跡。希臘人被鄂圖曼帝國統治了將近四百年後，受夠了土耳其人的迫害，因此在一八二一年發動起義，宣布脫離土耳其的掌控。作為報復，土耳其人對希臘人的反抗做出嚴懲，派了四萬多名士兵登上這座島。

我們跟著修女走出教堂，回到奪目陽光下。她在中庭的一口古井旁停步，牽起我的手，拉我來到井前。

「孩子們當時躲在井裡。」修女說：「父母為了救孩子，把他們藏在裡頭。」

「那些孩子後來怎麼了？」我問。

「土耳其人往井裡放火。」

我低頭俯視陰暗的井中，再回頭望向教堂。我記得我這時候心想：我希望他們當時有反抗。我希望他們有反抗到最後一人。

希俄斯島原本有十二萬名希臘人，在大屠殺後只剩兩千人。

我明白父親為何帶我來這裡，他為何常常帶我和我弟來這種地方：為了教我們認識祖先的歷史。父親盡可能讓我們接觸這個世界、世上的不公不義，還有「反抗」的重要性。他這麼做，是為了讓我們做好準備，能面對人生的現實面。

一般的孩子可能會被這種地方嚇到，但我沒有。雖然我這時候才九歲，但已經很熟悉這類的故事，因為父親想教我們：別害怕死亡，而是接受「死亡就是生命的一部分」這項事實。

恐懼會永遠糾纏我們。就在你以為自己征服了某種恐懼時，另一種恐懼將取而代之。恐懼沒有消失的一天，沒有「無懼」的終極狀態等著你達成。這對我和任何人來說都是事實，因為，就在此刻，我正寫下最後這幾頁時，我面對自己這輩子最大的恐懼之一：看著我愛的人瀕臨死亡。

胰腺癌無藥可醫，而且父親這項診斷伴隨而來的消息是，他只剩幾星期、頂多幾個月的壽命。醫生每次都會提醒我們：幫他處理遺願，跟他好好告別。

我坐在父親床邊，看著他的體能和智能持續衰退。他不再是那個體重七十五公斤，把我放在膝上，跟我訴說祖先故事的那個威猛男子漢。現在，我牽著他枯瘦的手，幾乎認不出他。他憔悴不堪，什麼也沒辦法做、沒辦法吃、無法理解，只知道全身痛苦、死亡將至，但這兩樣都是我無法阻止的。我這輩子只有在另一刻感到如此無助：雙子星大樓倒下的那一天。我當時周圍死了那麼多人，我卻無法挽救他們。

我也許堪稱防彈，卻滿心恐懼。我害怕看著父親死去，看著他受盡折磨。我晚上害怕入睡，因為我擔心他可能會出什麼狀況。我害怕在照料他時做出錯誤決定。我害怕道別。我害怕埋葬他。我害怕沒有他的人生會變成什麼樣子。我這輩子將很多歲月投入於保護人們，但最糟的感受，莫過於無法保護父親，讓他免於疾病的折磨。

父親教過我的另一件事，應該算是他在無意間教會我的，是**恐懼未必總是恐懼**。父親為我做過的許多怪異抉擇感到恐懼，但這些恐懼當中其實暗藏他對我的愛。他擔心的，包括我選擇當個執法人員，為了保護別人而冒生命危險，而我總是在人生的每個層面上把自己逼到極限。

我記得父親在我小時候就試著警告，他希望女兒能過著簡單又安全的人生，但我在任何事上都沒挑軟柿子吃。我還記得那一天，他得知特勤局因為我在九一一事件中的表現而頒給我勇氣獎，我隨手把獎章藏在床底下，但他驕傲地把獎章掛在牆上，好讓每個人都能看見。那面獎章到現在還掛在那裡。

愛和恐懼常常是同一個硬幣的兩面。意思就是，如果我們願意去愛，也有能力去愛，恐懼就必然存在。在這一刻，你認識的每個人都在應付他們害怕的事。然而，雖然恐懼造成了世上這麼多仇恨和苦難，但你並不需要為此孤立自己、限制自己。我們都曾被恐懼奪走些什麼，都曾聽見恐懼在我們耳邊呢喃，顫動身子，加快心跳。然而，你如果學會站到一旁，看清楚恐懼的真面目，就能如針線般穿過我們共享的人性，成為我們跟彼此之間的同族連結。

人生的經歷曾多次向我證明這點。在九一一事件那天，大樓管理員幫我清掉眼睛的灰塵；小男孩把手裡的思樂寶果汁遞給我，讓我漱口。我晚上陪在父親病床邊時，護理站的女子走進來問我需不需要幫忙。在急救室門口站崗的警官問我們是否安好。走廊上經過的人們看著我們的眼睛，表達同情，明白我們正在經歷的痛苦。

這些看似渺小的關心和善意舉動，都向我證明：**人生雖然無常，但我們總有選擇**。有時候，這是你永遠不想做的抉擇，例如在九一一那天跳樓的那些人，他們都知道這麼做會死，但他們寧可摔死也不想被活活燒死。我做的選擇，是在高塔倒塌的那一刻直視自己的死亡。我父親做的選擇，是拒絕透過化療來延長壽命和痛苦。而我現在做的選擇，是陪伴他，尊重他「按照自己想要的方式離開人世」的願望。

這些選擇都無比可怕，卻也無比重要，而且也很簡單，因為重點都是在「面對恐懼」時保有勇氣。就算在最絕望的情況下，做選擇也是最有意義的舉動之一，因為這能賦予你力量。在最惡劣的局勢下，我們依然能誠實、謙卑又勇敢地面對現實。

對我來說，這才是**達成防彈境界的真義：找到力量來承受無比沉重的重擔**。

你在學習如何使用本書中的知識，打造屬於你自己的層層韌性時，我希望你能獲得無懼人生真正所需的自信和毅力，希望你能成為勇於挺身而出的勇者，不只為了你自己，也為了其他人。

我們每個人都能讓這個世界變得更安全，都能在別人需要時提供保護和防禦。不是只有特勤人員才能在危急關頭當個勇者。所有的經驗、知識和力量已經存在於你體內，等著被釋放出來。

以前沒人教過我，在發現自己置身於大規模恐怖襲擊，或是一棟一百一十樓高的大樓朝我崩塌而來時，應該怎麼辦。我在九一一事件那天是二十五歲，身高一百五十七公分，體重四十五公斤，三個月前才剛結束特勤局訓練，缺乏知識，缺乏經驗，缺乏真正的智慧。我當時唯一擁有的，是對自己身而為人的體認。我到現在還清楚記得那一刻：第一棟高塔倒下時，我蹲在那張金屬桌底下，被充滿毒性的塵埃和碎片淹沒，我無法視物，呼吸困難，確信自己的生命隨時可能終結。我當時一直想著，我做得夠好嗎？我幫得夠多嗎？因為，我在內心深處，就是想成為那種人。所以我接受紐約市警校和特勤局的嚴格訓練。我全心接受，不是為了讓自己覺得勇猛強悍、天下無敵，而是因為我最在乎的就是「保護」與「服務」他人，向來如此，也希望這點在以後也不會變。你如果不把這些力量和技巧用來服務大局，它們就毫無意義。我在九月十一日那天的行動，關乎的不是我的訓練，而是我是什麼樣的人。

這也是我對你的期望。我希望你不要被你的恐懼所控制，而是被你的本質所掌管，像是你內在的力量、韌性，還有真正的熱誠。

你發展出能力來面對恐懼時，我希望你運用那些才能不只是為了你自己，也為了你周圍的世界。我們如果想成為最好、最堅強的人類，就需要跟隨我們的人性，願意幫助需要的人。

我在對使命的呼召做出回應、提供保護與服務的那些年裡，學到一個道理：**英雄不語。英雄不是比誰的膽量大，誰更高大強壯，誰的槍法好，誰拿的獎章多，而是你的身心靈之中有什麼。**

在這個充滿不可預測的未知危機的世界上，我們大多都被教導「保護自己，維護自身安全」是別人的工作，但這其實不是事實。你如果有勇氣為自己的安危負責，就會開始用不同的眼光看待這個世界，用不同的方式生活。你在任何情況下，都會對自己的力量和毅力充滿自信。到頭來，**你真正應該仰賴會來救你的人，就是自己。**

你就是自己正在等候的英雄。

你就是這個世界正在等候的英雄。

作者鳴謝

我稱不上白手起家，我的任何一項成就都不是光靠我自己。我之所以做到這一切，是因為有其他人幫助我，而這本書也一樣。我能寫出這本書，是因為有人支持我、引導我、信賴我，而且對我有信心。這本書能成真，都是因為他們的言語行動。

無論以前還是現在，我都有太多人要感謝。如果你的名字沒出現在這裡，也請你了解，我並沒有忘掉你，而且我永遠感激你。

我首先要感謝我父親伊奧尼斯·波普拉斯，要不是您把自己的Ｆ３反應傳承給我，我就永遠不敢挺身而出、侃侃而談、勇於戰鬥。您的精神和鬥志永遠活在我心中。

我愛你，爸。Σε αγαπώ μπαμπά。（譯注：「我愛你，爸」的希臘語。）

這趟旅程之所以能成真，我有太多人要感謝：

我母親帕特妮雅·波普拉斯。雖然我不按牌理出牌的狂野性格害您常常失眠，您還是無條件地愛我。感謝您教我如何平息內心交戰，如何在言行上充滿耐心、深思熟慮。

致我的弟弟席奧多羅斯·「泰迪」·波普拉斯，感謝你讓我對你施展背摔和夾頭技，在孩提時代容忍我對你的凌虐。就算我拒絕跟你分享我的玩具和蠟筆，你還是願意跟我分享你的。你是我見過最寬容的人。

致我的丈夫戴斯蒙德・歐尼爾，你一直為我指引方向，你是我的依賴和磐石。謝謝你挑戰我，並總是對我有信心。我能有此成就，就是因為你。

致我的外婆潘妮洛普・波桑尼多，感謝您敦促我受教育、努力學習。外婆，希望您以我為榮。

致我的青梅竹馬佛提尼・馬克波羅斯，寫這本書的這個構想都是由你而起。當我完全不知道該如何下筆時，謝謝你陪伴我。我永遠不會忘記你給我多少支持。

致我的作家經紀人道格・亞伯拉罕，我很榮幸能認識你、與你共事。謝謝你讓我成為「創意建築師」家族的一員，我深感謙卑。

致蘿拉・洛夫，我的另一個作家經紀人／編輯／旅伴／同事／心理治療師。蘿拉，如果沒有妳，這本書就不會存在。謝謝妳願意在我身上賭一把。我不僅有機會寫出一本書，更重要的是，我結交了一生的摯友。

致我的經紀人潘・柯爾，謝謝妳陪了我這麼多年，引導我進入這個我原本一無所知的職業生涯。謝謝妳充當我的過濾器，並控制住我的F3反應，以免我得罪好萊塢每個人。

致我的朋友、繼承了同樣的F3反應的瑪麗亞・曼努諾斯（這應該是身為希臘人的特質）。妳，我的姊妹，是個戰士。致凱文・烏德加羅，謝謝你總是支持我。你激勵了我，教了我太多。你與眾不同。

致安妮・維爾德，感謝妳幫我把我腦子裡的混亂思緒，整理成人們看得懂的讀物。

我還欠妳一桶啤酒。

致我的編輯們，馬修・班傑明和莎拉・佩爾茲，還有整個「心房出版集團」團隊，感謝你們堅定不移的支援和引導，還有你們提供的建議和支持。

致我在大西洋彼岸的團隊、琪拉・傑米森，還有Icon出版社的團隊成員，包括卡斯比恩・丹尼斯、珊蒂・維奧利特、卡蜜拉・佛瑞爾，以及潔瑪・麥多納，非常感謝你們幫我跟全世界分享這本書。

致我的律師大衛・舒爾茨，謝謝你在這本書出版前，指引我和特勤局檢查書中內容，以確保我沒有不小心洩漏任何國家安全機密。

致我的公關吉兒・菲茲洛及其傑出團隊。妳的勤奮、職業道德和專業能力跟白宮幕僚長有得比。我從沒見過有誰跟妳一樣這麼努力工作。也謝謝妳幫我把這本書推銷出去。

致羅賓・曼加諾，我的另一位公關／談判者／同事／社群媒體大師。感謝你多年來的支持、說明、引導、建議，並示範我在這一行該怎麼做出成績。

當然，我絕不會忘記感謝曾讓我覺得困惑、失去信心、遭到操弄、痛苦，還有挑戰過我的每個人。謝謝你們幫助我達成防彈境界。

Eurasian Publishing Group
圓神出版事業機構
用心與你對話・網野無限寬廣
方智出版社
Fine Press

www.booklife.com.tw reader@mail.eurasian.com.tw

生涯智庫 190

真正無懼的身心防彈術

美國特勤局專家帶你提升心理素質，面對各種挑戰

Becoming Bulletproof: Protect Yourself, Read People, Influence Situations, and Live Fearlessly

作　　者／伊芙・波普拉斯（Evy Poumpouras）
譯　　者／甘鎮隴
內頁插圖／雷米・傑弗羅伊（Remie Geoffroi）
發 行 人／簡志忠
出 版 者／方智出版社股份有限公司
地　　址／臺北市南京東路四段50號6樓之1
電　　話／（02）2579-6600・2579-8800・2570-3939
傳　　真／（02）2579-0338・2577-3220・2570-3636
總 編 輯／陳秋月
副總編輯／賴良珠
主　　編／黃淑雲
責任編輯／陳孟君
校　　對／溫芳蘭・陳孟君
美術編輯／蔡惠如
行銷企畫／陳禹伶・鄭曉薇
印務統籌／劉鳳剛・高榮祥
監　　印／高榮祥
排　　版／陳采淇
經 銷 商／叩應股份有限公司
郵撥帳號／ 18707239
法律顧問／圓神出版事業機構法律顧問　蕭雄淋律師
印　　刷／祥峰印刷廠
2021年4月 初版　　2023年7月　4刷

定價400 元　　ISBN 978-986-175-588-5

我們被恐懼驅動，但恐懼本身並非眞正的問題。
眞正的問題是我們恐懼的對象錯了：
該怕的是錯失恐懼提供給我們的機會。

——《僧人心態》

國家圖書館出版品預行編目資料

真正無懼的身心防彈術：美國特勤局專家帶你提升心理素質，面對各種挑戰／伊芙・波普拉斯（Evy Poumpouras）作；甘鎮隴 譯.
-- 初版. -- 臺北市：方智出版社股份有限公司，2021.04
384 面；14.8×20.8 公分. --（生涯智庫；190）
譯自：Becoming bulletproof : protect yourself, read people, influence situations, and live fearlessly.
ISBN 978-986-175-588-5(平裝)

1.應用心理學　2.人際關係

177　　110002756